轨道交通行业"十三五"应用型人才培养规划教材

铁路运输企业管理

主　编　侯文赞　庄　严
副主编　张　丹　苏　慧

西南交通大学出版社
·成　都·

图书在版编目（ＣＩＰ）数据

铁路运输企业管理 / 侯文赞，庄严主编. 一成都：
西南交通大学出版社，2018.9（2023.2 重印）
轨道交通行业"十三五"应用型人才培养规划教材
ISBN 978-7-5643-6463-2

Ⅰ. ①铁… Ⅱ. ①侯… ②庄… Ⅲ. ①铁路企业 – 企
业管理 – 教材 Ⅳ. ①F530.6

中国版本图书馆 CIP 数据核字（2018）第 226568 号

轨道交通行业"十三五"应用型人才培养规划教材

铁路运输企业管理

主编　侯文赞　庄　严

责任编辑　周　杨
封面设计　何东琳设计工作室

出版发行　西南交通大学出版社
　　　　　（四川省成都市二环路北一段 111 号
　　　　　西南交通大学创新大厦 21 楼）
邮政编码　610031
发行部电话　028-87600564　028-87600533
网址　http://www.xnjdcbs.com
印刷　四川森林印务有限责任公司

成品尺寸　185 mm×260 mm
印张　14.25
字数　354 千
版次　2018 年 9 月第 1 版
印次　2023 年 2 月第 3 次
定价　42.00 元
书号　ISBN 978-7-5643-6463-2

前　言

为了适应铁路企业的发展要求，更为了深入贯彻"专业设置与产业需求对接、课程内容与职业标准对接、教学过程与生产过程对接"，培养既懂运输生产又懂运输管理的技术技能人才，特为铁道交通运营管理相关专业（方向）开设铁路运输企业管理课程。

本书围绕铁路运输生产实际，紧密结合铁路运输企业特点，主要介绍企业及企业管理的概念、预测与决策方法、质量管理的常用工具、网络计划技术、安全风险管理、事故树、财务管理以及行为科学等相关管理理论与方法。在本书的编写过程中，遵循适度、必需和够用的原则，力求简明、实用、完整、系统。本书既可作为铁路高职院校铁道交通运营管理相关专业（方向）的教材，也可供铁路运输企业各级管理人员、职工学习参考。

本书由辽宁铁道职业技术学院侯文赞、庄严任主编，张丹、苏慧任副主编。编写分工如下：第一、四、五章由侯文赞编写，第三、六章由庄严编写，第二、八章由张丹编写，第七章由苏慧编写，全书由侯文赞统稿。

本书在编写过程中得到了辽宁铁道职业技术学院领导和同事的关心帮助，也得到了沈阳铁路局相关业务处室、站段的大力支持，在此一并表示感谢。

由于编者的水平、掌握的资料和时间有限，书中难免存在疏漏和不妥之处，恳请广大读者批评指正。

编　者
2018 年 8 月

目　录

第一章　概　述

◆学习目标

1. 了解并掌握企业的概念及特征；
2. 了解铁路运输企业的特点；
3. 了解企业的产生与发展过程；
4. 熟悉企业及企业的组织结构的类型；
5. 掌握管理的含义；
6. 了解并掌握企业管理及铁路运输企业管理的概念；
7. 理解并掌握管理的职能；
8. 了解管理的发展过程。

【引例】

把所有经理的椅子靠背锯掉

　　克罗克是美国 400 名大企业家之一，被企业界誉为没有国界的"麦当劳帝国"的国王。他不喜欢整天坐在办公室里，大部分工作时间都用在"走动管理"上，即到所属各公司、部门走走看看、听听问问。麦当劳公司曾有一段时间发生严重亏损的危机，克罗克发现其中一个重要原因是公司各职能部门的经理官僚主义突出，习惯躺在舒适的椅背上指手划脚，把许多宝贵的时间耗费在抽烟和闲聊上。

　　于是克罗克想出一个"奇招"，要求将所有经理的椅子靠背都锯掉，并立即照办。开始很多人骂克罗克是个疯子，不久大家才悟出了他的一番"苦心"。他们纷纷走出办公室，深入基层，开展"走动管理"，及时了解情况，现场解决问题，终于使公司扭亏为盈，有力地促进了公司的生存和发展。

　　点评：人都是有惰性的，尤其是在安逸舒适的环境中，肯定会更加沉迷。比如说，炎炎烈日与融融空调之中肯定大多数人会选择后者，宁愿整天待在办公室，也不到外面走动，世界发生了天翻覆地的变化都不知道，如何把企业经营好？贪图舒适的工作环境，肯定不会有很好的工作效率。只有走出去，工作的效率才能提高，管理的路子才会宽阔起来。（来源：百度文库）

第一节　企业概述

一、企业的概念及特征

（一）企业的概念

　　企业是社会的基本经济细胞，也是现代社会中普遍存在的最具活力、最为复杂的组织，它为社会进步、国家富强乃至个人成长提供了一种很好的组织形式和活动方式。学习和研究企业管理，首先必须对企业有全面的认识。

由于企业的复杂性及观察分析企业的视角不同，对企业的定义也还没有统一表述。通常所说的企业，一般是指从事经济活动，为满足社会需求并获得盈利，自主经营、独立核算、具有法人资格的基本经济组织，是现代国民经济中的基本经济单位。

作为区别于其他社会组织的企业，必须具备如下要素：

（1）依法设立，即企业要按照国家法律法规规定的条件和程序设立；

（2）具有开展生产和经营活动的场所；

（3）拥有一定数量的、具有相应技能的生产者和经营管理者；

（4）从事社会商品的生产、流通等经济活动；

（5）进行自主经营，独立核算，并具有法人地位；

（6）拥有一定数量、一定技术水平的生产设备和资金。

（二）企业的特征

分析上述企业的概念，可以发现企业具有下列特征：

1. 经济性

企业首先是一个从事生产经营活动的经济组织。它不同于政治、文化、军事、福利机构等其他组织，也不同于非组织的个人。它的基本目标是在市场上取得经济效益，具体表现为企业是根据市场反映的需要来从事多方面的活动。对于企业来说，彰显经济性就是要以尽可能少的投入来获得尽可能多的回报，即实现企业利润的最大化。因此，追求经济效益是企业管理要树立的基本理念。

2. 社会性

企业不同于个人、家庭，它是一种有名称、组织机构、规章制度的正式组织；而且，它不同于靠血缘、亲缘、地缘或神缘组成的家族宗法组织、同乡组织或宗教组织，而是由企业所有者和员工主要通过契约关系自由地（至少在形式上）组合而成的一种开放的社会组织。在现代社会中，企业的产、供、销运作过程离不开社会，企业的经济性活动也受到社会环境、政治环境等的制约和影响。企业从事生产、销售和其他服务性活动时，要和社区、上下游经营伙伴、工人等各方面打交道，协调好同各方面的关系才能获利。企业管理会解决的问题，不仅与经济效益有关，还与人和社会有关。用什么观念和方法对待人、对待社会，是企业管理必须回答的问题。

3. 独立性

企业还是一种在法律和经济上都具有独立性的组织，它（作为一个整体）对外、在社会上完全独立，依法独立享有民事权利，独立承担民事义务、民事责任。它与其他自然人、法人在法律地位上完全平等，没有行政级别、行政隶属关系。它不同于民事法律上不独立的非法人单位，也不同于经济（财产、财务）上不能完全独立的其他社会组织，它拥有独立的、边界清晰的产权，具有完全的经济行为能力和独立的经济利益，实行独立的经济核算，能够自决、自治、自律、自立，实行自我约束、自我激励、自我改造、自我积累、自我发展。

企业的独立性主要表现为三点：一是必须在政府管理部门登记注册，有专门的名称、固定的工作地址和组织章程，同时具有合法的、独立的经营条件，取得政府和法律的承认；二是具有独立的经济核算权,在银行设有账户,能够充分独立对外、自主经营、自负盈亏;三是企业一经依法设立,就能独立自主地进行生产经营活动并须严格按照法律规定行使权利和履行义务。

4. 营利性

企业作为商品经济组织,却不同于以城乡个体户为典型的小商品经济组织,它是发达商品经济即市场经济的基本单位,是单个的职能资本的运作实体,是以赢取利润为直接、基本目的,利用生产、经营某种商品的手段,通过资本经营,追求资本增值和利润最大化。

追求利润是一切资本的天性。社会主义社会里的所有企业,其作为资本实体的实质并没有变,企业所有者就是资本所有者,企业经营者则是资本的经营运作者。一切企业的运营本质上都是资本的运营,所有企业家的根本职能、职责都是用好资本,让它带来更多利润并使自身增值,这是永恒不变的主题,至于在什么范围内生产、经营什么商品,那是可以随时、灵活加以改变的。从这个角度说,企业牟利、逐利是正常的,这是它与各种非营利性组织的社会分工,正常的利润既是企业满足市场、服务社会的结果、回报,也是支持、促进社会各项事业发展的主要财力基础

二、企业的产生与发展

企业是社会发展的产物,因社会分工的发展而成长壮大。它是生产力发展到一定水平的产物,是商品生产的产物,并随着商品生产的发展而发展。18世纪工业革命前后,随着生产力的提高和商品生产的发展,作为社会基本经济单位的企业,包括从事生产、流通、服务等活动的各种企业,开始大量出现。随着社会生产力的进一步发展,企业技术装备的不断现代化,现代企业开始出现。以工业企业为例,它是在简单协作的手工作坊的基础上,逐步发展为工场手工业,最后才发展为以现代机器技术为基础的工厂制度,即现代工业企业。

(一)工场手工业时期

特点:第一,工场手工业仍以手工劳动为基础,这是与后来机器生产的主要区别;第二,工场手工业不同于以前家庭手工业的是,它已经是大生产了,并逐渐实行了生产过程的分工,主要包括手工技术的分工和雇佣工人的分工。分工使工人经常从事某一生产环节的操作,技巧更加熟练,不仅提高了劳动生产率,也增加了改进技术的机会,为以后发明和使用机器创造了条件。

(二)工厂制时期

随着资本主义制度的发展,西方各国相继进入工业革命时期,工场手工业逐步发展到建立工厂制度,作为真正意义上的企业到这时才诞生。以英国和德国为例,英国到18世纪60年代,资产阶级政权确立,当时圈地运动的发展实现了对农民土地的彻底剥夺,进一步加强了殖民地扩张,积累了大量的原始资本,这一切都为工业革命的到来准备了历史前提。在工业革命过程中,一系列新技术的出现,大机器的普遍采用,特别是动力机的使用,为工厂制度的建立奠定了基础。到1717年,英国阿克莱特在克隆福特创立了第一家棉纱工厂,从此集中生产的工厂迅速增加。到19世纪30年代机器棉纺织代替手工棉纺织的过程基本完成,工厂制度在英国普遍建立。18世纪德国手工业就有了初步发展,到了19世纪30至40年代,建立了制度。在19世纪50至60年代,由于资产阶级革命完成,出现了工业化高潮,工厂大

工业迅速发展，工厂制度在采掘、煤炭、机器制造、运输、冶金等行业相继建立。工厂制度的建立，是工场手工业发展一次质的飞跃，它标志着企业的真正形成。

（三）现代企业时期

在现代市场经济中，随着生产社会化的发展，企业规模的扩大以及资本的不断积累，由资本所有者完全独立控制企业的经营活动方式越来越受到所有者的能力及专业知识局限的限制。当所有者不能在进行风险决策的同时又圆满地从事生产经营活动的组织、协调和管理时，就有可能去委托专业人员代理执行上述的资产经营的职能。在现实中，以最典型的股份有限公司为例，所有权转化为股权由股东持有；管理权作为经营管理的执行权由经理掌握；董事会的权利既不同于股东的持股权，也不同于经理的管理权，而是一种对整个公司资产组合的支配权；任何一个所有者，作为持股者只能在市场交易中支配自己的股份，但却不能支配整个公司，只有董事会可以支配整个公司的资产。

三、企业的类型

在现代社会里，具有共同属性的企业，其具体形态是多种多样的，在管理方式、方法等方面有所区别。按照不同标准，企业划分为多种类型。

（一）根据企业所属的经济部门划分

根据企业所属的经济部门不同，划分为农业企业、工业企业、建筑安装企业、运输企业、商业企业、物资企业、邮电企业、旅游企业、金融企业和服务企业等。

（二）根据企业生产力各要素所占的比重划分

根据企业生产力各要素所占的比重的不同，可以将企业划分为劳动密集型企业、资本密集型企业和知识密集型企业，见表1-1。

1. 劳动密集型产业

劳动密集型产业是指进行生产主要依靠大量使用劳动力，而对技术和设备的依赖程度低的产业。其衡量的标准是在生产成本中工资与设备折旧和研究开发支出相比所占比重较大。劳动密集型产业是一个相对范畴，在不同的社会经济发展阶段上有不同的标准。一般来说，劳动密集型产业主要指农业、林业及纺织、服装、玩具、皮革、家具等制造业。

2. 资本密集型产业

资本密集型产业是指需要较多资本投入的行业、部门。如冶金工业、石油工业、机械制造业等重工业。特点：技术装备多、投资量大、容纳劳动力较少、资金周转较慢、投资效果也慢。同技术密集型产业相比，资本密集型产业的产品产量同投资量成正比，而同产业所需劳动力数量成反比。所以，凡产品成本中物化劳动消耗比重大，而活劳动消耗比重小的产品，一般称为资本密集型产品。发展资本密集型产业，需大量技术设备和资金。

3. 知识密集型产业

知识密集型产业是需用复杂先进而又尖端的科学技术才能进行工作的生产部门和服务部

门。它的技术密集程度，往往同各行业、部门或企业的机械化、自动化程度成正比，而同各行业、部门或企业所用手工操作人数成反比。特点有：设备、生产工艺建立在先进科学技术的基础上，资源消耗低；科技人员在职工中所占比重较大，劳动生产率高；产品技术性能复杂，更新换代迅速。技术密集型产业的状况反映着国家科学技术发展水平，它为国民经济各部门提供先进的劳动手段和各种新型材料。发展技术密集型产业，有利于发挥科技人才的作用，有利于应用与推广国内外最新科技成果，有利于引进国外先进技术和生产高精尖产品，有利于提高企业经济效益，促进生产力的发展。随着当代科学技术的进步，技术密集型产业在迅速发展。在中国，电子计算机工业、飞机和宇宙航天工业、原子能工业、大规模和超大规模集成电路工业、精密机床、数控机床、防止污染设施制造等高级组装工业、高级医疗器械、电子乐器等高级工业均属该产业。

表 1-1 根据企业生产力各要素所占的比重划分

特点	技术装备程度	劳动力投入所占产品成本比重	产品开发及科研费用	产品先进性	举例
劳动密集型	低	高	低	低	纺织业、服务企业、食品企业、日用百货等轻工企业以及服务性企业等
资本密集型	高	低	较高	较高	钢铁、机械制造、汽车、石油化工、电力等
知识密集型	较高	较高(高级人才投入比重大)	高	高	电子计算机、飞机和宇宙航空工业、大规模和超大规模集成电路工业、原子能工业等

（三）根据生产资料所有制性质和形式划分

根据生产资料所有制的性质和形式，可划分为国有企业、公营企业、私营企业、合资经营企业和混合所有制企业，如图 1-1 所示。

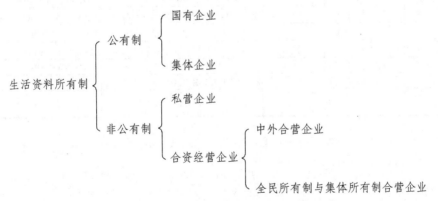

图 1-1 根据生产资料所有制的性质和形式划分的企业

（四）按企业规模划分

衡量企业规模的主要指标一般包括：企业生产能力、机器设备的数量或装机容量、固定资产原值和职工人数等四个方面。根据《统计上大中小微型企业划分办法（2017）》，按照行业门类、大类、中类和组合类别，依据从业人员、营业收入、资产总额等指标或替代指标，把我国的企业划分为大型、中型、小型、微型等四种类型，具体划分标准见表 1-2。

表 1-2　统计上大中小微型企业划分标准

行业名称	指标名称	计量单位	大型	中型	小型	微型
农、林、牧、渔业	营业收入（Y）	万元	$Y \geq 20\,000$	$500 \leq Y < 20\,000$	$50 \leq Y < 500$	$Y < 50$
工业*	从业人员（X）	人	$X \geq 1\,000$	$300 \leq X < 1\,000$	$20 \leq X < 300$	$X < 20$
	营业收入（Y）	万元	$Y \geq 40\,000$	$2\,000 \leq Y < 40\,000$	$300 \leq Y < 2\,000$	$Y < 300$
建筑业	营业收入（Y）	万元	$Y \geq 80\,000$	$6\,000 \leq Y < 80\,000$	$300 \leq Y < 6\,000$	$Y < 300$
	资产总额（Z）	万元	$Z \geq 80\,000$	$5\,000 \leq Z < 80\,000$	$300 \leq Z < 5\,000$	$Z < 300$
批发业	从业人员（X）	人	$X \geq 200$	$20 \leq X < 200$	$5 \leq X < 20$	$X < 5$
	营业收入（Y）	万元	$Y \geq 40\,000$	$5\,000 \leq Y < 40\,000$	$1\,000 \leq Y < 5\,000$	$Y < 1\,000$
零售业	从业人员（X）	人	$X \geq 300$	$50 \leq X < 300$	$10 \leq X < 50$	$X < 10$
	营业收入（Y）	万元	$Y \geq 20\,000$	$500 \leq Y < 20\,000$	$100 \leq Y < 500$	$Y < 100$
交通运输业*	从业人员（X）	人	$X \geq 1\,000$	$300 \leq X < 1\,000$	$20 \leq X < 300$	$X < 20$
	营业收入（Y）	万元	$Y \geq 30\,000$	$3\,000 \leq Y < 30\,000$	$200 \leq Y < 3\,000$	$Y < 200$
仓储业*	从业人员（X）	人	$X \geq 200$	$100 \leq X < 200$	$20 \leq X < 100$	$X < 20$
	营业收入（Y）	万元	$Y \geq 30\,000$	$1\,000 \leq Y < 30\,000$	$100 \leq Y < 1\,000$	$Y < 100$
邮政业	从业人员（X）	人	$X \geq 1\,000$	$300 \leq X < 1\,000$	$20 \leq X < 300$	$X < 20$
	营业收入（Y）	万元	$Y \geq 30\,000$	$2\,000 \leq Y < 30\,000$	$100 \leq Y < 2\,000$	$Y < 100$
住宿业	从业人员（X）	人	$X \geq 300$	$100 \leq X < 300$	$10 \leq X < 100$	$X < 10$
	营业收入（Y）	万元	$Y \geq 10\,000$	$2\,000 \leq Y < 10\,000$	$100 \leq Y < 2\,000$	$Y < 100$
餐饮业	从业人员（X）	人	$X \geq 300$	$100 \leq X < 300$	$10 \leq X < 100$	$X < 10$
	营业收入（Y）	万元	$Y \geq 10\,000$	$2\,000 \leq Y < 10\,000$	$100 \leq Y < 2\,000$	$Y < 100$
信息传输业*	从业人员（X）	人	$X \geq 2\,000$	$100 \leq X < 2\,000$	$10 \leq X < 100$	$X < 10$
	营业收入（Y）	万元	$Y \geq 100\,000$	$1\,000 \leq Y < 100\,000$	$100 \leq Y < 1\,000$	$Y < 100$
软件和信息技术服务业	从业人员（X）	人	$X \geq 300$	$100 \leq X < 300$	$10 \leq X < 100$	$X < 10$
	营业收入（Y）	万元	$Y \geq 10\,000$	$1\,000 \leq Y < 10\,000$	$50 \leq Y < 1\,000$	$Y < 50$
房地产开发经营	营业收入（Y）	万元	$Y \geq 200\,000$	$1\,000 \leq Y < 200\,000$	$100 \leq Y < 1\,000$	$Y < 100$
	资产总额（Z）	万元	$Z \geq 10\,000$	$5\,000 \leq Z < 10\,000$	$2\,000 \leq Z < 5\,000$	$Z < 2\,000$
物业管理	从业人员（X）	人	$X \geq 1\,000$	$300 \leq X < 1\,000$	$100 \leq X < 300$	$X < 100$
	营业收入（Y）	万元	$Y \geq 5\,000$	$1\,000 \leq Y < 5\,000$	$500 \leq Y < 1000$	$Y < 500$
租赁和商务服务业	从业人员（X）	人	$X \geq 300$	$100 \leq X < 300$	$10 \leq X < 100$	$X < 10$
	资产总额（Z）	万元	$Z \geq 120\,000$	$8\,000 \leq Z < 120\,000$	$100 \leq Z < 8000$	$Z < 100$
其他未列明行业*	从业人员（X）	人	$X \geq 300$	$100 \leq X < 300$	$10 \leq X < 100$	$X < 10$

说明：

1. 大型、中型和小型企业须同时满足所列指标的下限，否则下划一档；微型企业只须满足所列指标中的一项即可。

2. 附表中各行业的范围以《国民经济行业分类》（GB/T4754-2017）为准。带*的项为行业组合类别，其中，工业包括采矿业，制造业，电力、热力、燃气及水生产和供应业；交通运输业包括道路运输业，水上运输业，航空运输业，管道运输业，多式联运和运输代理业、装卸搬运，不包括铁路运输业；仓储业包括通用仓储，低温仓储，危险品仓储，谷物、棉花等农产品仓储，中药材仓储和其他仓储业；信息传输业包括电信、广播电视和卫星传输服务，互联网和相关服务；其他未列明行业包括科学研究和技术服务业，水利、环境和公共设施管理业，居民服务、修理和其他服务业，社会工作，文化、体育和娱乐业，以及房地产中介服务，其他房地产业等，不包括自有房地产经营活动。

3. 企业划分指标以现行统计制度为准。（1）从业人员，是指期末从业人员数，没有期末从业人员数的，采用全年平均人员数代替。（2）营业收入，工业、建筑业、限额以上批发和零售业、限额以上住宿和餐饮业以及其他设置主营业务收入指标的行业，采用主营业务收入；限额以下批发与零售业企业采用商品销售额代替；限额以下住宿与餐饮业企业采用营业额代替；农、林、牧、渔业企业采用营业总收入代替；其他未设置主营业务收入的行业，采用营业收入指标。（3）资产总额，采用资产总计代替。

（五）按企业社会化组织形式划分

按企业社会化组织形式划分：单厂企业、多厂企业和集团企业。

单厂企业的特征：就是一个工厂就是一个企业。一般是由在生产技术上有密切联系的几个生产车间（工段、班组）、一些辅助生产单位（如动力供应、工具制造、设备维修等单位）以及管理部门构成。实行全厂统一经营、核算，统负盈亏。

多厂企业的特征：由两个以上的工厂组成的企业，是按照专业化、联合化及经济合理的原则，将互相有依赖关系的几个工厂组织起来，实行统一经营管理的经济组织。一般是在装配行业中，以产品为对象，以装配为中心，把一些担负零部件加工和工艺协作的工厂组织起来，统一经营、分极核算。

集团企业的特征：具有一个实力雄厚、对集团企业具有控制力和影响力的核心企业，它有独立的财产、有法人地位，有资金、技术、产品以及市场营销实力，有统一规划投资活动，具有规模大型化、功能综合化、经营多元化、资本股份化、管理科学化等特征。它的组织结构是一个具有多层结构的法人联合体。是由核心层、紧密层、半紧密层、松散层等多层企业构成。核心层具有主导地位，以资产链接为主要形式，通过产品、技术、经济契约等多种方式，将其他层级企业联系起来，形成企业集团。核心层企业通常只有一个，是自主经营、独立核算、自负盈亏、能够承担经济责任、具有法人资格的经济实体。紧密层是由控股企业组成，半紧密层是由参股企业组成，松散层是由承认集团章程、与集团公司及核心层或紧密层企业建立有长期、稳定、优惠协作关系的关联企业。

（六）按财产的组织形式和承担的纪律责任划分

按财产的组织形式和承担的法律责任不同,把企业划分为独资企业、合伙企业和公司制企业。

1. 个人独资企业

个人独资企业又称为个人业主制企业，是由具备民事权利和行为能力的公民一个人兴办的，并由业主自己经营，企业盈利全部归业主所有，企业亏损与债务完全由业主个人承担，业主对企业债务负有无限责任。如小饭馆或小店铺。下发的营业执照名称是"个体商户营业执照"。它的优点是工商注册或办理歇业手续简单，因为规模很小、因此决策迅速，经营的方式也极其灵活，俗话说船小好掉头，故而也非常有利于竞争。例如：西安的哈利德新疆烤肉店在紫薇田园都市分店的门面房二楼没有派上用场，老板觉得应该把它利用起来，于是自己一合计，开咖啡厅不错，于是立即把二楼装修成小咖啡厅。可是小咖啡厅和烤肉基本属于两种性质和层次的店铺，但只是因为业主自己决策，因此快而简单。不需要可行性分析报告、上会讨论、董事会研究等一系列的决策过程。

但是，任何事物都其两面性，有优点必然也会有其缺点。由于规模小、资金有限，因此当遇到天灾人祸时的抗风险能力就会差。由于个人出资，因此业主对企业债务负有无限责任（无限责任，就是指企业倒闭、资不低债时，要以自己的全部家庭财产负责清偿企业债务，不能以自己的出资额为限）；再一个缺点就是筹集资金、转让都会比较困难。

2. 合伙企业

合伙企业是由两个以上的个人共同出资，通过签订协议而联合经营的企业。合伙人共享企业盈利，共担企业亏损，对企业债务负有无限连带责任。每个合伙人均要以自己的全部家庭财产负责清偿企业债务，不能以自己的出资额为限。另外，合伙人对企业债务负有连带责任，换句话说，就是每一个合伙人对企业的债务都有全部清偿的责任。但它与个人独资企业有一个很大的区别，那就是企业的经营决策有了制约，不是一个人说了算，自然也不会因为一个人的失误而酿成大错。但合伙人之间的合作，主要是靠合伙人之间的感情来维系，如果一个人要退出或者感情不合，就会引发企业的解散或重组。

个人独资企业和合伙企业的规模都不大，而且均属于自然人企业。与自然人相对应的就是法人企业。

3. 公司制企业

公司制企业是现代企业中最重要、较普遍的一种企业类型，是两个以上的出资者共同投资、依法组建，以其全部法人（即该公司）财产自主经营、自负盈亏的企业组织形式。它是随着生产力的发展而产生的，是现代企业制度的典型形式。相比之下，个体企业和合伙企业具有较浓的家族色彩，被称为传统的企业制度。公司制企业在传统企业的资金、风险和管理等问题上有了较大的突破。首先，公司制企业一般可以发行股票募集资本，从而扩大生产经营规模；其次，公司制企业的股东一般以其出资为限对公司承担责任，公司以其全部资本为限对公司债务承担责任，从而降低了经营风险；再次，公司制企业的所有权与经营权分离，实行专家管理，基本上冲破了家族的局限，使企业的经营能力不受出资者素质的影响，提高了效率，企业寿命得以延长。可见，公司制企业的出现是企业组织形式的一个重大进步，也是企业发展史上的一次重大飞跃。

现代社会公司的种类繁多，国际上划分公司的标准有两个：一是公司股东所负担的债务责任，二是公司是否将资本平均分为股份。按照这两个标难，公司制企业又可分为无限责任公司、有限责任公司、股份有限公司和两合公司。

（1）无限责任公司。所谓无限责任公司，是指由两个以上的股东所组成，股东对公司的债务承担连带无限清偿责任的公司。所谓连带无限清偿责任，是指股东不论出资多少，对公司的债权人以自己全部个人财产承担共同或单独清偿全部债务的责任。股东内部是合伙关系。无限责任公司是典型的人合公司。（人合公司，指信用基础建立在股东个人的信用之上，不问公司资本多少的公司。）

（2）有限责任公司。有限责任公司又称有限公司，在英、美称为封闭公司或私人公司，是指两个以上股东共同出资，每个股东以其认缴的出资额对公司行为承担有限责任，公司以其余全部资产对其债务承担责任的企业。这种公司不对外公开发行股票，股东的出资额由股东协商确定。股东之间并不要求等额，可以有多有少。股东交付股本金后，公司出具股权证书，作为股东在公司中所拥有的权益凭证，这种凭证不同于股票，不能自由流通，须在其他股东同意的条件下才能转让，并要优先转让给公司原有的股东。

公司股东所负责任仅以其出资额为限，即把股东投入公司的财产与他们个人的其他财产脱钩，这就是"有限责任"的含义。这种公司本质上是一种合资公司，但同股份公司相比也有人合因素。不同国家对有限责任公司的成立有不同的规定。在我国的企业改革中，国有独资公司的建立也是一种有限责任公司。

（3）股份有限公司。股份有限公司又称股份公司，在英、美称为公开公司或公众公司。

是指注册资本由等额股份构成，并通过发行股票（或股权证）筹集资本，公司拥有其全部资产，对公司债务承担有限责任的企业法人。

与其他类型的公司比较起来，股份有限公司是典型的资合公司，各国法律都把它视为独立的法人。公司股东的身份、地位、信誉不再具有重要意义，任何愿意出资的人都可以成为股东，不受资格限制。股东成为单纯的股票持有者，他们的权益主要体现在股票上，并随着股票的转移而转移。股份有限公司的资本总额均分为每股金额相等的股份，以便于根据股票数量计算每个股东所拥有的权益。在交易所上市的股份有限公司，其股票可在社会上公开发行，并可以自由转让，但不能退股，以保持公司资本的稳定。

股份有限公司的股东不论大小，只以其认购的股份对公司承担责任。一旦公司破产，或公司解散进行清盘，公司债权人只能对公司的资产提出还债要求，而无权直接向股东讨债。

股份有限公司的所有权与经营权分离。公司的最高权力机构是股东大会，由股东大会委托董事会负责处理公司重大经营管理事宜。董事会聘任总经理，负责公司的日常经营。此外，公司往往还设立监事会，对董事会和经理的工作情况进行监督。现代的公司制有利于在所有者、经营者和劳动者之间建立起相互激励、互相制衡的机制。

四、企业的组织结构形式

组织结构形式也称组织形式。随着企业的产生、发展及领导体制的演变，组织结构形式也经历了一个发展变化的过程。从理论上说，组织结构的形式可以有很多种，但在实际工作中，应用并占主导地位的组织结构主要有直线制、职能制、直线职能制、事业部制、模拟分权管理、矩阵结构、企业集团等。这些组织形式其实没有绝对的优劣之分。不同环境中的组织或同一组织中不同单位的管理者，都可根据实际情况选用其中一种最合适的组织形式。

（一）直线制

直线制是一种最早也是最简单的集权式组织结构形式，又称军队式结构，最初在军事系统中广泛应用，后来被推广到企业管理工作中。其领导关系按垂直系统建立，不设专门的职能机构，自上而下形同直线。它的特点是企业各级行政单位从上到下实行垂直领导，下属部门只接受一个上级的指令，各级主管负责人对所属单位的一切问题负责。厂部不另设职能机构（可设职能人员协助主管人工作），一切管理职能基本上都由行政主管自己执行。其结构如图 1-2 所示。

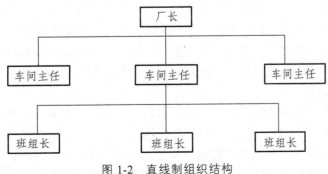

图 1-2　直线制组织结构

直线制组织结构的优点是：结构比较简单，责任分明，命令统一。缺点是：它要求行政负责人通晓多种知识和技能，亲自处理各种业务。这在业务比较复杂、企业规模比较大的情况下，把所有管理职能都集中到最高主管一人身上，显然是难以胜任的。

因此，直线制只适用于规模较小，生产技术比较简单的企业，对生产技术和经营管理比较复杂的企业并不适宜。这种组织结构的指挥与管理职能基本上由厂长自己执行，机构简单、职权明确，但是对厂长在管理知识和专业技能方面都有较高的要求。这种组织结构一般只适用于规模小、生产过程简单的企业，而在大规模的现代化生产的企业中，由于管理任务繁重而复杂，这种结构就不适宜了。

（二）职能制

职能制又称分职制或分部制，指行政组织同一层级横向划分为若干个部门，每个部门业务性质和基本职能相同，但互不统属、相互分工合作的组织体制。职能制组织结构实际上是在提倡管理工作分工的"科学管理之父"泰罗所提出的职能工长制基础上演化而来的，采用专业分工的职能管理者代替直线制的全能管理者。在组织中各级行政机构除主管负责人外，还相应地设立一些职能机构。如在厂长下面设立职能机构和人员，协助厂长从事职能管理工作。这种结构要求行政主管把相应的管理职责和权力交给相关的职能机构，各职能机构有权在自己的业务范围内向下级行政单位发号施令。因此，下级行政负责人除了接受上级行政主管指挥外，还必须接受上级各职能机构的领导。其结构形式如图 1-3 所示。

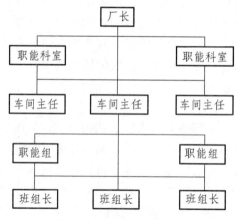

图 1-3 职能制组织结构

职能制的主要优点是：行政组织按职能或业务性质分工管理，选聘专业人才，发挥专业特长的作用；利于业务专精，思考周密，提高管理水平；同类业务划归同一部门，职有专司，责任确定，利于建立有效的工作秩序，防止顾此失彼和互相推诿，能适应现代化工业企业生产技术比较复杂，管理工作比较精细的特点；能充分发挥职能机构的专业管理作用，减轻直线领导人员的工作负担。

缺点是：它妨碍了必要的集中领导和统一指挥，形成了多头领导；不利于建立和健全各级行政负责人和职能科室的责任制，在中间管理层往往会出现有功大家抢，有过大家推的现象。另外，在上级行政领导和职能机构的指导和命令发生矛盾时，下级就无所适从，影响工作的正常进行，容易造成纪律松弛，生产管理秩序混乱。不便于行政组织间各部门的整体协作，容易形成部门间各自为政的现象，使行政领导难于协调。

通常职能制要与层级制相结合。职能制组织结构，是各级行政单位除主管负责人外，还相应地设立一些职能机构。如在厂长下面设立职能机构和人员，协助厂长从事职能管理工作。这种结构要求行政主管把相应的管理职责和权力交给相关的职能机构，各职能机构就有权在自己业务范围内向下级行政单位发号施令。因此，下级行政负责人除了接受上级行政主管人指挥外，还必须接受上级各职能机构的领导。由于这种组织结构形式的明显的缺陷，现代企业一般都不采用职能制。职能型组织和线性组织一样，存在各级管理等级，但是组织的每一个环节按被执行的每个职能隶属于不同的领导者，因而这种组织的特点是多种从属状态。

（三）直线-职能制

直线-职能制也叫做直线参谋制，它是在直线制和职能制的基础上，取长补短，吸取这两种形式的优点而建立起来的。目前，我国绝大多数企业都采用这种组织结构形式。这种组织结构形式是把企业管理机构和人员分为两类：一类是直线领导机构和人员，按命令统一原则对各级组织行使指挥权；另一类是职能机构和人员，按专业化原则，从事组织的各项职能管理工作。直线领导机构和人员在自己的职责范围内有一定的决定权和对所属下级的指挥权，并对自己部门的工作负全部责任。而职能机构和人员，则是直线指挥人员的参谋，不能对直接部门发号施令，只能进行业务指导。直线-职能制结构如图 1-4 所示。

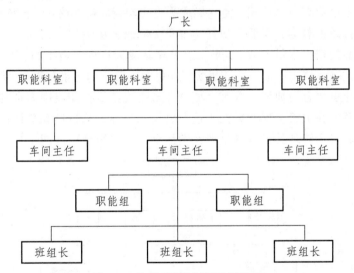

图 1-4　直线-职能制组织结构图

直线-职能制组织与职能制组织一样，也对管理工作按照职能部门化方式进行了专业化分工（正是因为这两种组织形式都采用了按职能划分部门这种相同的部门化方式，所以它们通常被统称为"职能型组织"）。但是在直线权力的分配方面，直线-职能制组织形式与职能制组织形式有着实质性的区别。具体表现就是，直线-职能制对只负责某一特定专业领域管理工作的职能部门和职能主管的权限进行了严格限定，使之仅具有出谋划策的建议权，而无直接向直线系统下级人员发布指示命令的指挥权。虽然有些机构如人事、外事、财务等部门，当行政负责人授予他们直接向下级发布指示的权力时会拥有一定程度的指挥命令权（这种由参谋部门人员行使的直线权力便称做"职能职权"，从而这样的参谋部门也变成为"职能部门"），但这种情况通常只是少数的例外。而如果夹杂有行使职能职权的职能部门，企业的组织结构实际上就演化为直线参谋制与职能制的混合形态。这种情形下，为明确起见，人们常常将其称为"直线职能参谋制"。

直线-职能制的优点是：既保证了企业管理体系的集中统一，又可以在各级行政负责人的领导下，充分发挥各专业管理机构的作用。其缺点是：职能部门之间的协作和配合性较差，职能部门的许多工作要直接向上层领导报告请示才能处理，这一方面加重了上屋领导的工作负担，另一方面也造成办事效率低，为了克服这些缺点，可以设立各种综合委员会，或建立各种会议制度，以协调各方面的工作，起到沟通作用，帮助高层领导出谋划策。

这种制度目前被我国的绝大多数企业，尤其是面临较稳定环境的中小型企业广泛采用。

（四）事业部制

事业部制最早是由美国通用汽车公司总裁斯隆（A.P.JR.SLOAN）于 1924 年提出的。它是一种高度（层）集权下的分权管理体制。它适用于规模庞大、品种繁多、技术复杂的大型企业，是国外较大的联合公司所采用的一种组织形式。近几年我国一些大型企业集团或公司也引进了这种组织结构形式。

事业部制是在一个企业内对具有独立产品市场或地区市场并拥有独立利益和责任的部门实行分权化管理的一种组织结构形式。其具体做法是：在总公司下按产品、地区、销售渠道或顾客分设若下个事业部或分公司。使它们成为自主经营、独立核算、自负盈亏的利润中心。总公司只保留方针政策制定、重要人事任免等重大问题的决策权，其他权力尤其是供、产、销和产品开发方面的权力尽量下放。这样，总公司就成为投资决策中心，事业部是利润中心，而下属的生产单位则是成本中心，并通过实行"集中决策下的分散经营"，将决策控制集中化和业务动作分散化思想有机地统一起来，使企业最高决策机构能集中力量制定公司总目标、总方针、总计划及各项决策。事业部在不违背公司总目标、总方针和总计划的前提下，充分发挥主观能动性，自主管理其日常的生产经营活动。其组织结构如图 1-5 所示。

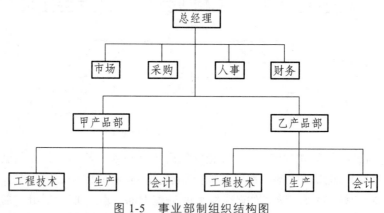

图 1-5　事业部制组织结构图

事业部制形式的优点是：公司能把多种经营业务的专门化管理和公司总部的集中统一领导更好地结合起来，总公司和事业部形成比较明确的责、权、利关系；事业部制以利润责任为核心，既能够保证公司获得稳定的收益，也有利于调动中层经营管理人员的积极性；各事业部门能相对自主、独立地开展生产经营活动，从而有利于培养综合型高级管理人才。

事业部制形式的主要缺点是：对事业部经理的素质要求高，公司需要有许多对特定经营领域或地域比较熟悉的全能型管理人才来运作和领导事业部内的生产经营活动，各事业部都设立有类似的日常生产经营管理机构，容易造成职能重复、管理费用上升；各事业部拥有各自独立的经济利益，易产生对公司资源和共享市场的不良竞争，由此可能引发不必要的内耗，使总公司协调的任务加重；总公司和事业部之间的集分权关系处理起来难度较大，也比较微妙，容易出现要么分权过重，削弱公司的整体领导力；要么分权不足，影响事业部门的经营自主性。

事业部制形式在欧美和日本的大型企业个得到了广泛采用。成功的经验表明，采用事业部制应当具备以下一些基本条件：

（1）公司具备按经营的领域或地域独立划分事业部的条件，并能确保各事业部在生产经营活动中的充分自主性，以便能担负起自己的盈利责任。

（2）各事业部之间应当相互依存，而不能互不关联地硬拼凑在一个公司中，这种依存性可以表现为产品结构、工艺、功能类似或互补，或者用户相同、销售渠道相近，或者运用同类资源和设备，或者有相同的科学技术理论基础等。这样，各事业部才能互相促进，相辅相成，保证公司总体的兴旺发达。

（3）公司能有效保持和控制事业部之间的适度竞争，因为过度的竞争可能使公司遭受不必要的损失。

（4）公司要能利用内部市场和相关的经济机制（如内部价格、投资、贷款、利润分成、资金利润率、奖惩制度等）来管理各事业部门，尽量避免单纯使用行政的手段。

（5）公司经营面临较为有利和稳定的外部环境。可以说，事业部制组织形式有利于公司的扩张，但相对不利于整体力量的调配使用，因此不适宜在动荡、不景气的环境下使用。

（五）集团控股型组织结构

现代企业的经营已经超越了企业内部边界的范围，开始在企业与企业之间结成比较密切的长期联系。这种联系在组织结构上的表现就是形成了控股型和网络型组织形式。

控股型组织是在非相关领域开展多种经营的企业所常用的一种组织结构形式。由于经营业务的非相关或弱相关，大公司不对这些业务经营单位进行直接的管理和控制，而代之以持股控制。这样，大公司便成为一个控股公司，受其控股的单位不但对具体业务有自主经营权，而且保留独立的法人地位。

控股型组织建立在企业间资本参与关系的基础上。由于资本参与关系的存在，一个企业（通常是大公司）就对另一企业持有股权。这种股权可以是绝对控股（持股比例大于50%）、相对控股（持股比例不足50%，但可对另一企业的经营决策发生实质性的影响）和一般参股（持股比例很低且对另一企业的活动没有实质性的影响）。基于这种持股关系，那些企业单位持有股权的大公司便成为母公司，被母公司控制的或影响的各企业单位则成为子公司（指被绝对或相对控股的企业）或关联公司（指仅一般参股的企业），如图1-6所示。子公司、关联公司和母公司一道构成了以母公司为核心的企业集团。母公司亦称为集团公司，处于企业集团的核心层，故称之为集团的核心企业。与其相对应的各子公司、关联公司就是围绕该核心企业的紧密层和半紧密层的组成单位。此外，企业集团通常过有一些松散层的组成单位，即协作企业。它们通过基于长期契约的业务协作关系而被联结到企业集团中。

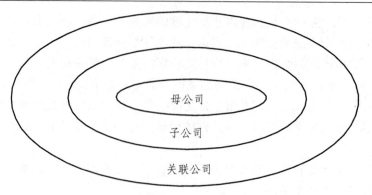

图 1-6　集团控股型组织结构

集团公司或母公司与其所持股的企业单位之间不是上下级之间的行政管理关系，而是出资人对被持股企业的产权管理关系。母公司作为大股东，对持股单位进行产权管理和控制的主要手段是：母公司凭借所掌握的股权向子公司派遣产权代表和董事、监事，通过这些人员在子公司股东会、董事会、监事会中发挥积极作用而影响子公司的经营决策。

（六）网络型组织结构

网络型组织是利用现代信息技术手段而建立和发展起来的一种新型组织结构。现代信息技术使企业与外界的联系加强了，利用这一有利条件，企业可以重新考虑自身机构的边界，适当缩小内部生产经营活动的范围，相应地扩大与外部单位之间的分工协作。这就产生了一种基于契约关系的新型组织结构形式，即网络型组织，如图 1-7 所示。

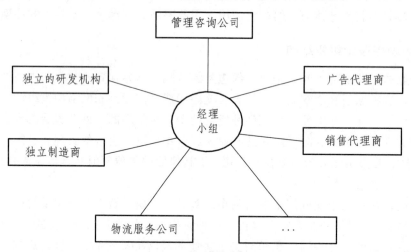

图 1-7　网络型组织结构

网络型结构是一种只有很精干的中心机构，以契约关系的建立和维持为基础，依靠外部机构进行制造、销售或其他重要业务经营活动的组织结构形式。被联结在这一结构中的两个或两个以上的单位之间并没有正式的资本所有关系和行政隶属关系，但却通过相对松散的契约纽带，透过一种互惠互利、相互协作、相互信任和支持的机制来进行密切的合作。例如，日本卡西欧公司是世界有名的制造手表和袖珍计算器的公司，却一直只是一家设计、营销和装配公司，在生产设施和销售渠道方面很少投资。又如 20 世纪 80 年代初，IBM 公司在不到一年时间内开发 PC 机成功，依靠的是微软公司为其提供软件，英特尔公司为其提供芯片。

网络型结构使企业可以利用社会上现有的资源使自己快速发展壮大起来，因而成为目前国际上流行的一种新型的组织结构。它不仅是小型组织的一种可行的选择，也是大型企业在联结集团松散层单位时通常采用的组织结构形式。采用网络型结构的组织，它们所做的就是创设一个"关系"的网络，与独立的制造商、销售代理商及其他机构达成长期协作协议，使它们按照契约要求发挥相应的生产经营功能。由于网络型组织的大部分活动都是外包、外协的，因此公司的管理机构就只是一个精干的经理班子，负责监管公司内部开展的活动，同时协调和控制与外部协作机构之间的关系。

随着社会的不断进步与发展，预计未来的企业组织可能有以下几个特点：（1）组织将在一种动荡的环境中经营，组织必须经受住不断的变化和调整，从管理结构到管理方法都将是柔性的；（2）组织规模日益扩大、日益复杂化，组织将需要采用主动适应型战略，进行动态自动调整以寻求新的状态；（3）科学家和专业人员的数量将增多，职工队伍素质不断提高，他们对组织的影响将不断扩大；（4）企业管理将重点放在说服而不是强迫职工参与组织。

有人认为将来最有效的组织，不是官僚主义机构，而是可塑的"特别机构主义"。将来组织是由一些单元或组件构成，任务或目标完成后可以拆卸，甚至可以扔掉，构成组织的各单元之间并没有上下级关系，而只是横向的联系。组织的决策也同产品和服务一样，即不是统一的和标准的，而是因时制宜的。

第二节 企业管理概述

一、企业管理的概念

（一）管理的定义

管理意识和行为的出现是人类文明进步的重要阶梯，从原始人集体狩猎活动到现代各种组织群体的动作，无不渗透着管理的灵魂，应该说人类取得的每一项重大成就都有管理的功劳。

从字面上理解，管理就是管辖和处理，它涉及的对象主要是人和事物。但是从研究的角度来看，由于管理科学是一门涉及面广、内涵十分丰富的学科，人们可以从各个视角对其进行研究，因而就导致对管理的概念有不同的认识和概括，可以说是观点林立。

最早界定"管理"定义的应当是亨利·法约尔，他提出：管理是所有的人类组织都有的一种活动，这种活动是由五项要素组成的：计划、组织、指挥、协调和控制。

诺贝尔经济学奖获得者赫伯特·西蒙认为：管理就是决策，决策是管理的中心，决策贯穿管理的全过程，任何作业开始之前都要先做决策，制订计划就是决策，组织、领导和控制也都离不开决策。

当代管理过程学派代表哈罗德·孔茨认为：管理就是设计并保持一种良好环境，使人在群体里高效率地完成既定目标的过程。作为管理人员，需要完成计划、组织、人事、领导、控制等管理职能。

彼得·德鲁克认为：管理是一种实践，其本质不在于"知"而在于"行"；管理是一种工作，它有自己的技巧、工具和方法；管理是一种器官，是赋予组织以生命的、能动的、动态的器官；管理是一门科学，一种系统化的并到处适用的知识；同时管理也是一种文化；管理就是界定企业的使命，并激励和组织人力资源去实现这个使命。界定使命是企业家的任务，而激励与组织人力资源是领导力的范畴，二者的结合就是管理。

综合各种观点，本书把管理定义为：管理是管理者或管理机构在一定范围内，通过计划、组织、领导、控制等工作，对组织所拥有的资源（包括人、财、物、时空、信息等）进行合理配置和有效应用，以实现组织预定目标的过程。任何一种管理活动都必须由五个基本要素构成，即①管理主体：由谁管；②管理客体：管什么；③管理目标：为何而管；④管理环境：在什么情况下管；⑤管理职能和方法。

对这一定义，可以从以下五方面来理解：第一，管理是一个过程，这个过程可以简单地描述为：管理问题的出现、管理计划的提出、管理资源的组织整合、管理进程的展开、管理进程的控制、管理目标的达成；第二，管理的核心是达到目标，没有目标，组织的资源就没有效用，也就谈不上管理；第三，管理达到目标的手段是运用组织拥有的各种资源；第四，管理的本质是协调，追求资源整合后的合力；第五，管理是一项系统的动态活动，管理是由一系列相互联系的职能组成的系统活动，并要随着管理环境的变化而作相应的调整。

（二）管理的性质

管理二重性理论指出：凡是直接生产过程具有社会结合过程的形态，而不是表现为独立生产者的孤立劳动的地方，都必然会产生监督劳动和指挥劳动，不过它具有二重性，即管理为了合理组织社会生产力所表现出来的自然属性和在一定社会生产关系下所体现的社会属性。

1. 自然属性

管理的自然属性是与生产力、社会化大生产相联系的，体现了管理出现的客观必然性。任何社会，只要进行有组织的实践活动，人与人之间必然要进行分工协作，管理也就必不可少。凡是许多人进行协作的劳动，过程的联系和统一都必须表现在一个指挥的意志上，就像一个乐队要有一个指挥一样。社会化的共同劳动需要管理，需要按照社会化大生产的要求，合理地进行计划、组织、领导和控制。

管理的自然属性不受生产关系性质和社会制度的约束，它只取决于生产力的发展水平，这是管理的共性。随着生产力的提高，社会化大生产规模随之扩大，管理的功能和水平也会随之提高。因此，管理的理论、方法和技术是不分国界、不分阶级的，"古为今用""洋为中用"正是体现了这一点。

2. 社会属性

管理的社会属性是与生产关系、社会制度相联系的，体现了管理出现的目的性。任何管理活动都是在特定的生产关系条件下进行的，受到一定的社会制度的影响和制约，管理活动必然要体现特定生产关系的要求，维护和巩固一定的生产关系。

管理的社会属性表明，社会的生产关系决定着管理的性质，决定着管理的体制，决定着管理方式、手段的选择和运用，决定着管理的目的。在资本主义社会，管理者服务于自己阶级的利益；在社会主义国家，管理者为提高劳动者的物质文化生活水平、为劳动者的全面发展服务。

在不同的生产关系和社会制度下，管理的自然属性相同，但是社会属性却不同。因此，对待资本主义国家的管理理论、方法和经验，我们必须辩证地学习与借鉴，要"取其精华，去其糟粕"，不可盲目照搬照用。

（三）企业管理的概念

所谓企业管理，就是由企业经理人员或经理机构对企业的经济活动过程进行计划、组织、指挥、协调、控制，以提高经济效益，实现盈利这一目的的活动的总称。

企业的生产经营活动包括两大部分，一部分是属于企业内部的活动，即以生产为中心的基本生产过程、辅助生产过程以及产前的技术准备过程和产后的服务过程，对这些过程的管理统称为生产管理。另一部分是属于企业外部的，联系到社会经济的流通、分配、消费等过程，包括物资供应、产品销售、市场预测与市场调查、对用户服务等，对这些过程的管理统称为经营管理，它是生产管理的延伸。随着现代商品经济的发展，企业管理的职能逐渐由以生产为中心的生产型管理发展为以生产经营为中心的生产经营型管理。因此，企业管理的任务是，不仅要合理地组织企业内部的全部生产活动，而且还必须把企业作为整个社会经济系统的一个要素，按照客观经济规律，科学地组织企业的全部经营活动。

企业管理使企业的运作效率大大增强；让企业有明确的发展方向；使每个员工都充分发挥他们的潜能；使企业财务清晰，资本结构合理，投融资恰当；向顾客提供满足的产品和服务；树立企业形象，为社会多做实际贡献。

企业管理大致包含了：战略管理、营销管理、商战谋略、物资管理、质量管理、成本管理、财务管理、资本运营、人力资源、领导力提升等内容。

二、管理的职能

管理的职能是管理过程中各项活动的基本功能，又称管理的要素，管理职能是管理者为了有效地管理必须具备的功能，是对管理活动中应有的一般过程及管理过程中各项行为的内容所做的理论概括，它说明管理者在执行其职务时应该做些什么，是管理原则、管理方法的具体体现。管理职能的划分有许多学派，法约尔在其 1916 年出版的《工业管理与一般管理》中首次提出管理具有五种职能：计划、组织、指挥、协调、控制。他认为，计划职能最为重要；而组织就是为企业的经营提供所有必要的原料、设备、资本、人员；指挥的任务要分配给企业的各种不同的领导人，当组织建立以后，就要让指挥发挥作用，通过指挥的协调，能使本单位的所有人做出最好的贡献，实现本企业的利益协调就是指企业的一切工作都要和谐地配合，以便于企业经营的顺利进行，并且有利于企业取得成功；控制就是要证实是否各项工作都与已定计划相符合，是否与下达的指示及已定原则相符合。

20 世纪 50 年代中期，哈罗德·孔茨等在其教科书中把管理的职能划分为计划、组织、人员配备、指导和控制，全书的框架结构也是基于这种职能划分来安排的，此书一经问世就成为最畅销的教科书。虽然对管理职能一直争论不休，但按照职能来构建管理学的理论框架却被大多数教科书采纳。目前较为常见的提法是管理具有计划、组织、领导、控制四大职能。

（一）计划职能（Planning）

任何管理活动都是从计划出发的，组织中所有的管理者都必须从事计划活动。计划是指根据对组织外部环境与内部条件的分析，提出在未来一定时期内要达到的组织目标以及实现目标的途径，简单说计划就是为实现组织既定目标而对未来的行动进行规划和安排的工作过程。计划工作包含确定组织的目标，制定全局战略以实现目标，以及制定一组广泛的相关计划以整合和协调组织的工作。计划决定组织所要追求的目标，决定为了实现目标需要采取的行动路线，决定如何配置组织资源来实现上述目标。它同时涉及结果（做什么）和手段（如何做）。

（二）组织职能（Organizing）

组织是指管理者根据既定目标，对组织中的各种要素及人们之间的相互关系进行合理安排的过程，亦即决定一个组织机构内各部门的因素及其相互关系，并改善其各个组成因子的需要与愿望，以便更好地趋向于一个共同的目标。组织为管理工作提供了结构保证，它是进行人员管理和领导、控制的前提。其主要内容包括设计组织结构、建立管理体制、分配权力、明确责任、配置资源、构建有效的信息沟通网络等。

（三）领导职能（Leading）

领导就是一种影响力，是对人们施加影响，从而使人们为实现组织目标而努力的艺术或过程。总体讲，领导包含四个要素：①领导者必须有下属或追随者；②领导的本质是影响力，基础是下属的追随与服从；③领导是一个对人们施加影响的动态过程；④领导就是通过影响部下来达到组织的目标。管理者在执行领导职能时，一方面要调动组织成员的潜能，使之在实现组织目标过程中发挥应有的作用；另一方面要促进组织成员之间的团结协作，使组织中的所有活动和努力统一和谐。其具体途径包括：激励下属、对他们的活动进行指导、选择最有效的沟通渠道解决组织成员之间以及组织与其他组织之间的冲突等。

（四）控制职能（Controlling）

控制是管理的一项基本职能，是管理者对组织的工作成效进行测量、衡量和评价，并监督检查组织是否按照既定的目标、计划、标准和方法运行，具体体现为发现偏差、分析原因、采取措施、纠正偏差，从而确保组织目标的实现的管理活动过程。在执行计划的过程中，由于环境的变化及其影响，可能导致人们的活动或行为与组织的要求或期望不一致，出现偏差。为了保证组织工作能够按照既定的计划进行，管理者必须对组织绩效进行监控，并将实际工作绩效与预先设定的标准进行比较。如果出现了超出一定限度的偏差，则需及时采取纠正措施，以保证组织工作在正确的轨道上运行，确保组织目标的实现。

理解控制职能，要明确几点：控制是计划职能的逻辑延续；控制是通过"监督"和"纠偏"来实现的；控制是一个管理活动过程，是动态的活动过程，而非静态的某个状态。

管理的四项基本职能"计划、组织、领导、控制"之间是相互联系、相互制约的关系。

它们共同构成一个有机的整体，其中任何一项职能出现问题，都会影响其他职能的发挥乃至组织目标的实现。正确认识四项职能之间的关系应当把握两点：

第一，从理论上讲，这些职能是按一定顺序发生的。计划职能是首要职能，因为管理活动首先从计划开始，而且计划职能渗透在其他各种职能之中，或者说，其他职能都是为执行计划职能即实现组织目标服务的。为了实现组织目标和保证计划方案的实施，必须建立合理的组织机构、权力体系和信息沟通渠道，因此产生了组织职能；在组织保证的基础上，管理者必须选择适当的领导方式，有效地指挥、调动和协调各方面的力量，解决组织内外的冲突，最大限度地提升组织效率，于是产生了领导职能；为了确保组织目标的实现，管理者还必须根据预先制订的计划和标准对组织成员的各项工作进行监控，并纠正偏差，即实施控制职能。可见，管理过程是先有计划职能，之后才依次产生了组织职能、领导职能和控制职能，体现出管理过程的连续性。

第二，从管理实践来考察，管理过程又是一个各种职能活动周而复始地循环进行的动态过程。例如，在执行控制职能的过程中，往往为了纠正偏差而需要重新编制计划或对原有计划进行修改完善，从而启动新一轮管理活动。

三、管理的产生与发展

在社会生产发展的一定阶段，一切规模较大的共同劳动，都或多或少地需要进行指挥，以协调个人的活动；通过对整个劳动过程的监督和调节，使单个劳动服从生产总体的要求，以保证整个劳动过程按人们预定的目的正常进行。企业管理就是社会化大生产发展的客观要求和必然产物，是由人们在从事交换过程中的共同劳动所引起的。

管理的发展大体经历了三个阶段：

（一）传统管理阶段（18世纪末—19世纪末）

在18世纪80年代的产业革命后，资本主义各国开始了工业化进程，工厂的大机器生产开始逐渐代替手工作坊生产，进而出现了管理职能同体力劳动的分离，管理工作由资本家个人执行。由于企业规模比较小，所以企业管理靠人治就能够实现。

18世纪中叶至19世纪末，由于机械制造业的发展，特别是蒸汽机的发明和完善，以手工为主的作坊生产逐渐转向以机械为主的工厂化生产。原来常用的延长工作时间和使用童工等手段，已经不能满足工厂主取得更高利润的要求，只能通过有效管理的手段来获得更大的收益。1776年，苏格兰经济学家亚当·斯密在他的著作《国富论》中提出了"专业分工"能提高生产效率的理论，论述了专业分工的3条优点是：重复单项工作会使手艺和技能得到迅速提高；可以节省因工作变换而损失的时间；可以促进机器与工具的革新。与此同时，美国的E.惠特尼提出用工模具生产来提高机械零件的互换性，为大量生产创造条件。但这一时期使用大量机器的工厂式生产还只处于初级阶段，资本家仍凭经验和主观判断进行管理，工人凭经验和技能进行操作，未摆脱小生产作坊的传统管理方式。

传统管理阶段的特点如下：

（1）没有完全摆脱小生产经营方式，管理人员凭个人经验的判断进行管理，工人凭自己经验的技能进行操作。

（2）管理人员和工人的培养采用师傅带徒弟的办法，通过传授个人经验，使其不断积累相关知识，企业没有科学和健全的管理规章制度。

（3）以定性知识从事管理，缺乏定量化的科学技术对管理的支持。

（4）处于工业化的初级阶段，生产与管理之间还没有产生强大的互动作用。

（二）科学管理阶段（20世纪20—40年代）

这一阶段企业规模比较大，所以要把人治变为法治，靠规章制度来管理企业。出现了资本家同管理人员的分离，管理人员总结管理经验，使之系统化并加以发展，逐步形成了一套科学管理理论。

弗雷德里克·温斯洛·泰勒是美国古典管理学家，科学管理的创始人，被管理界誉为"科学管理之父"。在米德维尔工厂，他从一名学徒工开始，先后被提拔为车间管理员、技师、小组长、工长、设计室主任和总工程师。在这家工厂的经历使他了解工人们普遍怠工的原因，他感到缺乏有效的管理手段是提高生产率的严重障碍。为此，泰勒开始了科学管理方法和理论的探索。

泰勒认为科学管理的根本目的是谋求最高劳动生产率，最高的工作效率是雇主和雇员达到共同富裕的基础，要达到最高的工作效率的重要手段是用科学化的、标准化的管理方法代替经验管理。

泰勒对科学管理作了这样的定义，他说："诸种要素 —— 不是个别要素的结合，构成了科学管理，它可以概括如下：科学，不是单凭经验的方法。协调，不是不和别人合作，不是个人主义。最高的产量，取代有限的产量。发挥每个人最高的效率，实现最大的富裕。"这个定义，既阐明了科学管理的真正内涵，又综合反映了泰勒的科学管理思想。

泰勒的科学管理理论，使人们认识到了管理学是一门建立在明确的法规、条文和原则之上的科学，它适用于人类的各种活动，从最简单的个人行为到经过充分组织安排的大公司的业务活动。科学管理理论对管理学理论和管理实践的影响是深远的，直到今天，科学管理的许多思想和做法至今仍被许多国家参照采用。泰勒科学管理的内容包括：

1. 工作定额原理

在当时美国的企业中，由于普遍实行经验管理，由此造成一个突出的矛盾，就是资本家不知道工人一天到底能干多少活，但总嫌工人干活少，拿工资多，于是就往往通过延长劳动时间、增加劳动强度来加重对工人的剥削。而工人，也不确切知道自己一天到底能干多少活，但总认为自己干活多，拿工资少。当资本家加重对工人的剥削，工人就用"磨洋工"消极对抗，这样企业的劳动生产率当然不会高。

泰勒认为管理的中心问题是提高劳动生产率。要制定出有科学依据的工人的"合理日工作量"，就必须通过各种试验和测量，进行劳动动作研究和工作研究。其方法是选择合适且技术熟练的工人；研究这些人在工作中使用的基本操作或动作的精确序列，以及每个人所使用的工具；用秒表记录每一基本动作所需时间，加上必要的休息时间和延误时间，找出做每一步工作的最快方法；消除所有错误动作、缓慢动作和无效动作；将最快最好的动作和最佳工具组合在一起，成为一个序列，从而确定工人"合理的日工作量"，即劳动定额。

2. 能力要与工作相适应

泰勒指出，健全的人事管理的基本原则是使工人的能力同工作相适应，企业管理当局的责任在于为雇员找到最合适的工作，培训他们成为第一流的工人，激励他们尽最大的力量来工作。

泰勒所说的第一流的工人，就是指那些最适合又最愿意干某种工作的人。所谓挑选第一流工人，就是指在企业人事管理中，要把合适的人安排到合适的岗位上。只有做到这一点，才能充分发挥人的潜能，才能促进劳动生产率的提高。这样，重活、体力活，让力气大的人干，而精细的活只有找细心的人来做。

3. 标准化原理

在经验管理的情况下，对工人在劳动中使用什么样的工具、怎样操作机器，缺乏科学研究，没有统一标准，而只是凭师傅教徒弟的传授或个人在实际中摸索。泰勒认为，在科学管理的情况下，要想用科学知识代替个人经验，一个很重要的措施就是实行工具标准化、操作标准化、劳动动作标准化、劳动环境标准化等标准化管理。这是因为，只有实行标准化，才能使工人使用更有效的工具，采用更有效的工作方法，从而达到提高劳动生产率的目的；只有实现标准化，才能使工人在标准设备、标准条件下工作，才能对其工作成绩进行公正合理的衡量。泰勒不仅提出了实行标准化的主张，而且也为标准化的制定进行了积极的试验。在搬运生铁的试验中，泰勒得出一个适合做搬运工作的工人，在正常情况下，一天至少可搬 47.5 吨铁块的结论；在铲具试验中，他得出铁锹每次铲物在重 21 磅时，劳动效率最高的结论；在长达 26 年的金属切削试验中，他得出影响切割速度的 12 个变数及其反映它们之间相关关系的数学公式等，为工作标准化、工具标准化和操作标准化的制定提供了科学的依据。

4. 差别计件工资制

泰勒详细研究了当时资本主义企业中所推行的工资制度，例如日工资制和一般计件工资制等，经过分析，泰勒认为，现行工资制度所存在的共同缺陷，就是不能充分调动职工的积极性，不能满足效率最高的原则。例如，实行日工资制，工资实际是按职务或岗位发放，这样在同一职务和岗位上的人不免产生平均主义。在这种情况下，"就算最有进取心的工人，不久也会发现努力工作对他没有好处，最好的办法是尽量减少做工而仍能保持他的地位"。这就不可避免地将大家的工作拖到中等以下的水平。又如在传统的计件工资制中，虽然工人在一定范围内可以多干多得，但超过一定范围，资本家为了分享迅速生产带来的利益，就要降低工资率。在这种情况下，尽管工人努力工作，也只能获得比原来计日工资略多一点的收入。这就容易导致这种情况：尽管管理者想千方百计地使工人增加产量，而工人则会控制工作速度，使他们的收入不超过某一个工资率。因为工人知道，一旦他们的工作速度超过了这个数量，计件工资迟早会降低。于是，泰勒在 1895 年提出了一种具有很大刺激性的报酬制度——"差别工资制"方案。其主要内容是：

（1）设立专门的制定定额部门。这个部门的主要任务是通过计件和工时的研究，进行科学的测量和计算，制定出一个标准制度，以确定合理的劳动定额和恰当的工资率，从而改变过去那种以估计和经验为依据的方法。

（2）制定差别工资率。即按照工人是否完成定额而采用不同的工资率。如果工人能够保质保量地完成定额，就按高的工资率付酬，以资鼓励；如果工人的生产没有达到定额就将全部工作量按低的工资率付给，并给以警告，如不改进，就要被解雇。例如，某项工作定额是10件，每件完成给0.1元。又规定该项工作完成定额工资率为125%，未完成定额率为80%，那么，如果完成定额，就可得工资为 $10 \times 0.1 \times 125\% = 1.25$（元）；如未完成定额，例如哪怕完成了9件，也只能得工资为 $9 \times 0.1 \times 80\% = 0.72$（元）。

（3）工资支付的对象是工人，而不是根据职位和工种，也就是说，每个人的工资尽可能地按他的技能和工作所付出的劳动来计算，而不是按他的职位来计算。其目的是克服工人"磨洋工"现象，同时也是为了调动工人的积极性。要对每个人在准时上班、出勤率、诚实、快捷、技能及准确程度方面做出系统和细微的记录，然后根据这些记录不断调整他的工资。

5. 计划与执行相分离

泰勒所谓计划职能与执行职能分开，实际是把管理职能与执行职能分开，并设置专门的管理部门。这也就进一步明确了管理者与被管理者之间的关系。

（三）现代管理阶段（20世纪50年代以后）

这个阶段的管理中心，是解决生产经营问题。主要管理理论分为管理科学派和行为科学派的理论。管理科学派认为，管理工作是一种逻辑程序，它着重从生产力三要素的合理组织这一角度去研究问题。实质是泰罗"科学管理原理"的继续和发展，是把动作研究、时间研究向科学组织的研究上扩展；同时吸取了现代自然科学和技术科学的新成就，采用了运筹学、系统工程、电子计算机等科学技术手段，形成了一种现代的管理科学。行为科学派则认为人的行为是由动机产生的，动机是由需要激发的。它强调从社会学、心理学、人类学的角度从人的目的、动机、相互关系和社会环境方面研究对企业生产经营活动的影响。

现代管理阶段主要有以下特点：

（1）从管理思想、管理理论、管理职能、管理技术都得到全面的发展，新的理论、实践层出不穷，学派纷呈，管理得到空前的发展。

（2）突出经营决策。

（3）实行以人为中心的管理。

（4）系统思想和方法论广泛运用。

（5）广泛运用现代化的管理工具和技术。

四、经典的管理学定律

（一）"刺猬"法则

两只困倦的刺猬，由于寒冷而拥在一起，可因为各自身上都长着刺，于是它们离开了一段距离，但又冷得受不了，于是凑到一起，几经折腾，两只刺猬终于找到一个合适地距离：既能互相获得对方的温暖而又不至于被扎。"刺猬"法则就是人际交往中的"心理距离效应"，领导者要搞好工作，应该与下属保持亲密关系，这样做可以获得下属的尊重，与下属保持"适当"心理距离，避免在工作中丧失原则。

（二）"南风"法则

"南风"法则也称为"温暖"法则，源于法国作家拉封丹写的一则寓言：北风和南风比威力，看谁能把行人身上的大衣脱掉。北风首先来一个冷风凛冽寒冷刺骨，结果行人把大衣裹得紧紧地，南风则徐徐吹动，顿时风和日丽，行人因为觉得春意上身，始而解开纽扣，继而脱掉大衣，南风获得了胜利。

这则寓言形象地说明了一个道理：温暖胜于严寒，领导者在管理中运用"南风"法则，就是要尊重和关心下属，以下属为本，多点人情味，使下属真正感觉到领导者给予的温暖，从而去掉包袱，激发工作的积极性。

（三）"热炉"法则

每个单位都有自己的"天条"和规章制度，任何人触犯了都要受到惩罚。"热炉"法则形象地阐述了惩处原则：（1）热炉火红，不用手摸也知道炉子是热的，是会灼伤的——警告性原则。领导者要经常对下属进行规章制度教育，以警告或劝诫不要触犯规章制度，否则就会受到惩处。（2）每当手碰到热炉，会被灼伤，也就是说只要触犯单位的规章制度，就必定会受到惩处。（3）当手碰到热炉时，立即被灼伤——即时性原则。惩处必须在错误行为发生后立即进行，绝不拖泥带水，绝不能有时间差，以便达到及时改正错误行为的目的。（4）不管谁碰到热炉，都会被灼伤——公平性原则。

（四）手表定理

手表定理是指一个人有一只表时，可以知道现在是几点钟，当他同时拥有两只表时，却无法确定。两只手表并不能告诉一个人更准确的时间，反而会让看表的人失去对准确时间的信心。手表定理在企业经营管理方面，给我们一种非常直观的启发，就是对同一个人或同一个组织的管理，不能同时采用两种不同的方法，不能同时设置两个不同的目标，甚至每一个人不能由两个人同时指挥，否则将使这个企业或这个人无所适从。手表定理所指的另一层含义在于，每个人都不能同时选择两种不同的价值观，否则，个人行为将陷于混乱。

（五）酒与污水定律

酒与污水定律是指把一匙酒倒进一桶污水，得到的是一桶污水；如果把一匙污水倒进一桶酒，得到的还是一桶污水。在任何组织里，几乎都存在几个难弄的人，他们的存在似乎就是为了把事情搞糟。更为糟糕的是，他们像果箱里的烂苹果，如果不及时处理，它会迅速传染，把果箱里其他苹果也弄烂。烂苹果的可怕之处在于它那惊人的破坏力。一个正直能干的人进入一个混乱的部门可能会被吞没，而一个无德无才者能很快将一个高效的部门变成一盘散沙。组织系统往往是脆弱的，是建立在相互理解、妥协和容忍的基础上的，很容易被侵害、被毒化。破坏者能力非凡的另一个重要原因在于，破坏总比建设容易。一个能工巧匠花费时日精心制作的陶瓷器，一头驴子一秒钟就能毁坏掉。如果一个组织里有这样的一头驴子，即使拥有再多的能工巧匠，也不会有多少像样的工作成果。如果组织里有这样的一头驴子，应该马上将其清除掉，如果无力这样做，就应该把它拴住控制起来。

（六）木桶定律

木桶定律是讲一只水桶能装多少水，这完全取决于它最短的那块木板。这就是说任何一个组织，可能面临的一个共同问题，即构成组织的各个部分往往是优劣不齐的，而劣势部分往往决定整个组织的水平。木桶定律和酒与污水定律不同，后者讨论的是组织中的破坏力量，最短的木板却是组织中有用的一个部分，只不过比其他部分差一些，就不能把它们当成烂苹果扔掉。强弱只是相对而言的，无法消除，问题在于容忍这种弱点到什么程度，如果严重到成为阻碍工作的瓶颈，就不得不有所动作。

第三节　铁路运输企业管理

铁路企业是国有大中型企业，占有着国家重要的战略物资资源，发挥着重要的国民经济骨干作用。2017 年底，全国 18 个铁路局完成公司制改革工商变更登记，并正式挂牌运营，铁路企业在新时代展示了新气象，踏上了新征程。

铁路局公司制改革，构建了体现中国制度优势、符合铁路行业特点、具有现代企业特征、落实加强党的领导要求的公司法人治理结构。主要包括：由铁路总公司行使出资人职责，不设股东会；设立党委会、董事会、经理层和监事会；依法建立职工董事、职工监事制度，健全以职工代表大会为基本形式的企业民主管理制度。在领导体制方面，改制后的公司坚持党的领导，实行"双向进入、交叉任职"的领导体制。在决策机制方面，将党委会研究讨论作为董事会、经理层决策重大问题的前置程序，充分发挥党委会把方向、管大局、保落实的领导作用以及董事会的决策作用、经理层的经营管理作用、监事会的监督作用。

一、铁路运输企业特点

1. 与工业企业相比

作为运输企业的铁路运输企业与公路、水路、航空运输企业一样，其产品都是转动和输送旅客、货物的位移，没有脱离生产过程而独立存在的销售过程；在会计期末，没有"在产品"的结存，也没有"产成品"的库存。

2. 与其他运输企业相比

铁路运输企业的主要特点是：

（1）企业生产能力的表现形式不同。其他运输企业大都是以运送工具为生产能力的主体而形成独立企业，例如，汽车运输企业，以汽车为主形成企业的生产能力，其固定资产可不包括港口、航道设施，也不一定要求每个企业都拥有自己的专用码头、航空公司以飞机为主形成企业的生产能力，成立独立的企业，也一定要求每个企业都拥有自己的专用机场。而在现行管理体制下的铁路运输企业则不同，它是以铁路、通讯信号设施、车站（包括直接为运输服务的各生产段）机车车辆互相配套形成输送能力，它们构成特定的铁道运输企业的专用固定资产，全部由铁路运输企业统一管理。

（2）作为固定资产的铁路，其更新方式与一般固定资产不同。铁路不是在整体上等到使用终了全部废弃之后才更新的，而是在使用过程中进行局部更新和投资。而且这种更新往往是伴随着数量需求的增长和科学技术的进步而逐步进行的。铁路运输企业即使不建新的线路，要维持现有线路的运营，也需要经常进行更新改造方面的投资。

二、铁路运输企业管理

铁路运输企业管理是通过计划、组织、指挥、控制欲协调、激励等职能，有效协调铁路运输企业内部和外部的关系，以达到充分利用人力、物力、财力来保证实现企业经营目标所进行的工作总称。

铁路运输企业管理包括财务管理、人力资源管理、生产管理、物资管理、设备管理、质量管理等。

三、国内外铁路企业组织模式概述

（一）国外铁路企业组织模式的演化

1. 欧盟国家铁路企业组织模式的演化

欧洲大部分国家的传统的铁路系统是由单一的垄断的国营铁路公司构成的。但是欧盟颁布的多条法令（91/440，95/18，/95/19，）规定每个成员国必须完成如下的铁路重姐：① 将路网部分和运输部分的成本账户分开记账；② 允许成员国使用国际组织的铁路企业以及国际联合货物运输组织的铁路企业的铁路路网及基础设施。欧盟新颁布的《条法令（2001/12，2001/13，2001/14）规定 2003 年三月之前所有成员国完成路网公司和运输公司所有权的完全分离，且 2006 年三月之前所有成员国之间完成彻底的 " 通路权 " 开放。这些政策的颁布是为了消除每个国家对其他国家的铁路运输公司的歧视，确保每个国家都可公平的使用其他国家的铁路路网等基础设施。然而大多数欧盟国家都拖后了"网运分离"改革的进度，德国和葡萄牙只是建立了独立的铁路管制机构，而那些真正实行"通路权"开放的国家（比如荷兰）发现虽然迫于欧盟的规定必须开放"通路权"，但是铁路运输市场中既有的拥有路网的铁路公司为了维护自身利益，总是想尽办法组织运输市场的有效竞争，比如荷兰的铁路运输公司 NS 拥有自己的路网，在欧盟要求开放"通路权"之后尝试在铁路运输市场中引入竞争，但是最终却导致铁路运输服务逐渐恶化（包括列车准点率下降、线路拥挤、机车车辆的延误等），竞争性的铁路运输公司最终也因为无法盈利而退出铁路运输市场，而铁路运输公司 NS 仍然具有很强的垄断势力。下面来介绍几个典型的欧盟国家的铁路组织模式的变革。

（1）英国铁路组织模式变革。

英国是世界上第一条铁路的诞生地。1948 年，英国对铁路进行国有化改造，建立了"英国国营铁路（BR）"。1982 年到 1992 年，BR 先后对传统管理机构进行了改革，实行条块结合和事务部为主的体制改革，但并未根本解决问题。1992 年铁路亏损达 1.64 亿英镑。为打破垄断，引入竞争，吸引私人投资，巧少政府补贴，改进服务质量，英国从 1994 年开始了以"网运分离"和私有化为重点的新一轮的重大改革。改革后的基本组织框架为：1 家路网公司（R），拥有所有基础设施，统一负责路网的经营与维护；25 家特许经营的铁路客运公司（TOCs）和 6 家特许经营的铁路货运公司，分别负责客货运输的经营，需要向路网公司租借线路；3

个机车车辆租赁公司、13 个线路与信号维护公司和 7 个机车车辆大修公司；以及其他通信和研究等辅助机构，这些公司全部实行私有化。铁路客货运输市场采取特许经营的模式运作，客货运输公司在获得特许经营权后（客运公司一般为 7 到 10 年，货运公司一般为 30 年），靠租用路网公司的线路进行铁路运输服务，同时也要向机车车辆租赁公司租用相关车辆。同时，政府成立铁路协调办公室和铁路客运特许经营办公室进行宏观调控，负责市场准入，批准特许经营，保证公平竞争，监督运输安全、卫生，并对线路使用费进行管制等。英国的新一轮改革取得了较好的效果，1995 年到 1997 年间，铁路客运量增加了 14%，货运量增加了 27%。路网公司投票 1996 年 5 月上市后业绩良好，当时每股为 3.90 英镑，1998 年底已升至每股 15.87 英镑。然而"网运分离"后的英国铁路在路网的所有、经营与监管上出现了诸多问题，由于路网公司将大量的路网维护工作交给私营企业，导致后来重大安全事故频发。且私有化后期，路网公司经营入不敷出，负债总额高达 33 亿英镑。鉴于路网公司未能通过加大投资力度使其在提升路网质量与能力并保证客货运输安全方面实现私有化的预期目标，英国政府以 2001 年路网公司税前亏损 547 亿英镑和 33 亿英镑的负债为由宣布其进入破产程序。2002 年 10 月 3 日，新成立路网公司（Network Rail），实现对原路网公司的资产收购。新路网公司重新由政府接管，拥有并运营铁路网，制定列车运行图和行车计划。目前英国铁路采取"完全网运分离"模式，将路网公司与运输公司完全分离，为了在铁路运输市场引入充分的竞争。英国铁路路网公司（由原来的 Railtrack 路网公司变成现在的由政府接管的 Network Rail 路网公司）向铁路客货运输公司提供路网等基础设施，运输公司向路网公司交纳过路费以获得使用路网等基础设施的使用权，其过路费由监管机构负责规制。

英国铁路的主要特点是："网运分离"，客货运输市场引入竞争，通过特许经营权规范管理，通过上市、招投标等形式实现股权私有化，吸引投资。英国铁路的"网运分离"模式实际上是运用可竞争市场理论，将具有较强自然垄断属性的路网基础设施和具有较弱自然垄断属性的客货运输业务分开，在运输部分中引入竞争。开放通路权和特许经营权招标等政策是为了保证运输企业进入市场的自由性和平等的竞争性。成立机车车辆租赁公司和机车车辆修理公司是为了降低运输企业进入市场的"沉没成本"从而降低市场的进出壁垒。然而既有的客货运输公司的客户关系也是一种"沉没成本"，因此铁路行业并不满足可竞争市场理论的进出自由、零沉没成本以及进出市场成本为零的前提假设，再加上英国铁路改革初期对产业拆分过细，导致客货运输公司规模太小不足以形成规模经济，且各运输公司之间签订了近百万份契约，导致协调难度太大等多方面原因导致英国铁路重组得到的专业化分工和竞争带来的收益不足以弥补因拆分造成的规模经济和范围经济的损失以及巨大的交易成本，最终英国铁路重组失败告终。

（2）瑞典铁路组织模式变革。

瑞典国营铁路在欧共体各国中率先采用"网运分离"的模式。1988 年瑞典议会按照《运输政策决议》将原国家铁路分解为运营部口（SJ）和基础设施管理部门（BV），其中 BV 拥有并控制铁路路网，主要负责铁路路网等基础设施的日常管理和维护、运行图的制定与公布、运输市场的培育和开放、基础设施的建设等，基础设施部门 BV 直接由政府拨款，目的在于减轻铁路公司的财政负担，使得铁路运输可和公路运输公平竞争。SJ 主要负责全国的盈利干线，而地方铁路则由地方政府授权经营，非盈利干线竞标招租、放开经营。1996 年瑞典铁路货运市场实行了开放通路权的政策，BV 向 SJ 等 14 家铁路运输公司提供路网等基础设施，各运输公司必须与 BV 签订市场契约并交纳基础设施使用费以获得路网等基础设施的使用权。2001 年，SJ 又被重组为若干国有的独立公司，即绿色货运公司吐、SJ 客运公司、车辆维护公司、信息产业公司、车站和不动产公司。此外，政府对铁路运价完全放松管制，瑞典已实现了铁路运价的完全自主化。

（3）德国铁路组织模式变革。

德国铁路从 50 年代中期起铁路开始出现亏损，到 19% 年累计负债高达 670 亿马克。为了让德国铁路摆脱亏损实现盈利，德国铁路先后进行了 17 次改革。

德国铁路改革的基本思路是，以市场为导向，实现铁路企业私有化，进行政企分开，"网运分离"。改革铁路重组的第一阶段从 1994 年开始实施政企分开，东西两德铁路合并，成立联邦政府独资的德国联邦铁路股份公司（DB 集团），下设 4 个财务独立的路网、货运、长途客运、地区客运事业部。第二阶段从 1999 年开始，原事业部改为客运公司（包括长途客运公司和地区客运公司）、货运公司、旅客车站服务公司、路网基础设施公司和房地产公司 5 个全资子公司，每个分公司独立经营各自业务。2005 年 DB 集团进行了重组，采取控股公司模式，将主营业务整合为客运、货运和基础设施 H 大块，其中基础设施业务由 DB 集团直接负责，客货运业务由 DB 集团的全资子公司 DB 运输物流集团负责经营和管理，基础设施业务和客货运营业务由同一个 CEO 和 CFO 进行管理，因此并不是完全的 "网运分离"。第三阶段将控股公司股票上市，逐步实现私有化。然而私有化过程受经颗危机等市场不确定性因素的影响，最终没有顺利进行，目前 DB 集团仍然是国有独资的股份公司。德国这种保留既有的国有独资铁路垄断组织的做法主要是为了提商 DB 集团的财政和运营的绩效，而运输公司间的竞争在德国铁路系统并不是很重要，欧盟虽然在 1994 年要求欧洲各国开放通路权，但是德国铁路始终存在一些进入市场的障碍，其中一些障碍是 DB 集团专门制造为了抑制竞争，这些进入障碍包括很难获得关于哪条线路可以使用等与通路权有关的信息。德国铁路重组以来，取得了初步成效，扭转了运量和市场份额下滑的局面，1994 年当年即扭亏盈利 1.8 亿马克，1998 年实现利润 3.9 亿马克。

德国铁路重组虽然按照欧盟的开放通路权的要求表面上采取了"网运分离"的组织模式，但实际上并不是英国铁路重组的完全的"网运分离"，而是控股公司的组织模式，基础设施由 DB 集团负责，客货运输业务由 DB 集团的子公司负责，因此基础设施与客货运输服务仍然由同一个 CEO 和 CFO 负责，而这种控股公司的组织模式本质上就是为了降低各业务部门之间的交易成本，由于基础设施部分与客货运输部分的利益是一致的，因此路网部门和运输部门能够更好的协调和合作，从而降低了交易成本。

2. 美国铁路企业组织模式的演化

美国是私营铁路重组的代表。美国铁路在发展过程中，主要经历了私营铁路自由竞争、政府严格管制和放松管制王个主要阶段。第一阶段，美国铁路企业从私人独立建设、独立经营，发展到联营、非正式联盟、正式联盟，一直到自给系统，形成了"横向分割、纵向一体化"的铁路企业组织模式。第二阶段，政府开始对铁路企业进行严格的运价管制和合并管制，但由于铁路企业的财务问题，政府逐渐放松了合并管制。第三阶段，政府放松了对铁路的管制，大规模合并客运和货运业务，依次成立负责全国范围铁路运输的国家铁路客运公司以及负责东北部地区铁路运输的联合铁路公司。

3. 日本铁路企业组织模式的演化

从 1987 年日本实行了以民营化为重点的铁路重组。重组的主要内容是组建 JR 铁路集团，按地域分成 6 家客运公司，每个客运公司都拥有自己的铁路路网以及其他基础设施的所有权，6 个铁路客运公司中，其中 3 个铁路客运公司在本岛负责相邻区域，其他 3 个铁路客运公司分别在北海道、四国和九州三岛。同时成立了 1 家全国统一运行、向客运公司租借线路的货运公司，货运公司从客运公司获得线路使用权，新铁路公司具备经营自主性。国营铁路时期的巨额债务在不损害新公司的经营利益的前提下，由本岛的三个公司承担了一部分，其余由国铁清算事业团处理，主要用出售铁路周边±地、各公司股份和新干线的收入偿还。1998 年 10 月解散了国铁清算事业团，全部剩余债务移交给国家财政，国铁债务实际上成了国家的债务。通过重组，日本铁路的客运部分采用"横向分割"的组织模式，货运部分采取"网运分离"的组织模式。

（二）中国铁路企业组织模式的演化

中国初期的铁路采取高度集中统一的管理体制，1949 年成立新中国铁道部，负责管理下面 11 个铁路管理局，各站段由所属铁路局直接负责，形成铁道部、铁路局、站段三级管理。为方便管理，各铁路局在主要城市设有办事处，但办事处于 1950 年就被撤销，取而代之的是管理分局，即形成铁道部、铁路局、铁路分局、站段四级管理模式。新中国初期的铁路组织模式是一种政企合一、"纵向、横向一体化"的高度集中统一的管理体制。

2003 年 6 月开始铁道部确定了"铁路跨越式发展"方针政策，即集中人力、物力、财力进行大规模铁路建设，短期内提高铁路运输能力，解决日益增长的国民经济发展对铁路运输的大规模需求。2003 年下半年，铁路实行"主辅分离"的改革，将铁路系统内的学校、医院及工业工程等辅业从铁路运输主业中分离出去，中铁物资总公司与铁通通信公司由国资委负责，铁道部部属的 4 个勘察设计院、铁路局所属 38 家设计施工企业交给国资委下属的工程总公司和建筑总公司来负责，铁路部门下属的 319 所中小学、50 所幼儿园、52 所医院全部纳入社会服务体系，其他的多种与铁路运营主业无关的经营企业也从主业中剥离出去。"主辅分离"后，铁道部只需要负责铁路运营的主业。2005 年铁道部实行了"撤销分局"的铁路改革方案，由原来的铁道部、铁路局、铁路分局、站段四级管理模式改为铁道部、铁路局、站段三级管理模式，管理层级的减少在一定程度上提商了组织管理和运输效率。

2013 年 3 月 14 日，第十二届全国人大一次会议审议通过了《国务院机构改革和职能转变方案》。铁道部被撤销，将原来铁道部拟定铁路发展规划和政策的行政职责划入交通运输部；组建国家铁路局，承担原铁道部的其他行政职责，负责拟定铁路技术标准，监督管理铁路安全生产、运输服务质量和铁路工程质量等；组建中国铁路总公司，承担原铁道部的企业职责，负责铁路运输运营服务。中国铁路总公司以铁路客货运输服务为主业，实行多元化经营。中国铁路总公司下设 18 个铁路局、3 个专业运输公司等企业。

2017 年 11 月 19 日，铁总公司 18 个铁路局完成企业身份转换，改制为集团有限公司。标志着铁路公司制改革取得重要成果，为国铁实现从传统运输生产型企业向现代运输经营型企业发展迈出了重要一步。同时官方宣布，总公司机关组织机构改革顺利完成，机关部门、内设机构、定员编制分别精简 10.3%、26.6%、8.1%。

2018 年 12 月 5 日，据工商总局网站公告显示，铁路总公司更名为中国国家铁路集团有限公司已通过名称变更核准，这一名称变更标志公司制改革最后一步的完成，也意味着 2013 年开始的铁路"政企分开"改革将告一段落，昔日政府部门彻底变身为市场竞争主体。这一改革明晰了职能定位，厘清了管理关系和方式，建立了管理制度体系，初步形成了上下贯通、法治化市场化经营体制。

【案例】

逼出来的丰田管理哲学

20 世纪 40 年代，刚刚成立的丰田经历了历史上最严重的一次危机，负债经营的丰田即将维持不下去，被拖欠工资的工人愤怒地走上街头罢工，银行建议丰田，要么裁员减轻负担，要么干脆关门。

丰田当时的总经理丰田喜一郎的选择是什么?他的选择是:

首先，与员工沟通真正的状况，坦率地告诉员工实情，如果公司要维持下去，要么至少要裁去 1 500 名员工，他痛心地问大家，为了丰田能够活下去，是不是有人可以自愿地离开丰田? 丰田恢复之后，一定会请他们回来。

第二，他坦然承担自己的责任，既然他作为总裁辜负了员工，他怎么能够再继续领导公司并从公司领取薪水呢? 所以，他申请辞去公司的总裁职务，由他的堂弟丰田英二来担任公司总裁。

第三，在离开之前，丰田喜一郎召开了高级管理人员会议，大家一起来讨论公司的未来，一起反省，为什么丰田会走到今天? 出问题显然不完全是因为业绩，业绩背后是团队，团队背后是文化，文化背后是心态，心态背后是企业经营理念的缺失!

为什么员工会罢工? 危机之中，丰田确立了几项对未来起到至关重要作用的原则:

一、丰田不会放弃为国家强盛而经营的精神。

二、丰田的员工与管理者之间的关系，应当是相互信任而不是相互对抗。

三、员工与管理者应当合作，致力于产品的改善，从而成为一家世界级的公司。

四、应当谨慎防止过快增加员工，启用临时工制度，以缓解经济波动的压力。

这四点确立了丰田模式的基本文化:那就是员工与企业之间是信任与合作关系，减少浪费或者改善不是对人的实施，而是由人来实施，人力价值永远是最重要的价值源泉!

丰田对管理体系最大的突破，在于他们突破了产品价值流，而在产品价值流的背后看到了人力价值流，想象一下，如果编制了一个从员工进入到离开的"职业生涯价值流"，那会如何?

丰田说，即使员工生产出了合格的产品，但如果其能力或者改进意识没有提高，那也是一种浪费，由此可以看到，多数公司的多数人都处于浪费之中。(来源:中华考试网)

复习思考题

1. 何谓企业? 需具备哪些要素?

2. 企业具有哪些基本特征？

3. 简述企业管理的概念。

4. 简述管理的职能。

5. 企业管理的发展经历了哪些阶段？

6. 简述泰勒科学管理的主要内容。

7. 铁路运输企业的特点？

第二章　铁路运输企业预测与决策

◆学习目标

1. 了解预测的概念与程序；
2. 掌握各种不同的预测方法，并能够灵活应用；
3. 了解决策的概念、特点与作用；
4. 了解决策的程序；
5. 掌握非确定型决策分析方法；
6. 掌握风险型决策分析方法。

【引例】

"标王"的衰败

1996 年秦池集团以 6 666.6 万元的天价获得中央电视台黄金档位"标王"称号后，中央电视台黄金时段就成为国内众多知名企业穷追不合、不惜一掷千金的争夺目标，以此提升自己产品的知名度，达到轰动效应，以至于在 1997 年秦池集团要用 3.2 亿元的天文数字第二次获得中央电视台黄金时段"标王"称号，一时引起舆论哗然。然而一年后，当秦池集团经营陷入困境的报道被公之于各大媒体时，业内人士开始冷静思考，并对包括秦池集团在内的众多企业的这种行为进行了分析和检讨，认为秦池集团在没有完全正确预测分析国内白酒行业宏观环境、产品特点、消费者行为和不可控的意外因素影响下，孤注一掷地拿出企业自身很难承受的 3.2 亿元拼中央电视台"标王"称号，不仅使企业背上了沉重的资金负担，经营陷入困境，而且造成社会舆论偏离了秦池人的初衷，真可谓代价惨重。（来源：百度文库）

第一节　预　测

"凡事预则立，不预则废"充分说明了预测分析的重要性。自古以来，人们一直向往未来，关心未来的发展，因而人类的预测活动史源远流长。古代人们曾用龟甲或兽骨来占卜，推断祸福。在希腊的奴隶社会甚至还有专门从事"预测"的机构，古希腊特尔菲城内的阿波罗神庙就是其中之一。

预测自古有之。但是，有科学根据的预测大都出现在科学领域内，如哥白尼的日心说、门捷列夫的化学元素周期律等。天文学史上特别值得一提的科学预测的例子就是哈雷慧星的发现。预测的发展与科学技术的发展有着密切的联系，随着科学技术的产生与发展，各种事物的运动规律不断被揭示出来。根据客观规律进行预测是人类历史上的一个重大飞跃，这种预测逐渐取代了迷信预测和经验预测。

预测是一门新兴科学。预测已被广泛地应用于政治、经济、军事、科学、文化和社会生活的各个方面。预测科学随着生产社会化程度地提高和现代科学技术地发展而日益受到重视，并在社会经济生活中发挥着越来越重要的作用。但预测本身不是目的，它是为决策服务的，即为了对未来的工作目标和发展方向作出正确决策提供科学的依据。

随着中国经济的发展，铁路运输作为重要的交通工具在社会经济生活中的地位尤其重要，针对铁路运输行业的预测与决策技术也越来越被人关注。如何科学有效地预测、决策铁路运输生产中需要解决的问题，更好地发挥铁路运输对国民经济的贡献是一项重要课题。

一、预测概述

（一）预测的概念

预测，就是根据某事物过去和现在的资料，以正确的思想和理论为指导，运用科学的方法和手段，找出事物变化的内在规律，预计、测算和判断其未来发展的方向、水平和趋势。简单地讲就是根据过去和现在估计未来，根据已知推测未知。

长期以来，人们主要凭经验和直觉进行预测，或者说猜测。针对事物未来发展的不确定性以及现代经济生活的日趋复杂，人们通过不断总结经验，认识事物的发展规律，把现代科学技术，特别是数理分析的方法运用到预测中，建立起科学的预测方法，使预测更为科学。

（二）预测的依据

预测的必要性并不代表预测是可能的。预测理论要回答的一个重要理论问题就是，预测的理论依据是什么，人们能否对未来做出科学的预测？预测科学发展到今天，已成为人们普遍接受的事实，这足以说明未来是可以预知的：事物之所以可以被预测，是因为事物的运动发展遵循着某种客观规律，人们通过长期的实践，对这些规律有了一定的认识，并积累起丰富的经验和知识。因此，人们可以凭借各种先进的预测手段，根据事物发展的历史和现状，对事物的发展趋势做出推测和估计。具体来说，预测的科学依据在于事物的运动发展遵循以下原理：

1. 惯性原理

客观世界是可以认识的，事物的运动发展具有历史继承性，未来总是与现在和过去联系着的，离开了过去和现在，也就不会有事物的未来。任何事物的发展在时间上都具有连续性，表现为特有的过去、现在和未来这样一个过程。没有一种事物的发展与其过去的状态没有联系，过去不仅影响现在，还会影响未来。因此，人们通过认识事物的过去和现在，并以此为依据总结事物运行的规律，从而推测未来的发展。

2. 因果原理

事物的运动发展是相互联系的，而不是孤立的，一个事物的发展变化必然影响到其他有关事物的发展变化，因此，有可能根据一事物来预测另一事物。比如，一个国家在一定时期内采用某种特定的经济政策，势必对市场经济的发展产生某些影响，这时的政策是因，经济变化情况的果；过一段时间，该国家根据经济发展变化的新情况，制定新的经济政策来刺激经济，或是稳定经济，或是调整经济结构等。这时，经济发展状况变为因，经济政策又变为果。当然，一因多果或一果多因的现象也经常出现，有其因就必有其果，这是规律。因此，从已知某一事物的变化规律，推演与之相关的其他事物的发展变化趋势，是合理的、也是可能的。投入产出分析法就是对因果原理的最好运用。

3. 相似原理

事物的发展是有规律的。人们不仅可以认识这些规律，也可以掌握、利用这些规律，从而达到认识自然、掌握自然的目的。宇宙中的万事万物都是有联系的，都是相关的。事物之间彼此联系，相互影响，相互制约，相互作用，同类事物的发展往往遵循同一条规律，其过程有较强的相似性。根据这种相似性，人们可以在已知某一事物发展变化情况的基础上，通过类推的方法推演出相似事物未来可能的发展趋势。例如，彩色电视机的发展与黑白电视机的发展就有某些类似之处，我们对以利用黑白电视机的发展规律类推彩色电视机的发展规律。

4. 概率原理

客观事物的未来发展受多种因素制约，具有多种可能性，所以其未来并非只有一种可能性，对其未来的预测必须根据多种因素的影响估计各种不同的结果。人们在充分认识事物之前，只知道其中有些因素是确定的，有些因素是不确定的，即存在着偶然性因素。市场发展过程中也存在必然性和偶然性，在偶然性中隐藏着必然性。通过对市场发展偶然性的分析，揭示其内部隐藏着的必然性，可以凭此推测市场发展的未来。从偶然性中发现必然性时，可应用概率论和数理统计方法，求出随机事件出现各种状态的概率，然后根据概率去推测预测对象的未来状态。

（三）预测的分类

预测的种类很多，可以从不同角度对预测进行分类。

根据预测的对象不同，分为社会预测、经济预测、市场预测、技术预测、军事预测等。其中，经济预测从宏观来看，是为制定国民经济计划和经济政策服务的；对于企业而言，是搞好经营管理，取得良好经济效益的重要手段，其主要内容有：销售预测、材料预测、投资预测、人力预测、科技发展预测和经济效益预测等。

根据预测的范围不同，分为总体预测、分类预测、品种预测、典型预测等。

根据预测的方法不同，分为定性预测和定量预测。

根据预测的时间长短不同分为短期预测（预测时间以日、周、旬、月、季为计）、中期预测（是以年为时间单位，对1年及1年以上5年以内的发展前景的预测）和长期预测（是以年为时间单位，对5年及5年以上的发展前景的预测）。

一般来说，预测的时间越短，预测值与实际值越接近，准确度越高；预测时间越长，不确定的因素增多，不可控的资料难以掌握，预测值的准确度较低。但是，不论是哪种预测，一般都不可能达到百分之百的准确率。只要预测值的准确度达到预定的要求，就可以作为决策的可靠依据。

（四）预测的程序

预测是调查研究、综合分析和计算推断的过程。一般来讲，预测要按下列程序进行：

1. 确定预测的目标

预测工作的第一个环节是确定预测目标。只有目标明确，才能顺利地开展全部工作，才能使预测工作有的放矢，避免盲目性，从而以较短的时间、较少的费用，取得较满意的预测结果。

预测目标主要解决三个问题：

（1）确定预测对象，即预测是为了解决什么问题、需要收集什么资料、精确度有多高等；

（2）确定预测时间，即预测有没有时限要求；

（3）确定预测计划，包括确定人员的组成、经费预算、完成期限等。

2. 调查、收集和分析有关资料

资料是预测的基础，资料的质量直接关系到预测的精度。要根据预测对象的目的和要求，广泛收集影响预测对象未来发展的一切资料，既要收集预测对象本身的历史资料，也要收集对预测对象有影响作用或与之相关的因素资料，包括对预测对象的未来会造成较大影响的间接因素资料。收集资料的范围包括统计资料、会计资料、计划资料、方针政策和其他社会调查资料等。在收集资料时要注意资料的基本来源和不断补充更新的可能性。对所收集的资料要进行认真的审核，对不完整和不适用的资料要进行必要的调整。例如，应把偶然发生而将来不大可能重现的一次性事件从历史资料所呈现出的趋势中清除出去，从而保证资料的准确性、系统性、完整性和可比性，对经过审核和整理的资料还要进行初步分析、观察资料结构的性质，作为选择适当预测方法的依据。

3. 选择预测方法，进行预测

如何选择适当的预测方法是提高预测质量的一个重要因素。因此，必须从实际出发，根据预测对象的特点、预测的目的、预测的期限和时间间隔及预测对费用、时间和精确度的要求，结合收集的资料和预测人员的技术条件，选择有效的预测方法。选用的预测方法要在满足预测要求的前提下，尽量简单、方便、实用，有些预测方法要建立数学模型，有些则可以采用匡算、推算、类比计算等简单的预测方法。

另外，在选用预测方法时要根据实际情况，有时选择一种，有时也可以几种方法结合起来，相互验证预测结果，以提高预测的准确性。

根据已选定的预测方法，利用所掌握的资料，就可以具体地计算、研究，作出定性或定量分析，推测判断预测对象未来的发展方向和发展趋势。

4. 评定预测结果，为决策提供依据

对各种预测方法所取得的结果进行分析、比较和评定，检验误差的程度，以便采取修正措施，力求取得接近实际的结果，并提出预测报告，为决策提供依据。

二、铁路运输预测

（一）铁路运输预测的概念

铁路运输预测，就是根据铁路运输行业已经发生的实际资料和变化规律，运用科学的方法和手段，推算未来的发展情况。

全面而正确地理解铁路运输预测，应该把握以下几点：

（1）铁路运输预测是探索事物发展的必然性或可能性的一种社会行为。

（2）铁路运输预测是有根据的，它是根据过去和现在已发生的铁路运输事件，预计和推测未来，根据已知的铁路运输因素预计和推测未知的铁路运输因素。也就是说，预测过程是依据着充分的客观资料和环境条件进行的。

（3）铁路运输预计和推测过程，运用了科学的方法，其中包括实践中积累起来的有效的主观经验和主观判断能力，包括运用已经具有的广博知识进行的科学逻辑推断，还包括先进的数学计量方法。

（4）铁路运输预测有着充分的理论依据，那就是被预测的对象，其发展趋势具有特定规律性，而且这种规律可以为人们所认识和掌握。这就为人们事先对事物的发展进行科学预测提供了实际可能性。

（5）铁路运输预测并不是去正确求解，而是一种近似，是预计和推测，预测出的结果往往不是客观规律本身，而是一种在一定范围内对客观规律的接近或近似。这就是说，铁路运输预测结果包括了误差和未知因素，必须通过实践来检验和修正。但有时也会出现预测失误，如经验不足，没有找到关键影响的因素，造成预测结果与实际相差很远。如某条新线路在设计时的预计客货流量是一个数值，但在实际运营时发现，客货流量与设计之初的预想可能会有很大差别。又比如美国通用电器公司设计了一种新产品——电动牙刷，原想销量不会很大，因为不会自己刷牙的人太少了，但是在第一年的实际销售量就比预测结果大 5 倍。这说明预测并不是轻而易举的事，预测要说明未来，而未来充满了未知数。

（二）铁路运输预测的作用

铁路运输预测工作在铁路运输管理中所起的作用主要表现在以下四个方面。

（1）帮助我们认识和控制未来的不确定性，将对未来的无知降到最低限度。运输企业人员进行预测和评价工作，将迫使他们面向未来、洞察未来，并为将来做好准备。铁路运输预测可以帮助铁路管理者认识未来环境的不确定性因素，将他们对未来环境的茫然减少到最低程度。准确的铁路运输预测能够预计、推测出铁路运输事件发展和环境变化的趋势，能够描述、勾画出未来一定期间内它们的发展变化可能达到的状态和程度，从而为铁路运输企业决策提供预期环境。

（2）使计划的预期目标同可能变化的周围环境与经济条件保持一致。铁路运输预测可以帮助铁路管理者提高计划与决策的可行性，防止片面性。铁路运输预测通过提供铁路相关发展变化的趋势，预计环境变化中可能出现的有利与不利的因素，从而提高铁路运输计划与决策的可行性，避免片面性。

（3）铁路运输预测可以帮助管理者事先估计到实施计划后可能产生的后果，从而为选择最优方案并达到最终目标提供依据。

总的来说，铁路运输预测既是计划工作的前提条件又是计划工作的结果；预测是使铁路运输管理具有预见性的一种手段；预测有助于促使各层级人员向前看，为将来作准备；预测有助于发现问题，从而集中力量加以解决；预测工作在一定程度上决定了组织活动的成败。

三、铁路运输预测的方法

铁路运输预测的基本方法总的来说有两类，即定性预测方法和定量预测方法。

（一）定性预测方法

定性预测法是依靠人们的知识、经验和综合分析能力，根据已掌握的资料，对事物未来的变化趋势做出性质和程度的推断和描述。其特点是主要依靠预测者的经验来推断未来。例如，新产品销售情况的预测、新技术发展趋势的预测等。定性预测适合预测那些模糊的、无法计量的社会经济现象。在实际工作中，由于影响事物发展的因素错综复杂，预测结果有时很难数量化，甚至根本不可能用数量指标表示的。比如，一定时间内经济形势的发展变化情况，国家某项政策出台对消费倾向、市场前景的影响，全球化对我国企业的利弊影响等。这种情况下的预测，一般只能采用定性预测方法。

定性预测要求预测者具有从事预测活动的经验，同时要善于收集信息、积累数据资料，尊重客观实际，避免主观臆断，这样才能取得良好的预测效果，集体预测作为定性预测的重要形式，能集多人的智慧，克服个人的主观片面性。

定性预测方法简便，易于掌握，而且时间快、费用省，因而得到广泛采用，特别是进行多因素综合分析时，采用定性预测方法效果更加显著。但是，定性预测方法缺乏数量分析，主观因素的作用较大，预测的准确度难免受到影响。因此，在采用预测方法时，应尽可能运用定量分析方法，使预测过程更科学，预测结果更准确。

1. 专家意见法

专家意见法又称为德尔菲法，是 20 世纪 40 年代末由美国兰德公司设计的一种预测方法，50 年代以后在西方盛行，它是是一种采用匿名的通讯方式分别将所需解决的问题单独发送到各个专家手中，征询意见，然后回收汇总全部专家的意见，并整理出综合意见。随后将该综合意见和预测问题再分别反馈给专家，再次征询意见，各专家依据综合意见修改自己原有的意见，然后再汇总。通过这样轮番征询专家意见，最终得出预测结果的一种经验意见综合预测方法。德尔菲法是定性预测方法中最重要、最有效的一种方法，它不仅用于短期预测，而且也能用于中、长期预测，尤其是当预测中缺乏必要的历史数据，应用其他方法有困难时，采用德尔菲法预测能得到较好的结果。

专家意见法的程序大致是：首先由主持预测的单位确定预测提纲，将预测的有关问题列出调查表，并确定参加预测的专家；然后将调查表及有关资料提供给专家，分别请专家对提出的问题进行预测；预测单位把专家寄来的意见加以汇总、归纳、整理后，再把这些不同的预测结果及其理由反馈给每一位专家，让专家们再一次作出判断。经过这样多次的反复循环，最后得出一个比较一致的意见，就是所要预测问题的结果。

1）专家意见法的优点

（1）匿名性。在德尔菲的每一轮征询中，均采用"背靠背"的方法向专家征询意见，这样可以保证每位专家不制约、影响其他人的意见。所以，匿名性可以创造一种平等、自由的气氛，鼓励专家发表自己的见解。

（2）反馈性。采用德尔法需要多次轮番征询意见，每次征询都必须把预测主持者的要求和上一轮专家意见的统计结果反馈给专家，因此，德尔菲法具有信息反馈沟通的特点。这样经过多次反馈，可以不断修正预测意见，使预测经过比较准确可靠。

（3）统计性。在整个预测过程中，每一轮调查都将上一轮的许多意见于信息进行统计和反馈，这样可以使专家们在"背靠背"的情况下，能充分了解各方面的客观情况和其他专家的意见，从而有助于专家们开拓思路，集思广益。

2）专家意见法的缺点

（1）主观判断，有一定片面性。

（2）时间较长，费用较高。

2. 头脑风暴法

美国学者阿历克斯•奥斯本于1938年首次提出头脑风暴法（brain storming，简称BS法），"brain storming"原指精神病患者头脑在短时间出现的思维紊乱现象，病人会产生大量的胡思乱想。奥斯本借用这个概念来比喻思维高度活跃、打破常规的思维方式而产生大量创造性设想的状况。头脑风暴法是一种通过小型会议的组织形式，让所有参加者在自由愉快、畅所欲言的气氛中自由交换想法或点子，并以此激发与会者创意及灵感，使各种设想在相互碰撞中激起脑海的创造性"风暴"。它适合于解决那些比较简单、严格确定的问题，比如研究产品名称、广告口号、销售方法、产品的多样化研究等，以及需要大量构思、创意的行业，如广告业。

头脑风暴法的操作程序如下：

（1）准备阶段。决策活动的负责人应事先对所议问题进行一定的研究，弄清问题的实质，找到问题的关键，设定解决问题所要达到的目标。同时选定参加会议人员，一般以5~10人为宜，不宜太多。然后将会议的时间、地点、所要解决的问题、可供参考的资料和设想、需要达到的目标等事宜一并提前通知与会人员，让大家做好充分的准备。

（2）热身阶段。这个阶段的目的是创造一种宽松、祥和的氛围，使大家得以放松，进入一种无拘无束的状态。主持人宣布开会后，先说明会议的规则，然后谈点有趣的话题或问题，让大家的思维处于轻松和活跃的境界。

（3）明确问题。主持人扼要地介绍有待解决的问题。介绍时须简洁、明确，不可过分周全，否则，过多的信息会限制人的思维，干扰思维创新的想像力。

（4）重新表述问题。经过一段讨论，大家对问题已经有了较深程度的理解。这时，为了使大家对问题的表述能够具有新角度、新思维，主持人或记录员要记录大家的发言，并对发言记录进行整理。通过记录的整理和归纳，找出富含创意的见解以及具有启发性的表述，供下一步畅谈时参考。

（5）畅谈阶段。畅谈是头脑风暴法的创意阶段。为了使大家能够畅所欲言，需要制定的规则是：第一，不要私下交谈，以免分散注意力；第二，不妨碍及评论他人发言，每人只谈自己的想法，无论发言多么荒诞离奇，其他人均不许发表批评意见；第三，发表见解时要简单明了，一次发言只谈一种见解；第四，鼓励参与者海阔天空地尽情发挥，想法、方案越多越好；第五，发言者可以在别人想法的基础上进行补充和改进，从而形成新的设想和方案。主持人首先要向大家宣布这些规则，随后导引大家自由发言、自由想像、自由发挥，彼此相互启发、相互补充，真正做到知无不言、言无不尽、畅所欲言，然后将会议发言记录进行整理。主持人在此过程中主要做好两件事情：一是不断地对发言者给予表扬和鼓励，从而激励他们说出更多更好的想法来；二是要负责记录所有方案，最好能写在黑板上，让所有人都能看见。

（6）筛选阶段。会议结束后的一两天内，主持人应向与会者了解大家会后的新想法和新思路，以此补充会议记录。然后将大家的想法整理成若干方案，再根据决策的要求进行筛选。经过多次反复比较和优中择优，最后确定 1~3 个最佳方案。这些最佳方案往往是多种创意的优势组合，是大家的集体智慧综合作用的结果。

头脑风暴法主要是吸收专家积极的创造性思维活动，强调集体思维，一般参与者以 5~15 人为宜，时间一般为 20~60 分钟，参加的人员中不只有领导者。也不一定参加者都与所讨论问题的专业一致，可以包括一些学识渊博，对讨论问题有所了解的其他领域的专家。

3. 专业人员意见法

专业人员意见法主要是利用专家的知识和经验，对过去和现在发生的过程进行分析和综合，对未来作出判断。

专业人员意见法的大致程序是：企业的负责人，确定预测目标后，把与目标有关的各种专业人员召集起来，采取座谈或书面的形式，让他们按照预测目标，各自发表看法，然后汇总他们对预测问题的意见，得出预测结果。由于各专业人员受其分工的限制，只能接触某一部门或某一地区，对全局的情况不够了解，因而预测值往往会出现乐观的预测值、悲观的预测值和可能的预测值三种情况，通常可以采用算术加权平均值的方法，求出其预测值。其算术加权平均值 T_E 为：

$$T_E = (a + 4m + b)/6$$

其中　　a——乐观预测值，是在顺利情况下能够达到目标的数值；

　　　　b——悲观预测值，是在不利情况下能够达到目标的数值；

　　　　m——可能预测值，是在正常情况下能够达到目标的数值。

例如，某局为了提前对春运工作作出安排，分别召集客运部门、计划部门和车站等有关人员的会议，根据与会人员的经验和测算，得出春运期间最高的客流量为 800 万人，最低的客流量为 200 万人，一般情况下的客流量为 400 万人。则预测春运期间客流量为：

$$T_E = (800 + 4 \times 400 + 200)/6 = 433 \text{（万人）}$$

1）优点

信息量大，大家互相启发，取长补短，互相交流情况。

2）缺点

受专业人员分工限制，缺乏全面了解，同时受心理因素的影响较大，易屈服于多数人和权威的意见。

4. 市场调查法

市场调查法就是在了解用户对本企业产品需求的基础上确定预测值。市场调查法可以从两个方面进行。

一方面可由企业派员直接向用户了解预测期内需要购买本企业产品的品种数量。同时调查用户的意见，分析用户需求变化趋势，预测出产品的销售量。例如，某车站主要有 30 个货主，该车站在预测明年货运量时，可以派员人或去函了解这些货主对明年铁路货物运输的要求，然后汇总得出明年货运量的预测值。这种方法在用户（货主）数量不大或用户（货主）与铁路运输企业有固定协作关系时，使用起来比较方便，预测值比较准确。

另一方面也可以对用户进行典型调查和抽样调查，以此求出预测值。例如，某火车站，为了调查暑期学生乘车人数，从该地区 21 600 名学生中随机调查了 1 000 人，其中需乘车的人数为 450 人。

则乘车率为：　450/1 000 = 45%，

由此可推算暑期学生乘车人数为：　21 600×45% = 9 720（人）

市场调查法是铁路运输企业生存和发展、提供经济效益的一种重要的常用方法。铁路运输企业当前具体的经营环境因素，一个是竞争对手；一个是顾客即市场。竞争对手公路、水运、民航对铁路形成了巨大的压力，因此，铁路运输企业必须走向市场，搞好市场预测，增强竞争实力，抢占市场份额，发挥铁路运输的优势，吸引顾客。

（二）定量预测方法

定量预测方法是建立在统计资料的基础上，依据历史和现在的原始数据，在假定这些数据所描述的趋势对未来适用的基础上，运用各种数学模型预测未来的一种方法。该法在条件稳定的情况下，预测结果比较准确。

1. 定量预测的主要步骤

（1）要确定预测的目标。明确预测目的，需要解决什么问题？预测的对象是什么？预测的期限有多长？范围有多大？预测计划包括的具体预测业务内容、参加预测人员、具体分工任务、每个阶段任务及完工期等。

（2）要收集预测资料。整理和分析情报资料，把预测事物有关的过去和现在的统计资料收集齐全，系统分析、归纳整理，进行取舍，绘制必要的图表，并借助计算机进行数据贮存和分类。这一步需要特别注意数据资料的及时性与可靠性。

（3）选择预测方法，建立预测模型。根据预测对象有关因素的数量关系和数据的质量，建立预测的数量经济模型。这一步是预测成功的关键。

（4）估计参数。利用收集整理的资料，采用数学方法，估计模型中各个参数的具体值。还要验证模型的正确性。常用的验证方法主要有数学方法和事后检验法。前者是利用数学原理验证预测的可靠性和精确度，例如数理统计中的 R 值检验、t 检验等；后者是把过去的历史数据代入模型，预测过已发生的事件，把此预测结果与过去历史实际事件相比较，以确定模型的准确性及预测误差。验证了模型的正确性之后，必须进一步分析和估计可能产生的预测误差，并确定应该如何进行修正预测值。

（5）进行预测，用经过验证的模型，进行实际的预测工作，并写出预测报告。

（6）追踪检验，更新、完善模型。将预测值与实际结果进行对比，找出差值产生偏差的原因以修正模型，提高今后的预测精度。

2. 进行定量预测时必须注意的问题

（1）选择预测方法时，讲究适用和实效，必须坚持实事求是。各种预测方法各有其特点，也都有其应用范围及适用条件，必须根据预测的目的和要求（预测时间、范围、精度等），选择适用的预测方法。

（2）历史数据和资料是定量预测的基础。要根据已掌握的历史数据、资料的质量和多少来选择预测模型。

（3）要注意预测费用。预测方法不同，预测精确度会不同、预测费用也会不同。因此，选择预测方法时，必须事先做好可行性研究，进行预测方案的效益与费用比较，权衡得失，采用那些费用低而又能满足预测要求的方法。

（4）要注意预测人员的素质，不断提高预测人员的水平。任何一种预测方法的使用要收到预期效果，首先必须被预测人员所理解和信任。

（5）对于任何具体的预测问题，不存在一个绝对最好的预测方法，也不存在一个绝对准确的预测方法。预测是科学与艺术的结合，它需要定性与定量分析相结合。如果可能，应尽量多用几种不同的预测方法，综合分析所有预测结果，进行"综合预测"以提高预测精度。

3. 定量预测的方法

主要包括时间序列分析法和回归分析法。

时间序列分析法是利用过去的历史数据，按时间顺序将数据排列出来的序列进行分析，预测事物的变化趋势，主要有平均法、季度系数法、指数平滑法。方法简单，适用于短期预测。

回归分析法是根据事物发展的因果关系推测未来，它分析有关的历史数据，掌握事物内部因素之间相互的关系并建立模型，然后利用模型进行预测。适用于长期的具有规律性事物的预测。

（1）简单平均数法。

简单平均数法是将近期的数值按规定的期数进行平均所得的数值定为预测值。预测公式为：

$$X_{n+1} = (x_1 + x_2 + x_3 + \cdots + x_i) = \sum_{i=1}^{n} x_i / n$$

其中　　X_{n+1} ——第 n+1 期的预测值；

　　　　X_i ——第 i 期的实际数值（i = 1，2，3，…，n）；

　　　　n ——数据期数。

【例 2-1】 某铁路局集团公司电务段 1 – 6 月份因设备维修，消耗某种器材分别是 100、125、130、140、145、和 139 件，则 7 月份的器材消耗量是多少？

解：7 月份的消耗量 =（100+125+130+140+145+139）/6 = 130（件）

这一方法的优点是就计算简单，当由于把序列中的各数据同等看待，因而测出的预计数量与实际数量往往会发生较大的误差，因此它只适用于没有明显变化趋势的事件预测。

（2）移动平均法。

移动平均法是假设预测数据与预测期邻近期的数据有关，而将相邻 n 期的数据平均值做为预测值。预测公式为：

$$\bar{X}_t = (x_{t-1} + x_{t-2} + \cdots + x_{t-n}) / n$$

其中　$\overline{X}_t$ ——预测期的预测值；

　　x_{t-1}、x_{t-2}、$\cdots$、x_{t-n} ——同预测期相邻的实际值；

　　n ——移动期数。

【例 2-2】据上例数据，1－6月份的实际消耗量与预测值。见表2-1。

当取 $n=3$ 时，则4月份的消耗量为：

$$\overline{X}_{t-3}=\frac{100+125+130}{3}=118\text{（件）}$$

当取 $n=4$ 时，则5月份的消耗量为：

$$\overline{X}_5=\frac{100+125+130+140}{4}=124\text{（件）}$$

同理，分别求出其他月份的预测值。

表 2-1　消耗某物品数量表　　　　　　单位：件

月份	实际消耗数量	三个月移动平均值（$n=3$）	四个月移动平均值（$n=4$）
1	100		
2	125		
3	130		
4	140	118	
5	145	132	124
6	139	138	135

此方法虽然计算简单，但如果近期数据变化较快，会造成预测值与实际值偏离过大，其次把各年份的数据同等看待，没有考虑数据的时间性对预测值的影响。

（3）加权平均法。

加权平均法是把过去发生的实际数值，由远及近，由小及大给予不同的权数，然后加以平均求出预测值。该法可以反映近期数值对预测值的影响，各期的权数之和等于1。如例2-1中3—5月份的消耗量分别给予不同的权数为0.2、0.3、0.5，则6月份的预测消耗量为：

$$\overline{X}_6=130\times0.2+140\times0.3+145\times0.5=141\text{（件）}$$

加权平均法由于采用了一定的权数，从而消除了各个月份差异的平均化，突出近期的影响，使预测值比较接近实际值。

（4）加权移动平均法。

加权移动平均法是在移动平均法和加权平均法的基础上，为了提高预测值的精度，将各期数据既移动又加权，然后求出预测值。根据离预测期的远近，分别给这些数加以不同的权数。一般来说，距离预测期越近的数据对预测值的影响越大，其权数就越大；反之，距离预测期越远的数据对预测值的影响越小，其权数就越小。权数也可按实际情况作出判断或计算得出。常用的权数如表2-2和表2-3所示。

表 2-2　三期移动权数

P_1	0.5	0.5	0.6	3/6
P_2	0.3	0.25	0.3	2/6
P_3	0.2	0.25	0.1	1/6
$\sum p_i$	1.0	1.0	1.0	1.0

表 2-3　四期移动权数

P_1	0.4	0.5	0.6
P_2	0.3	0.2	0.2
P_3	0.2	0.2	0.1
P_4	0.1	0.1	0.1
$\sum p_i$	1.0	1.0	1.0

【例 2-3】　数据同前例，$n = 3$ 时，权数分别为 0.2、0.3、0.5；$n = 4$ 时，权数分别为 0.1、0.2、0.2、0.5，则各期的实际值与预测值见表 2-4。

表 2-4　实际值与预测值　　　　　　　　　　　　单位：件

月份	实际消耗量	三期移动（$n = 3$）	四期移动（$n = 4$）
1	100		
2	125		
3	130		
4	140	$100 \times 0.2 + 125 \times 0.3 + 130 \times 0.5 = 123$	
5	145	$125 \times 0.2 + 130 \times 0.3 + 140 \times 0.5 = 134$	131
6	139	$130 \times 0.2 + 140 \times 0.3 + 145 \times 0.5 = 141$	139

加权移动平均法在移动平均法的基础上，对 n 期内的数据给予不同的权数，以突出近期数据的影响作用，进一步提高了预测的精确度。

（5）季度系数法。

在变化万千的市场经济中，季节的变化常常引起市场需求的变化，如农业、水产的产量，四季服装的销售量，铁路运输的客流量等，随着季节性波动就比较明显。因此，反映在时间序列的统计资料上，统计数据呈明显的有规律的季节变动，季度系数法是根据这一规律进行预测的方法。

季度系数法首先要收集历年各月或各季的数据序列资料，求出同月或同季的算术平均数，计算出代表每年各季度数量变化规律的季度系数，然后求出各季数量的预测值。

【例 2-4】　某车站 2018—2021 年各季度的客票收入见表，现已测定 2021 年的客票收入为 150 万元，预测 2021 年的各季度的客票收入额。

解：（1）将各年分季的客票收入列入表 2-5 中；

（2）求各年同季的平均值（见表 2-5 第 6 栏）；

（3）计算各季度的季度系数（见表第 7 栏）；

（4）用系数分别乘以 2018 年全年预测值，即得各季度的预测值（见表第 8 栏）。

表 2-5　某车站 2018—2021 年各季度客票收入额　　　　单位：万元

年 季	2018 （1）	2019 （2）	2020 （3）	2021 （4）	合计 （5）	季度平均 （6）	季度系数预测值 （7）	预测值 （8）
一	20	30	20	40	110	110/4＝27.50	27.50/130≈0.21	31.50
二	20	40	30	50	140	140/4＝35.00	35.00/130≈0.27	40.50
三	30	50	30	40	150	150/4＝37.50	37.50/130≈0.29	43.50
四	30	20	20	50	120	120/4＝30.00	30.00/130≈0.23	34.50
合计	100	140	100	180	520	520/4＝130.00	1.00	150

季度系数法考虑了由于季节变化所引起的收入的变化，纠正了由于季节影响引起预测过高或过低的现象，提高了预测的准确性。这一方法适用于受季节变化影响的事件的预测。

（6）指数平滑法。

指数平滑法是对整个时间序列加权平均来预测的，其基本原则是强调近期数据的影响作用，但也不能忽视远期数据的作用。预测公式是：

$$M_t = \alpha x_{t-1} + (1-\alpha)M_{t-1}$$

其中　α——平滑系数（$0 \leq \alpha \leq 1$）；

　　　x_t——t 期实际值；

　　　M_t——t 期预测值。

运用上述公式计算预测值时，要将时间序列的最初一个值作为下一个时期的预测值。

这种方法的基本原理是：利用某一确定的平滑系数 α，对每期的实际值和预测值进行平滑、调整，使其变化的规律能以相对平滑的曲线表示出来，并根据此曲线的变化趋势来预测未来的数值。

从上述公式可知，预测值的大小与平滑系数 α 的选定有直接关系，α 值选得越大，近期的实际值对未来的预测值的影响越大，即预测值越接近于实际值；α 值等于 1，预测值就完全等于近期实际值；α 值选得越小，未来的预测值越受近期实际值得影响越小，即未来的变化脱离近期实际值，而等于上期得预测值。因此，α 值的选定应充分考虑近期实际对预测值的影响，若近期实际数据变化比较大，α 可取较大值（0.7—0.9）；反之，数据变化不大，较为平稳，α 可取较小值（0.1－0.3）；一般情况下，取 α 为 0.8 或 0.7 较为适宜。

【例 2-5】已知某局 2020 年货运量如表 2-6 所示，用指数平滑法求解预测值。

解：当 $\alpha = 0.1$ 时，$\bar{X}_2 = 1\,500$

$$\bar{X}_3 = \alpha x_2 + (1-\alpha)\bar{X}_2 = 0.1 \times 1\,725 + (1-0.1) \times 1\,500 \approx 1\,523$$

同理可计算 $\bar{X}_4$，…，$\bar{X}_{12}$，见表 2-6。

当 $\alpha = 0.9$ 时，$\bar{X}_2 = 1\,500$

$$\bar{X}_3 = \alpha x_2 + (1-\alpha)\bar{X}_2 = 0.9 \times 1\,725 + (1-0.9) \times 1\,500 \approx 1\,703$$

同理可计算 $\bar{X}_4$，…，$\bar{X}_{12}$，见表 2-6。

表 2-6 某铁路局 2020 年货运量 单位：万吨

月 份	1	2	3	4	5	6	7	8	9	10	11	12
货物发送量	1 500	1 725	1 510	1 720	1 330	1 535	1 740	1 810	1 760	1 930	2 000	1 850
指数平滑预测值 $\alpha = 0.1$		1 500	1 523	1 522	1 542	1 521	1 522	1 544	1 571	1 590	1 624	1 662
指数平滑预测值 $\alpha = 0.9$		1 500	1 703	1 529	1 701	1 367	1 518	1 718	1 801	1 764	1 913	1 991

指数平滑法的优点是所需资料少，计算简便，通过人的主观来调整 α 值，而不是机械地采用加权移动平均的办法，能适应比较复杂的情况，是经济管理中一种经常使用的预测方法。但是这种方法有一定的假定性，因为 α 值在选择时主要是靠经验估计的，所以为了使假定程度尽可能缩小，可以采取不同的 α 值进行不断测试加以比较，从而确定出尽可能准确的预测值。

（7）回归分析法。

回归分析法是研究处理变量之间相关关系的统计分析方法。若把预测对象作为因变量，把与预测对象密切相关的影响因素作为自变量，回归分析就是根据两者的统计资料，建立回归模型，并据此对预测对象的发展变化作出推测。回归分析有两种用途，一是用于时间序列分析，当自变量为时间时，就可进行时间序列分析；二是用于因果关系分析，即根据影响预测对象的社会经济因素的变化进行分析预测。这里讨论回归分析中的一元线性回归预测。

一元线性回归分析是分析某一个影响因素与预测对象之间的关系。它的基本思路是，随着某种影响因素的变化，预测对象的实际值的分布会呈一定的趋向。假设对于变量 x、y 有一组统计数据 (x_i, y_i)（$i = 1, 2 \cdots, n$），利用直角坐标系作出这组数据的散点图，如图 2-1 所示。

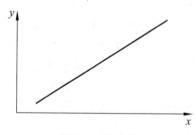

图 2-1 散点图

散点图直观地表达了这两个变量 x 与 y 之间的依存关系，可以看出，所有的散点是围绕图中的一条直线分布的，因而可以认为自变量 x 与因变量 y 之间存在着近似直线关系，这条直线的经验公式是：$y = a + bx$，称为一元线性回归方程。

a 和 b 称为回归系数，回归系数的求解公式为：

$$b = \left[\sum x_i y_i - \frac{1}{n} \left(\sum x_i \right) \times \left(\sum y_i \right) \right] \bigg/ \left[\sum x_i^2 - \frac{1}{n} \left(\sum x_i \right)^2 \right]$$

$$a = \left(\sum y_i - b \sum x_i \right) \big/ n$$

其中 n —— 数据的组数。

① 用于因果分析的一元线性回归分析法。

A. 回归方程式。

$$\hat{y} = a + bx$$

B. 回归系数的求法：

$$b = \left[\sum x_i y_i - \frac{1}{n}\left(\sum x_i\right) \times \left(\sum y_i\right)\right] \Big/ \left[\sum x_i^2 - \frac{1}{n}\left(\sum x_i\right)^2\right]$$

$$a = \left(\sum y_i - b\sum x_i\right) \Big/ n$$

【例 2-6】　某市的工农业年总产值与该市通过铁路运输的货物发送量数据统计如表 2-7 所示。如果已知 2021 年该市的工农业总产值为 358 亿元，那么该市 2021 年铁路货物发送量预测值为多少？

解：

$$b = \frac{45460 - \frac{1}{5} \times 620 \times 352}{80200 - \frac{1}{5} \times 620^2} \approx 0.55$$

$$a = \frac{352 - 0.55 \times 620}{5} \approx 2.2$$

2021 年该市铁路货物发送量为：$\hat{y} = a + bx = 2.2 + 0.55 \times 358 \approx 199$（万吨）

表 2-7　工农业总产值与货物发送量统计表

年份	工农业总产值（亿元）x_i	货物发送量（万吨）y_i	$x_i y_i$	x_i^2	年份	工农业总产值（亿元）x_i	货物发送量（万吨）y_i	$x_i y_i$	x_i^2
2016	100	55	5 500	10 000	2019	140	75	10 500	19 600
2017	90	60	5 400	8 100	2020	160	100	16 000	25 600
2018	130	62	8 060	16 900	Σ	620	352	45 460	80 200

② 用于时间序列分析的一元线性回归分析。

一元线性回归分析法也可简化形式用于时间序列分析，当自变量 x 代表统计数据的时间时，为了简化 a，b 值的计算过程，可以转化 x 轴。当资料期数为奇数时，取中间一期的时间为 0，则其前面期数时间顺序为 −1，−2，−3，…，后面期数时间顺序为 1，2，3，…，距差为 1；当资料期数为偶数时，将中间两期分别取作 −1，1，着其前面期数时间顺序为 −1，−3，−5，…，后面期数时间顺序为 1，3，5，…，距差为 2。这样使 $\sum X_i = 0$。

A. 回归方程式：

$$\hat{y} = a + bx$$

其中　x ——代表时间序号。

B. 回归系数的求法：

$$b = \sum x_i y_i \Big/ \sum x_i^2$$

$$a = \sum y_i \Big/ n$$

【例 2-7】 某车站 2021 年 1—6 月份的货物发送量如表 2-8 所示，求该车站 2021 年 7 月份货物发送量的预测值。

解： 因资料期数为偶数，所以取 3、4 月份的时间序号 x_i 为 -1 和 1。

表 2-8 货物发送量统计表 单位：万吨

月 份	x_i	y_i	$x_i y_i$	x_i^2
1	-5	380	$-1\,900$	25
2	-3	410	$-1\,230$	9
3	-1	460	-460	1
4	$+1$	430	430	1
5	$+3$	470	1\,410	9
6	$+5$	490	2\,450	25
Σ	0	2\,640	700	70

$$b = \sum x_i y_i / \sum x_i^2 = 700/70 = 10$$
$$a = \sum y_i / n = 2\,640/6 = 440$$

回归方程式：$\hat{y} = 440 + 10x$

7 月份的时间序号为 7，代入一元线性回归方程，则 7 月份货物发送量的预测值为：

$$\hat{y} = 440 + 10 \times 7 = 510 （万吨）$$

一元线性回归分析法在计算上较前几种方法复杂，但由于通过建立数学模型，预测值比较准确，他不但能够进行中、短期预测，也能适应长期预测的需要。在实际工作中得到广泛的应用。

以上所介绍的定性预测方法和定量预测方法，并不是相互独立的，在实际工作中。要注意把它们正确地结合起来使用。在占有比较完备的资料的条件下，应先用一定的数学方法进行加工处理，找出有关变量之间的规律性的联系作为预测未来的重要依据，如果在预测期发生有较大影响因素，如市场上出现了强大的竞争对手或过去资料中没有反映的其他重要情况，还要根据这些因素进行修正计算所得结果，必须依靠熟悉业务的有关专家进行分析判断，提出修正意见。由此可见，只有把两种方法有机结合起来，相互补充才能取得较准确的预测结果。

第二节 决 策

【引例】

曾经有两个企业都想在某地区投资修建新物流存储基地，并各派了专人前去调查那里的情况。结果 A 企业的人在考察之后，向公司报告说："那里人口稀少，物流发展机会渺茫，基地建好了也不会有太多货物存储量。"而 B 企业的人则在考察之后，向公司报告说，"该地虽然人口稀少，但那里环境优雅，人们厌倦了城市的喧嚣，定会喜欢在那里安置生活，人员会越来越多，货物需求量也会越来越大。"果然不出 B 企业的所料，随着城市包围农村，城里人越来越向往农村生活，尤其是一些农家乐，办得如火如荼，货物周转量正如当时预期那样非常大。所以 B 企业的投资是明智的。（来源：管理小故事精髓百例）

一、决策概述

（一）决策的概念

美国卡内基·梅隆大学教授、1978 年诺贝尔经济学奖获得者赫伯特·西蒙认为"管理就是决策"。决策与我们的生活息息相关，是生活中不可缺少的活动。大到国家经济政策的选择，小到我们早餐的选择，几乎都涉及决策。决策的优劣关系到整个事件的成败。

要把握决策的含义，必须要把握好以下几个要点：

（1）决策的主体是管理者。管理者可以是个人，也可以是一个决策群体。

（2）决策的目的是解决问题，实现组织在未来某一段时间内要努力实现的目标。没有目标就失去决策前提，是无的放矢。

（3）作出的决策必须具有可行性。决策是针对未来行为进行的"多方案抉择"。

决策有狭义和广义之分。狭义地说，决策是指在几种备选方案中做出选择。广义地说，决策还包括在做出最后选择之前必须进行的一切活动。

一般来说，决策是指为实现既定目标，从两个以上的可行方案中选择一个合理方案的分析判断过程。它是决策者经过各种考虑和比较之后，对应当做什么和应当怎么做所作的一种决定。

决策自古有之，范围很广。在人类的历史，不乏著名的决策范例，但是，那时候的决策，多数于政治和军事方面的，而且这种决策，从本质上讲，是依靠个人经验来决断的，是一种经验决策，它是与小生产方式相适应的，与现代科学决策有着根本的不同。科学决策是现代管理理论的组成部分，是在 20 世纪才出现的。20 世纪 30 年代，美国学者巴纳德和斯特恩等人，最早把决策这个概念引入管理理论。后来，美国西蒙和马奇等人发展了巴纳德的理论，创立了决策理论。决策理论的产生，是管理理论本身发展的自然结果，也是资本主义经济发展对管理理论的要求。20 世纪 60 年代以来，决策随着现代管理理论和科学技术的迅猛发展，已形成一门年轻的科学，它代表了企业管理的新阶段，是现代企业管理的核心问题。

总之，科学决策并非瞬间"拍板定案"，也不是哪位决策者"拍一拍脑袋"就可以得出最优方案的，而是一个提出问题、分析问题、解决问题的系统分析过程。

（二）决策的特征

决策具有信息量大、多目标综合和快速多变的性质，同时更着重于广阔的背景和遥远的未来，因而，科学化的决策是在充分调查、科学预测的基础上，准确认识、集体参与的前提下，按照一定程序、原则、方法来决策的。决策的主要特征有如下几点：

（1）决策具有针对性。决策总是针对解决一定问题和确定一定目标而进行的。

（2）决策具有可行性。决策是人们行动的纲领，一切都要按照决策方案组织实施，故而决策必须贴近现实，具有可行性和操作性。

（3）决策具有选择性。决策是必须在两个或两个以上方案中选择一个最优方案。

（4）决策具有风险性。决策时所面对的客观情况是复杂多变的，决策者的知识、经验和能力是有限的，未来可能要发生的问题是不以人们的意志为转移的、是难以控制的，所以决策的结果具有很大的不确定性或风险性。

（5）决策具有科学性。决策是遵循一定的原则和科学程序，运用科学的方法，经过系统分析作出的符合客观实际的判断。

（三）决策的分类

1. 按决策的重要性划分

（1）战略决策：指与确定企业发展方向和长远目标有关的重大问题的决策。具有全局性、长期性与战略性，解决的是"干什么"的问题。

（2）战术决策：为完成战略决策所规定的目标而制定的企业在未来一段较短的时间内的具体的行动方案，解决的是"如何做"的问题。

2. 按决策的重复性划分

（1）程序化决策：又称常规决策，是指对经常出现的活动的决策。

（2）非程序化决策：又称非常规决策，一般指涉及面广、偶然性大、不定因素多、无先例可循、无既定程序可依的决策。

3. 按决策条件的确定性划分

按决策条件的确定性划分：可分为确定型决策、非确定型决策以及风险型决策。当决策问题及各种可行方案的后果已知，能够运用数学模型求得最优解的决策为确定型决策；当备选方案存在两种或两种以上自然状态，且每种自然状态发生的概率无法估计的决策，为非确定型决策；当备选方案存在两种或两种以上自然状态，每种自然状态发生的概率可以估计的决策，为风险型决策。三者之间可以相互转换，如图 2-2 所示。

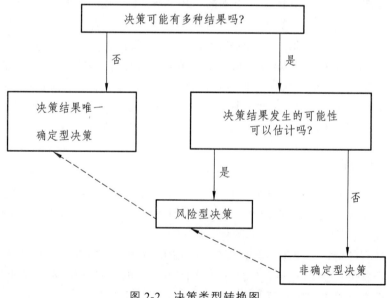

图 2-2　决策类型转换图

4. 根据决策的主体不同划分：可分为个人决策与群体决策

从决策主体来看，可将决策分成群体决策和个体决策。个人决策是决策权限集中于个人的决策，受个人知识、经验、心理、能力、价值观等个人因素的影响较大，决策过程带有强烈的个性色彩。通常，个人决策的质量和效果低于群体决策，但个人决策一般比群体决策的速度要快。

二、决策的原则

决策原则是指在决策过程中必须遵循的指导原理和行为准则，它是科学决策的反映，也是决策实践经验的概括总结。在决策过程中所要遵循的具体原则有以下几个：

（一）科学性原则

科学性原则是衡量一切事物的最高准则，科学性原则主张人们的一切活动都应从事物的本质和客观规律出发，尊重客观性，反对主观性；尊重必然性，反对偶然性；尊重本质性，反对表面性。科学性原则，是决策时必须遵循的首要原则。

（二）系统性原则

系统性是现代决策的重要特点之一。在现代条件下，决策对象通常是一个由多因素组成的有机系统，运用系统理论进行决策，是科学决策的重要保证。系统理论是把决策对象看作一个系统，并以这个系统的整体目标为核心，追求整体效应。为此，系统性原则要求在决策时，首先应贯彻"整体大于部分之和"的原则，统筹兼顾，全面安排。各要素和单个项目的发展要以整体目标为准绳，其次强调系统内外各层次、各要素、各项目之间的相互关系要协调、平衡配套，要建立反馈系统，实现决策实施运转过程中的动态平衡。

（三）满意原则

决策的满意原则是针对优化原则提出的，因为决策者不可能完全掌握未来发展的全部信息，不可能准确地预测未来的外部环境和内部条件，不可能完全知晓各种可行性方案的后果。因此，常常采取被人们所能接受的满意的标准来衡量决策，即决策达到满意标准即可。

（四）可行性原则

为了使决策付诸实施，决策必须切实可行。可行性原则要求决策者在决策时，不仅要考虑到需要，还要考虑到可能；不仅要估计到有利因素和成功的机会，更要预测到不利条件和失败的风险；不仅要静态地计算需要与可能之间的差距，还要对各种影响因素的发展变化进行定量和定性的动态分析。

（五）个人决策和群体决策相结合的原则

个人决策能当机立断，提高效率；群体决策能发扬民主，集思广益。要抓住机会，减少风险，既不能事事大家讨论、群体决策，也不能事事一人拍板、个人决策。要坚持个人决策和群体决策相结合的原则，建立合理的决策机制，充分发挥集体和个人的智慧、做到决策民主化、科学化。

（六）反馈原则

反馈原则就是建立反馈系统，用实践来检验决策和修正决策。由于事物的发展和客观环境的不断变化，决策者受其自身知识、经验、能力的限制，致使决策在实施中可能会偏离预定目标，这就需要根据反馈情况采取措施、对原方案或目标加以相应的调整和修正、使决策趋于合理。

（七）创新性原则

科学的决策，要求决策者既要有技术经济分析的能力于开拓新路子，提出新设想，创造新方法。

三、影响决策的因素

（一）外部环境

任何组织都是在一定的环境下运行的，所以决策首先受到环境的影响。环境一般会从两个方面对决策造成影响。

1. 环境的特点影响着企业的活动选择

例如，如果市场相对稳定，企业的决策就相对简单，很多决策都可以根据过去已发生的经验作出；反之，如果市场环境复杂，变化频繁，那么铁路运输企业就可能要经常面对许多非程序性的、过去所没有遇到过的问题，甚至需要经常对营销内容和方式进行调整。例如，针对具有垄断地位的高附加值货运产品，铁路运输企业只需将经营决策重点放在内部运输条件的改善、运输规模的扩大以及运输成本的降低上；而对于零担运输等在交通运输市场上竞争压力比较大的产品，决策的重点应放在竞争对手的动向，如何推出新产品，如何提高市场营销效果等方面，提升铁路货物运输市场占有份额。

2. 对环境的习惯反应模式影响着企业的活动选择

对于相同的环境，不同的企业可能作出不同的反应。而这种调整企业与环境关系的模式一旦形成，就会趋于稳固，限制着决策者对行动方案的选择。

现在交通运输行业，市场营销环境变化速度之快令人难以置信，这种情形通常被称为处于混沌状态。这就要求管理者必须具备冲破这种混沌的能力。此外，随着铁路运输企业的成长，它的内外环境的复杂性不断增大，因此，管理者在进行决策时，要具有创造未来并控制它们对自己的影响的能力，对待威胁，要学会积极预防而不仅仅是准备；对待机会，则要努力创造而不仅仅是利用。

（二）过去的决策

在大多数情况下，企业决策并不是在一张白纸上进行初始决策，而是对初始决策的完善、调整。企业过去的决策是目前决策过程的起点；过去选择的方案的实施，不仅伴随着人力、物力、财力等资源的消耗，而且伴随着内部状况的改变，进而带来对外部环境的影响。

（三）决策者对风险的态度

决策是确定未来活动的方向、内容和行动的目标，由于人们对未来的认识能力有限，目前预测的未来状况与未来的实际情况不可能完全相符，因此任何决策都存在一定的风险。人们对待风险的态度是不同的，有人喜欢冒险，在多种选择中趋向于选择风险大的方案；而另一些人则不太愿意冒险，在多种选择中趋向于选择风险小的方案。因此决策者的风险偏好对决策的选择会产生直接的影响。

对不同的行动方案估计概率并没有什么经验法则可以遵循。一些人可能完全会运用定量方法，如期望值分析，采用数学手段来对预期结果加以确定。无论用哪一种方法，在风险条件下进行决策时，决策者所持的态度是一个关键因素。一些决策者是勇于冒风险者，而另外一些决策者却是风险回避者。具有一定承担风险的能力是成功的管理必不可少的，因为人们不是对过去的事作决策，决策必然是为将来而作，而将来总是包含着不确定因素。所以，那种有百分之百的把握、不冒任何风险的决策，不但因为它过于保守不符合管理的需要，而且客观上也是很少有的。一般来说，那些看上去越是可能获得高收益的方案，包含的风险因素也往往越大，这已成为一种常识。因此，对于决策者来说，一方面，基本的要求是要敢于冒风险，敢于承担责任，也就是说，要求决策者有胆识，有勇气；另一方面，管理决策不是赌博，敢于冒风险不等于蛮干。决策者必须清醒地估计到各项决策方案的风险承担；估计到最坏的可能性并拟订出相应的对策，使风险损失不至于引起灾难性的不可挽回的后果；必须尽量收集与决策的未来环境有关的必要信息，以便做出正确的判断；同时还应考虑到是不是到了非冒更大风险不可的地步。最后，决策者还应当对决策的时机是否成熟有准确的判断。这些都有助于决策者将决策方案的风险减至最小。

（四）企业文化

文化通常指人民群众在社会历史实践过程中所创造的物质和精神财富的总和。它是一种历史现象，每一个社会都有与其相适应的文化，并随着社会物质生产的发展而发展。在管理领域，企业文化主要指企业的指导思想、经营理念和工作作风，包括价值观念、行业标准、道德规范、文化传统、风俗习惯、典礼仪式、管理制度及企业形象。它不单包括思想和精神方面的内容，也包括社会心理、技能、方法和组织自我成长的特殊方式等各种因素。

企业的文化由若干要素构成，并在不同程度上受到每个要素的影响。企业的高层管理就是要开发与培育企业的文化，按照所期望的方式影响企业员工的行为。其中，对企业文化影响较大的要素有共同的价值观、行为规范、形象与形象性活动。共同价值观是指企业员工分享着同一价值观念。行为规范是指企业所确立的行为标准，它们可以由企业正式规定，也可以是非正式形成的。企业为了做到独具特色，必须规范自己的行为。为此，有的人认为企业文化是"一种非正式规则的体系，指示人们在大部分时间内应如何行动"。还有人认为企业文化是"企业员工共享的信念与期望的模式，是企业中个人与群体行为的规范"。如果一个企业的文化比较激进，那么这个企业的决策群体的成员受到这种激进的文化的影响，就会使他们对企业的未来的判断也会比较激进，虽然在一定条件下会激发企业发展的活力，但是如果过于激进就会脱离企业发展的客观实际，从而偏离企业发展的正确方向，造成企业的畸形发展。相反，如果一个企业的文化偏向于保守，那么决策群体的成员也就会比较保守，在这种企业文化的影响下，他们确定的企业决策目标也就会比较偏向于保守，虽然这样可以避免企业的发展出现偏差，但是，如果过于保守，就会限制企业的发展，甚至会造成企业的发展停滞。

（五）时间

美国学者威廉·金和大卫·克里兰把决策分为时间敏感型决策和知识敏感型决策。时间敏感型决策是指那些必须迅速而准确做出的决策。危机事件处理、紧急问题解决，都属于时间敏感型决策，强调决策效率和时效性，要求在较短时间内，迅速决策。枪都指到后脑勺上了，任何迟疑都是对生命的扼杀。然而，群体决策的参与者众多，各有想法，需要"反复交战，不断磨合"，往往耗时较长，如果用于时间敏感型决策，难免会贻误战机。相比较而言，知识敏感型决策对时间的要求则不是非常严格。这类决策的效果主要取决于决策质量，而非决策的速度。涉及铁路运输发展战略选择、铁路重大投资等均属于知识敏感型决策。其强调决策的质量和科学性，稍有失误，后果不堪设想。因此宁愿多花些时间反复论证，也要保证决策的科学性。

四、铁路运输决策的作用与程序

（一）铁路运输决策的作用

在社会主义市场经济的条件下，铁路运输决策在企业经营管理中起着举足轻重的作用：

（1）铁路运输决策是铁路运输企业经营成败的关键，对铁路运输企业的命运起着决定性的作用。大量的事实证明，企业的经营决策正确与否，在很大程度上决定着企业的兴衰存亡，现实生活中许多企业经营不善，都是决策失误的结果。

（2）铁路运输决策是铁路企业各项管理职能的首要职能，贯穿于企业管理的全过程。在企业管理过程中，计划、组织、指挥、监督和协调，都存在着如何做出合理决策的问题，决策实质上是企业管理的核心。

（3）正确的铁路运输决策可以充分调动和发挥铁路企业职工的积极性和聪明才智。正确的决策为铁路企业全体职工制定了具体行动的目标，通过目标的层层分解和落实，使铁路企业的各项工作有条不紊地进行；目标的实现，又进一步促进了全体职工的积极性，上下齐心协力，使铁路企业进入良性的发展循环。

（4）正确的铁路运输决策是铁路企业获得良好经济效益的根本保证。正确的决策促进了铁路企业有效开展生产经营活动，使铁路企业的人力、物力、财力得到合理调配，达到少投入多产出的效果。

（二）铁路运输决策的程序

铁路运输决策是一个从提出问题、分析问题，到最后解决问题的系统分析、判断的过程，因此，它存在着一个先后进行的步骤问题，即决策的程序。一般的说，铁路运输决策的程序可分为以下五个步骤：

1. 提出问题

铁路运输决策就是针对所发现的问题，确定解决措施。所谓问题，就是事物的实际状况与事物的理想状况之间的差距。有差距，问题就突出了。铁路运输决策就是针对铁路运输企业所要解决的问题而进行的，因此发现和确定需要解决的问题就成为决策的起点。如果什么问题都不存在，那就没有必要做决策。

识别问题的第一步是对事物进行分析找到问题所在。例如，铁路施工项目管理者要解决工期滞后的问题，就必须知道实际的生产进度和计划进度之间的差距。又如，车站货场要解决货物存储量不足的问题，就必须知道目前的存储量是多少，预计达到的存储量是多少等。用实际状况与理想状况之间的差距表示问题有助于克服对问题的模糊认识。问题的识别过程要求铁路管理者必须准确及时地掌握实际发生情况，从而在需要时随时可以得到可靠的数据和信息。

识别问题的第二步是确定引起问题的可能原因。找到问题所在之后，还不能马上确定决策目标，因为还没有找到问题产生的原因。管理者在确定决策目标之前，也应透过问题的表面，深入问题的核心，这样才能找到解决问题的最佳方案。在识别问题的过程中，首先应该去探究产生问题的原因，而不是去追究谁是责任者。产生问题的原因并非总是单一的，因此需要通过分析确定。寻找问题的原因可以采用连续追问的办法，要不断地追问"这个问题的原因是什么？""这个原因的原因又是什么？"一步一步地追问下去，直到找出根本原因为止。

识别问题的精确程度有赖于信息的精确程度，所以管理者要尽力获取精确的、可信赖的信息。低质量的或不精确的信息不仅浪费时间还会使管理者无从发现导致某种情况出现的潜在原因。即使收集到的信息是高质量的，在解释的过程中，也可能发生扭曲。有时，随着信息持续地被误解或有问题的事件一直未被发现，信息的扭曲程度会加重。更糟的是，即使管理者拥有精确的信息并正确地解释它，处在他们控制之外的因素也会对机会和问题的识别产生影响。但是，管理者只要坚持获取高质量的信息并仔细地解释它，就会提高作出正确决策的可能性。

2. 确定决策目标

有了差距，就应当追查产生差距的原因，这就需要调查研究，需要预测技术。对现状和未来弄清楚了，目标也就渐渐明确了。确定铁路运输决策目标，是铁路运输决策的前提或先决条件。如果没有目标，决策就没有方向，也就无决策可言。如果目标错误，后面的工作就成为无用之功，甚至会产生背道而驰的效果。所以有"决策目标一旦确定，决策的问题就解决了一大半"的说法。因此，在调查研究和广泛收集资料信息的基础上，要合理准确地确定和选择决策的目标。这一阶段主要做好以下几个方面的工作：

（1）调查研究，收集资料。

找出问题确定决策目标，首先要进行深入细致的调查和分析、广泛收集资料和信息，收集的资料必须符合全面、客观、准确、可靠和及时的要求。经过对资料的分析研究，找出存在而且需要解决的问题，这些问题就是决策的目标。

（2）筛选目标，抓住关键。

在实际工作中，需要解决的问题很多，这就有多个目标的问题。如目标是多个，就需要对目标进行筛选。筛选目标就是处理多目标的问题，要坚持需要与可能相统一的原则，尽量减少目标的数目，抓住急需解决的关键问题，作为决策的目标。

（3）决策目标要具体明确。

具体明确的决策目标有五层含义：一是把决策目标分为必须达到的目标和希望达到的目标两类；二是决策目标是单义的；三是决策目标的落实必须要有时间要求；四是决策目标要有明确而具体的衡量标准；五是决策目标必须是可以确定部门和个人责任的。

（4）弄清目标的约束条件。

决策目标可分为有条件目标和无条件目标。实际上大多数目标都是附加一定约束条件的，有的是客观存在的约束条件，有的是根据主观要求规定的约束条件，还有法律、制度等方面的一些限制性规定。确定目标时必须把这些约束条件搞清楚。

3. 拟定各种可行方案

决策目标确定后，要针对目标和根据掌握的各种资料，编制各种可行方案，供决策者选择。这一步骤是科学决策的关键，只有提出的方案都是可行的，才能从中选出满意的方案。方案是否可行，必须进行可行性分析与研究，这就要充分发挥各路专家、智囊的作用，采用集体形式进行思想交流，这对于拟制方案将大有益处。出现诸多行动方案之后，必须再找出各种重要的限制因素，以便逐步削减可行方案的数目，最后留下几个可以进行详细比较的方案，以便进一步优化。

拟定方案是决策的基础。决策就是选择最优方案，如果没有具体方案，选择最优方案只是一句空话。这一阶段的任务，就是根据已确立的决策目标，制定多个备选方案。完成这一任务，必须做到以下几点：

（1）大胆探索，精心设计。

拟定方案的过程，是大胆探索和精心设计的过程。首先，大胆探索需要有创新精神，勇于创新，不能因循守旧、墨守成规。即使是有类似的经验，也应该不断研究新情况，发现新问题，探索解决问题的各种途径和办法。其次，精心设计需要冷静的头脑和坚毅的精神，善于理性思维、系统思维，对拟定的方案逐个预计其效益和可能出现的后果，努力寻求实现方案和预防意外情况发生的各种措施。初步大胆探索、精心设计的结果，只能是方案的雏形，还要进一步加工。只有通过反复地大胆探索和精心设计，才能拟定出可供选择的方案。

（2）拟定的方案应具备的特点。

为了保证最后选择的决策方案正确性，就要求每个方案都要力求做到经济性、有效性、系统性、可靠性、灵活性的有机结合。拟定的备选方案应具有如下特点：

① 详尽性。拟定的方案包括指标及其标准要详细完全，切忌残缺不全。

② 可行性。拟定的方案要符合实际情况，是可以执行的。"可行性"同义于"可能性"，是指方案应具备"做得到，行得通，能实现，会成功"的可能性。

③ 相互排斥性。要拟定多个方案，方案之间要有各自的特点和质的区别，类似的方案只能算一个方案。

4. 选择最优方案

当提供两个以上的行动方案供领导者决断时，领导者应当从社会影响、经济效益、技术条件等方面对方案的利弊进行论证、比较，经过权衡利弊，做出综合评价，评价的标准尽可能量化。

方案优选是在方案评价基础上进行的，是决策的关键，它关系到决策的成败。因此，方案优选是具有决定性意义的阶段。决策者优选方案，并非一下子就可以拍板定案，需要做大量细致的工作，切忌草率、盲目和随意。首先，要选择与运用科学的方法，对多个可行性方案进行全面与综合的分析、比较和评价。比较、评价的标准应包括方案的作用、效果、利益、意义等。评价选择时，对那些不能用的、重复的、超过资源限度的、以及处于劣势地位的方案应予以筛除，能合并的予以合并。如果出现没有一个方案是"令人满意"的情况时，则应进一步寻求理想的方案。对每一个可行性方案进行充分的论证时，要突出技术上的先进性、经济上的合理性、实践上的可能性来评价；其次，进一步分析形势上的变化、预测执行中可能出现或发生的问题；最后，决策者要广泛听取群众和专家的意见，特别是反对意见更应当重视。在上述工作的基础上，经过比较筛选，选出"满意"方案，即执行方案。在实践中，不是把全部备选方案都找到后，才最后进行一次选择，而是先拟定一批，初选淘汰一些，补充修改一些，再进行选择，直到选出满意方案为止。

5. 方案实施

做出决策，决策过程并未结束，决策的优劣要以决策执行经过来鉴定。方案实施，是决策程序的最终阶段。由于现代目标的复杂性，在实施中难免会发生这样或那样的与目标偏离的情况，因此，还必须加强信息反馈，采用一套追踪检查和决策修正的方法，以保证在动态的实施中最终达到目标。上述程序可用图 2-3 表示。

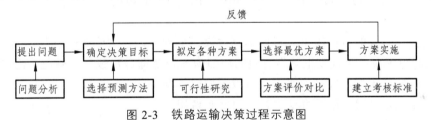

图 2-3　铁路运输决策过程示意图

总之，组织铁路运输决策不是一项决策，而是一系列决策的总和。同时，这一列决策中的每一项决策，本身就是一个包含了许多工作、由众多人员参与的过程，从决策目标的确定，到决策方案的拟订、评价和选择，再到决策方案执行结果的评价，这些步骤才构成了一项完整的决策，这是一个"全过程"的概念。

五、铁路运输决策的方法

（一）群体决策与个体决策

群体决策是决策权由集体共同掌握的决策，是民主参与管理或全员参与制度的体现。群体决策是为充分发挥集体的智慧，由多人共同参与决策分析并制定决策的整体过程。在群体决策中，参与者的互动既可能导致优势互补，也可能导致弱势叠加。群体决策的优点主要体现在：由于是集思广益，所以能提高决策质量，同时由于是集体参与决策，所以增加了组织成员对决策的接受性。群体决策的主要缺点是决策的效率相对较低，决策所用的时间较长。

综上所述，比较而言，个体决策和群体决策都各具优缺点，但两者都不能适用于所有情况。群体决策相对于个体决策的优点是：① 可以提高决策的科学性。"三个臭皮匠胜过一个诸葛亮"是一句常用的格言。一个组织将带来个人单独行动所不具备的多种经验和不同的决策观点。具有不同背景、经验的不同成员在收集信息、要解决问题的类型和解决问题的思路上往往都有很大差异，他们的广泛参与有利于提高决策的全面性，提高决策的科学性。② 能够产生更多的方案。因为组织拥有更多数量和种类的信息，能比个人制订出更多的方案。当组织成员来自不同专业领域时，这一点就更为明显。由于决策群体的成员来自不同部门，从事不同的工作，熟悉不同的知识，掌握不同的信息，因此容易形成互补性，进而挖掘出更多令人满意的行动方案。③ 容易得到普遍的认同，有助于决策的顺利实施。许多决策在做出最终选择后却以失败告终，这是因为人们没有主动接受方案，只是被动的服从。但是如果让人们参与了决策的制定，他们更可能接受决策，并鼓励他人也接受它。④ 提高合法性。群体决策制定过程是民主的，因此人们觉得组织制定的决策比个人制定的决策更合法。拥有全权的个人决策者不与他人磋商，这会使人感到决策是出自于独裁和武断。

群体决策也有缺点，例如耗时长，速度、效率可能低下。因为群体里的成员有不同领域的专家，都力争以民主方式拟订最满意的行动方案显然要花时间。因为其成员之间的相互影响有可能导致陷入盲目讨论的误区，既浪费了时间，又降低了速度和决策效率。还很有可能出现以个人或小群体为主发表意见、进行决策的情况。因为组织职位、经验、语言技巧、自信心等因素不同而成为单个或少数成员驾驭组织中其他人的机会。另外群体思维也可能抑制不同观点、少数派和标新立异以取得一致。群体思维削弱了组织中的批判精神，损害了最后决策的质量。最后在组织决策中，任何一个成员的责任都被冲淡了，有可能导致责任不清。

为了达到更有效的群体决策，群体不宜过大，小到 5 人，大到 15 人即可。有证据表明，5 人或 7 人的组织在一定程度上是最有效的。因为 5 和 7 都是奇数，可避免不愉快的僵局。

为了有效地利用群体决策的优点，可以采取以下办法：

（1）采用设定最后期限的办法来控制时间和费用。

（2）对于个性特别强的成员，或者从名单中排除，或者可以将几位同样性格的成员放在一起，以避免决策被某一个人所主导。

（3）为避免产生"群体思维"，每一个成员都应该以一种批评的态度评价所提出的方案。

（4）组织的领导者应当避免过早暴露自己的观点，在达成最终决策之前给每一个成员提出不同意见的机会。

组织决策中的群体决策与个体决策从决策行为的目的来看都是"为了组织的决策"，即使这种决策只是由组织中的某一人或某些人来做出的。因为，同组织中的其他活动一样，组织决策也需要进行工作分工，并将决策权限落实到有关的个体或群体，但是为了保证这些个体或群体能真正从组织目标角度做出决策，就必须采取相应的影响和控制措施。

个人决策与群体决策的优劣是相对而言的，不是绝对的。所以具体使用时，应根据实际情况和条件，决定到底是适合采用个人决策还是群体决策。

（二）确定型决策分析方法

确定型决策是指每个方案所需的条件都是已知的，并能预先准确了解其必然结果，即决策条件清楚，结果也清楚，决策者只需根据目的进行选择的决策。其最基本的特征就是，事件的各种自然状态是完全肯定而明确的。它的任务就是分析各种方案所得到的明确结果，从中选择一个合理的方案。比如，企业现在使用的一台生产机器已经到了濒临报废的地步，需要购买一台新的机器，这个决策就是确定型决策。再比如，从甲地到乙地的距离已知，可通过坐火车、飞机、汽车三种交通运输方式到达，这三种运输方式的时间和成本费用事先都是可知的、确定的，那么采取哪一种方案能够在最短时间内到达呢？这种决策就属于确定型决策，决策者可以明确地找到最优的方案。

确定型决策分析方法也可以根据已知条件（这种条件是肯定的、明确的），直接计算出各种可行方案的损益值，比较其损益值就可以选出最优方案。例如：某单位安装设备，有甲、乙、丙三个班组能够完成，虽然完成的质量相同，但完成时间不同：甲班组需要 4.5 小时，乙班组需要 3 小时，丙班组需要 4 小时，该选哪个班组来安装设备？根据条件可知，要想用最短的时间完成工作，应选乙班组，这就是确定型决策问题。

确定型决策问题从理论上看来很简单，但实际工作中有些问题并不一定是这样，当决策者所面临的方案数量很大或决策的标准较多时，要从中选取最优方案就很不容易。例如，某车站货运营销员一天要去 10 个地方联系业务，哪条路线最短？其可供选择的路线就有 $10 \times 9 \times 8 \times \cdots \times 1 = 3\,628\,800$ 条，要从中选取一条最短的，也并非易事，这就须利用线性规划来解决了。

（三）非确定型决策分析方法

非确定型决策是指决策者对各种自然状态出现的可能性多少，全然不知，也无经验统计数据可循。在这种情况下，要在各种方案间做出最佳决策，只能靠决策者的经验、判断力以及对风险承担的态度来进行。选择方案的原则有：悲观原则、乐观原则和最小后悔值原则。所对应的方法有以下三种：

1. 悲观原则（小中取大法）

决策者对未来事件的估计比较保守，如果出现不利的情况，力求较好的行动方案。具体方法是：首先从各可行方案中选出一个最小收益值，然后再从这些最小收益值中选出最大的，它所对应的方案即为最优方案。

2. 乐观原则（大中取大法）

决策者对客观自然状态持乐观的态度。具体方法是：首先从各可行方案中选出一个最大的收益值，然后从这些最大收益值中再选出最大的，它所对应的方案即为最优方案。

3. 最小后悔值原则（大中取小法）

最小后悔值原则是以各个方案的机会损失的大小来划分方案优劣的。所谓机会损失，是由于市场上出现了高需求，而决策采取了较保守的方案，或市场上出现了低需求，而决策者采取了投资较大方案所造成的收益差额。利用最小后悔值原则就可以使决策者对方案的选择避免大的后悔，或者说对方案的选择少一点后悔。具体方法是：首先找出对应于各自然状态下的最大的收益值，接着对应该状态，用最大收益值减各方案的收益值，得后悔值，然后找出各可行方案的最大后悔值，最后从中选出一个最小的后悔值，它所对应的方案作为最优方案。

后悔值即是对应某种自然状态下，最大收益值与该自然状态下的各方案的收益值的之差。

【例 2-8】 某车站货场对未来 5 年的货运量估计有较高、一般、较低三种状况。该站拟定了四个可行方案：建设一个新货场、改建现有货场、调整劳动组织、保持原状。经过计算将各方案在今后 5 年的收益值列入表 2-9 中。用三种决策原则分别作出决策。

从表 2-9 可知，若以悲观原则为决策标准，则方案 A4 为最优方案；若以乐观原则为决策标准，则方案 A1 为最优方案；若以最小后悔值原则为决策标准，则方案 A3 为最优方案。

在实际工作中，究竟以什么原则作为选优的标准，取决于决策问题所处的客观环境条件及决策者的正确分析判断。

表 2-9　收益值表　　　　　　　　　　　　单位：万元

方案	收益值			最小收益值	最大收益值	最大后悔值
	较高	一般	较低			
A1	850	540	−740	−740	850★	850
A2	770	700	−290	−290	770	400
A3	640	460	0	0	640	240★
A4	510	485	110	110★	510	340

（四）风险型决策分析方法

风险型决策是指决策者对各种自然状况未来情况无法确定，只能估计未来事件是否发生的可能程度，即可能发生的概率。由于引入了概率，所以有一定的风险性。风险型决策应具备以下五个条件：

（1）有决策目标；

（2）有决策者无法控制的各种自然状态；

（3）有在自然状态下发生的概率；

（4）有供决策者选择的各种可行方案；

（5）有各方案在不同自然状态下的损益值。

风险型决策的决策标准主要有三个：期望值标准、机会均等的合理性标准和最大可能性标准。其中以期望值标准应用较为广泛。

1. 期望值标准

所谓期望值，就是在不同自然状态下，决策者期望达到的数值，在经营中有盈利或亏损，所以期望值中也有期望收益和期望亏损两种。期望值标准是以决策损益表为基础，计算出每个方案的期望值，即在不同自然状态下加权损益值的和，以它为标准选择期望收益值最大或损失值最小的方案为最优方案。

风险型决策可用决策表和决策树进行决策分析。

（1）决策收益值表法。

决策收益值表法就是把决策问题编成决策表，以决策表为基础，进行期望值计算。决策收益值表的结构和内容如表 2-10 所示。

表 2-10 决策收益值结构表

自然状态	概率	决策方案			
		A_1	A_2	$\vdots$	A_n
S_1	P_1	Q_{11}	Q_{21}	$\cdots$	Q_{n1}
S_2	P_2	Q_{12}	Q_{22}	$\cdots$	Q_{n2}
$\vdots$	$\vdots$	$\vdots$	$\vdots$	$\cdots$	$\vdots$
S_j	P_j	Q_{1j}	Q_{2j}	$\cdots$	Q_{nj}
$\vdots$	$\vdots$	$\vdots$	$\vdots$	$\cdots$	$\vdots$
S_m	P_m	Q_{1m}	Q_{2m}	$\cdots$	Q_{nm}

表中 A_1，A_2，$\cdots$，A_n 表示决策备选方案。

表中 S_1，S_2，$\cdots$，S_m 表示各方案可能遇到或发生的自然状态，如自然环境因素、市场经济因素、社会动态因素等等。这些自然状态一般涉及范围较广，不易受人的控制。各类自然状态的确定，主要依据人们对未来事态发展的预测、历史数据的记录或积累，以及对这些资料的分析研究。

表中 P_1，P_2，$\cdots$，P_m 表示每种自然状态可能发生的概率值，由于这些自然状态发生的事件是相互排斥的，所以它们发生的概率值总和为 1，即 $\sum_{j=1}^{m} P = 1$。

表中 Q_{11}，Q_{12}，$\cdots$，Q_{1m} 代表收益值或损失值，简称损益值；它是在可能性的基础上，根据提供的资源条件，通过系统分析方法建立模型，运用优化方法计算出来的。如投资额、利润额、产量的货币价值等。

用决策表进行决策的步骤是：先做出决策问题的损益表、计算各方案在各自然状态下的损益值，然后再计算出各个方案的期望值，根据期望值，选择最优方案。

【例 2-9】 某车站为满足旅客需要，生产一种简易快餐，每箱成本 30 元，销售价格为 80 元，销售后每箱可获利 50 元。如果每天有一箱卖不出去，就要损失 30 元。在市场销售情况不明，只有去年同期日销售量资料的情况下，要求拟订产品的日生产计划，使获得的利润最大。

解：

第一步：根据去年同期日销售量的资料进行统计分析，确定不同日销售量的概率值，如表 2-11 所示。

第二步：根据每天可能销售数量，计算并编制不同生产方案下分别按最大期望收益值和最小期望损失值为标准的决策表。

表 2-11 销售量统计分析

日销售量（箱）	100	110	120	130	Σ
完成销售量的天数	18	36	27	9	90
概率值	18/90 = 0.2	36/90 = 0.4	27/91 = 0.3	9/90 = 0.1	1.0

① 以最大期望收益值为标准，如表 2-12 所示。

各方案在各种自然状态下的收益值，按下式计算：

收益值 =（销售量 × 每箱利润额）-（积压量 × 每箱亏损额）

如第三方案生产 120 箱，在四种销售状态下的收益值分别是：

$$V_{31} = 100 \times 50 - 20 \times 30 = 4\,400（元）$$
$$V_{32} = 110 \times 50 - 10 \times 30 = 5\,200（元）$$
$$V_{33} = 120 \times 50 = 6\,000（元）$$
$$V_{34} = 120 \times 50 = 6\,000（元）$$

同理，可计算出其他方案在不同自然状态下的收益值，列入表 2-12 中。

表 2-12　决策收益值表

自然状态	概率 P	方案			
		日产 100（箱）	日产 110（箱）	日产 120（箱）	日产 130（箱）
100（箱）	0.2	5 000	4 700	4 400	4 100
110（箱）	0.4	5 000	5 500	5 200	4 900
120（箱）	0.3	5 000	5 500	6 000	5 700
130（箱）	0.1	5 000	5 500	6 000	6 500
期望收益值 EV_i（元）		5 000	5 340	5 360	5 140

② 以最小期望损失值为标准，如表 2-13 所示。

计算各方案在各自然状态下的损失值，既要计算积压引起的条件损失，也要计算产小于销的机会损失。

如第三方案生产 120 箱，在四种销售状态下的损失值分别是：

$$V_{31} =（120 - 100）\times 30 = 600（元）$$
$$V_{32} =（120 - 110）\times 30 = 300（元）$$
$$V_{33} =（120 - 120）\times 30 = 0（元）$$
$$V_{34} =（130 - 120）\times 50 = 500（元）$$

同理，可计算出其他方案在不同自然状态下的损失值，列入表 2-13 中。

表 2-13　决策损失值表

自然状态	概率 P	方案			
		日产 100（箱）	日产 110（箱）	日产 120（箱）	日产 130（箱）
100（箱）	0.2	0	300	600	900
110（箱）	0.4	500	0	300	600
120（箱）	0.3	1 000	500	0	300
130（箱）	0.1	1 500	1 000	500	0
期望损失值 EV_i（元）		650	310	290	510

第三步：计算期望收益（损失）值，选择最优方案。

期望收益（损失）值的计算方法是：在收益（损失）值表的基础上，将每个方案在不同自然状态下的收益（损失）值分别乘该自然状态发生的概率再求和，选择期望收益值最大或期望损失值最小的方案为最优方案。

在表 2-12 中，第三方案的期望收益值 $EV_3 = 4\ 400 \times 0.2 + 5\ 200 \times 0.4 + 6\ 000 \times 0.3 + 6\ 000 \times 0.1 = 5\ 360$（元）。

同理，可计算出其他方案的期望收益值，列入表 2-12 中。比较各方案的期望收益值，可知第三方案（生产 120 箱）的期望收益值最大（5 360 元），故选择生产 120 箱的方案。

在表 2-13 中，第三方案的期望损失值 $EV_3 = 600 \times 0.2 + 300 \times 0.4 + 0 \times 0.3 + 500 \times 0.1 = 290$（元）。

同理，可计算出其他方案的期望损失值，列入表 2-13 中。比较各方案的期望损失值，可知第三方案（生产 120 箱）的期望损失值最小（290 元），故选择生产 120 箱的方案。

由上述计算可知，运用最大期望收益值为标准和运用最小期望损失值为标准的决策结果是一致的。

（2）决策树法。

决策树是用树形图来表示决策过程中，各种备选方案和各方案可能发生的事件（状态）及其结果之间的关系，以及进行决策的程序。它是一种辅助决策的工具。决策树的基本原理也是以决策损益为依据，通过计算做出择优决策。所不同的是决策树是一种图解方式。对分析较为复杂的多层次的决策问题非常适用。其优点是：①形象直观，可明确地对比解决问题的各种可行方案的优劣；②对与某一方案相关的事件表现得一目了然；③能标明每一方案实现的概率；④能计算出每一方案预期的盈亏结果；⑤特别适合于分层次多级决策。树形图层次清楚，阶段明显，便于集体讨论研究。

决策树的构成要素有 5 个，如图 2-4 所示。

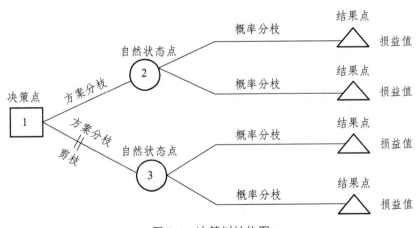

图 2-4　决策树结构图

① 决策点，以□表示，用来表示决策要解决的问题或决策结果。

② 方案枝。从决策点引出若干条直线，以表示该决策点可供决策者选择的若干方案。每条直线上要标明方案名称，称它为方案枝。

③ 状态点。用来表示各种自然状态所能获得效益的机会。

④ 概率枝。从状态点引出若干条直线，以表示采纳该方案后将来可能发生的若干状态，在每条直线上标明状态名称及发生的概率，称之为概率枝（或状态枝）。

⑤ 结果点，以△表示，在各概率枝的末端，因具体问题而异，有的标上结果点，并标明所对应状态的收益值（或损失值）；有的再标上新的决策点，又从该点引出若干方案枝，并由各方案枝分别引出若干概率枝，如此一直到结果点为止。

◆决策树法进行决策的步骤是：

① 画决策树。

从决策点开始，将拟订的各种方案由左向右用直线标出，并简要写上方案的名称，然后在每个方案枝后画出相应自然状态的圆圈结点，并根据已掌握的几种自然状态的概率，相应画出几条直线，并在其上标出状态名称和概率值，最后将各方案在各自然状态及相应概率下的收益值或损失值列在对应的概率枝结果点的右边。

② 计算每个方案的期望值。

从决策树的最右边开始，将每一方案的各种自然状态下的收益值（损失值）乘其相应的概率，即为该方案的期望值，把它记在各状态点的上方。

③ 修枝。

较决策树中的各自然状态点上方所标的期望值，从中选出最优方案，并把最优方案的期望值写在决策结点方框的上面，以表示选择的结果。同时，在淘汰的方案枝上划上双截线"‖"符号，直至在决策方块结点上只留下一条方案枝，它代表所选择的最优方案。为了便于在较复杂的多级决策中画出决策树，一般在画决策树之前，根据题意和给定的条件先列出一张表。

【例 2-10】某铁路局集团有限公司拟对所辖运营线路进行改造，根据预测该运营线路前3年效益好的概率为 0.7，而如果前 3 年效益好，则后 7 年效益好的概率为 0.9；如果前 3 年效益差，后 7 年效益也差。对此设计了三个可供选择的方案：一是投资 3 000 万元修建复线，使用期为 10 年，效益好年获利 1 000 万元，效益差则年亏损 200 万元；二是投资 1 600 万元修双线插入段，使用期为 10 年，效益好获利 400 万元，效益差年仅获利 100 万元；三是先修双线插入段，如效益好，则三年后追加投资 1 400 万元扩建成复线，扩建后使用 7 年，每年的损益值和方案一修建复线的相同，采用哪一个方案为最优？

表 2-14　年损益值表

方案	投资额（万元）		年损益值（万元）					
			前 3 年		后 7 年			
					前 3 年好		前 3 年差	
	当前	3 年后	好 0.7	差 0.3	好 0.9	差 0.1	好 0	差 1.0
Ⅰ	3 000	0	1 000	−200	1 000	−200	1 000	−200
Ⅱ	1 600	0	400	100	400	100	400	100
Ⅲ	1 600	1 400	400	100	1 000	−200	1 000	−200

解：此为铁路运输企业对运营线路改造的多级决策问题。根据题意和给定条件，列表（见表 2-14）。然后依题意画出决策树图（如图 2-5 所示）。

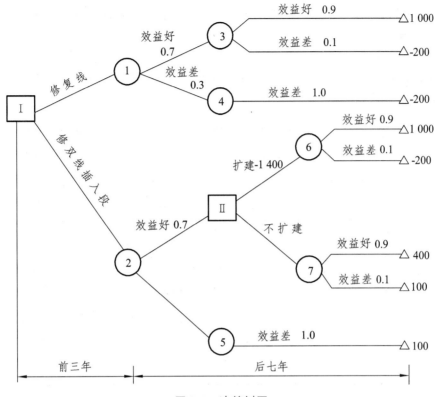

图 2-5　决策树图

计算各自然状态点的期望值。

③点：$1\,000 \times 0.9 \times 7 + (-200) \times 0.1 \times 7 = 6\,160$（万元）

④点：$(-200) \times 1.0 \times 7 = -1\,400$（万元）

①点：$1\,000 \times 0.7 \times 3 + 6\,160 \times 0.7 + (-1\,400) \times 0.3 + (-200) \times 0.3 \times 3 - 3\,000 = 2812$（万元）

⑥点：$1\,000 \times 0.9 \times 7 + (-200) \times 0.1 \times 7 - 1\,400 = 4\,760$（万元）

⑦点：$400 \times 0.9 \times 7 + 100 \times 0.1 \times 7 = 2\,590$（万元）

比较⑥点和⑦点的期望值，取 4 760 万元。

故而，决策结论是：扩建成复线方案为最优方案。

⑤点：$100 \times 1.0 \times 7 = 700$（万元）

②点：$400 \times 0.7 \times 3 + 4\,760 \times 0.7 + 100 \times 0.3 \times 3 + 700 \times 0.3 - 1\,600 = 2\,872$（万元）

比较①点和②点的期望值，取期望值 2 872 万元。

决策结论：前三年修双线插入段，若效益好则扩建成复线的方案为最优方案。

通过上述例子分析可知：决策树使决策问题形象化，将各备选方案在不同状态下的概率及其损益值绘制在一张图上，形象直观、思路清晰、便于集中讨论。决策树不仅可以解决单级的决策问题，而且可以解决决策表无法表达的多级决策问题，在铁路运输决策分析中应用广泛。

2. 机会均等的合理性标准

它主要是在铁路运输企业缺乏历史资料或资料不全的情况下，进行决策的一种标准。

如果有 m 种自然状态，由于资料不齐全，假设它们出现的概率值相等，则每种自然状态的概率就为 1/m。

【例 2-11】 以例 2-9 来说明机会均等的合理性标准的应用。由于市场销售状态每天 100 箱到 130 箱的资料不全，假设这几种销售状态的概率相同，如表 2-15 所示。

计算各方案的期望收益值：

$$E_{V1} = 5\,000 \times 0.25 + 5\,000 \times 0.25 + 5\,000 \times 0.25 + 5\,000 \times 0.25 = 5\,000（元）$$

同理计算 E_{V2}、E_{V3}、E_{V4}，将计算结果填入表 2-15 中，比较四个方案的期望收益值可知：每天生产 120 箱的方案为最优，它的期望收益值最大。

表 2-15　决策收益值表

自然状态	概率 P	方案			
		日产 100（箱）	日产 110（箱）	日产 120（箱）	日产 130（箱）
100（箱）	0.25	5 000	4 700	4 400	4 100
110（箱）	0.25	5 000	5 500	5 200	4 900
120（箱）	0.25	5 000	5 500	6 000	5 700
130（箱）	0.25	5 000	5 500	6 000	6 500
期望收益值 EV_i（元）		5 000	5 300	5 400	5 300

3. 最大可能性标准

该标准是从决策收益表中，找出概率最大的自然状态，然后从该种自然状态中选择一个收益值最大的方案为最优方案。

【例 2-12】 根据例 2-9 资料应用最大可能性标准选择最优方案。

解：由表 2-12 可见，在市场销售的状态中，以销售 110 箱的概率最大（0.4），在这种销售状态下四个备选方案中，日产 110 箱的方案的收益值最大（5 500 元），根据最大可能性标准，确定日产 110 箱的方案为最优方案。

由上可知，非确定型决策与风险型决策两者的区别在于对各种自然状态出现的概率是否掌握，根据资料的掌握情况，选择决策的方法。

实践证明，铁路运输决策是一个十分复杂的问题，决策正确与否与是否运用科学的决策程序、原则和方法有关，同时还与决策者的素质有密切关系。铁路运输企业的经营管理活动贯穿着一系列的决策，决策是企业管理者的基本职能，也是检验现代管理水平的重要标志。

【案例 1】

猫和老鼠

一群老鼠吃尽了猫的苦头，他们召开全体大会，号召大家贡献智慧，商量对付那些猫的万全之策，争取一劳永逸地解决事关大家生死存亡的大问题。

众老鼠冥思苦想。有的提议培养猫吃鱼吃鸡的新习惯，有的建议加紧研制毒猫药。最后还是一只老奸巨猾的老鼠出的主意让大家佩服得五体投地，连呼高明：那就是给猫的脖子上挂上个铃铛，只要猫一动，就有响声，大家就可事先得到警报，躲起来。

这一决议终于被一致通过，但决策的执行者却始终产生不出来。高薪奖励，颁发荣誉证书等办法都用上了，但无论什么高招，都没有老鼠站出来去执行这一决策。至今，老鼠们还在自己的各种媒体上争论不休。

这个故事告诉我们一个道理，那就是再好的决策，如果不能够去行动，那么都是没有意义的。决策与想法不在于多么英明，而在于能否实行。管理者不仅是个决策者，还是个不折不扣的行动者。在一个团队里，执行很重要，但是决策更重要。错误的决策加上超级的执行，反而会让团队更深地误入歧途。（来源：《文艺生活（智慧幽默版）2006 年 09 期》）

【案例 2】

"巨人"的瘫痪

"巨人集团""脑黄金"和"脑白金"这几个名词在中国几乎家喻户晓，但知道史玉柱这个名字的人可能就不太多了。史玉柱，软件科学硕士毕业，1991 年下海创业成立珠海巨人新技术公司，不久就推出桌面中文计算机软件 M6401，4 个月后营业收入即超过 100 万元，成为中国大地上第一批"资本家"，曾当选中国十大改革风云人物。

史玉柱雄心勃勃地要将公司发展为中国的龙头企业。公司迅速发展壮大，1993 年已从最初的几人发展到 3 000 人；中文手写计算机软件的销售额达 3.6 亿元，1994 年产值近 10 亿。1994 年初，巨人大厦动土，方案一改再改，从最初设计的 38 层蹿至 70 层，号称当时中国第一高楼，所需资金超过 10 亿元，计划 3 年完工。同年 8 月，公司又推出"脑黄金"。

"巨人"成了超速发展的典型，成了中国大地上的奇迹。为了到 1995 年产值达 50 亿，到 1996 年超过 100 亿，史玉柱发动了"三大战役"，在保健品、医药、计算机三个领域同时推出几十个产品。由于巨人大厦"抽血"过量，加上市场需求调查不够，生产和销售能力不足，尤其是迅速膨胀带来的管理混乱，三大战役几乎全部失利，巨人大厦资金告急。1997 年初，巨人大厦只建到地面 3 层就由于资金问题停工。"巨人"迅速瘫痪倒下去，真是"来也匆匆，去也匆匆"。（来源：豆丁网-战略管理案例分析）

复习思考题

1. 什么是铁路运输预测？铁路运输预测的基本程序是什么？
2. 定性预测方法包括哪几种？
3. 定量预测方法包括哪几种？
4. 什么是铁路运输决策？铁路运输决策有哪些特点？
5. 铁路运输决策的程序是什么？
6. 非确定型决策的决策方法有哪些？
7. 风险型决策的决策条件是什么？
8. 风险型决策的决策标准有哪些？
9. 什么是期望值标准？

第三章　铁路运输企业质量管理

◆学习目标

1. 了解质量的基本概念；
2. 了解 ISO9000 族的基本知识；
3. 掌握全面质量管理的概念及发展状况；
4. 掌握铁路运输企业全面质量管理相关知识；
5. 掌握并灵活应用质量管理常用工具，解决铁路运输企业质量问题。

【引例】

从"扁鹊论医"看质量管理

扁鹊是战国时期的名医，几乎家喻户晓，但人们不知道扁鹊弟兄三个都是医生。

据传，当时的魏文王知道了，就问扁鹊说："你们家兄弟三人，都精于医术，那到底哪一位医术最好呢？"扁鹊是这样回答的："长兄最好，中兄次之，我最差。"文王一听扁鹊这样说很吃惊，就问："你的名气最大，为何是长兄医术最高呢？"扁鹊惭愧地说："我扁鹊治病，是治病于病情严重之时。一般人看到的都是大手术，所以以为我的医术高明，能在人病入膏肓之时妙手回春，因此身名远扬。我中兄治病，是治病于病情初起之时。一般人以为他只能治轻微的小病，所以他的名气只及于本乡。而我长兄治病，是治病于病情发作之前。由于一般人不知道他事先能铲除病因，所以觉得他水平一般，但在医学专家看来他水平最高。"

从以上我们可以看出，质量管理如同医生看病，治标不能忘固本。许多企业悬挂着"质量是企业的生命"的标语，而现实中却是"头疼医头、脚疼医脚"。造成"重结果轻过程"现象是因为：结果控制者因为改正了管理错误，得到员工和领导的认可；而默默无闻的过程控制者不容易引起员工和领导的重视。最终导致管理者对表面文章乐此不疲，而对预防式的事前控制和事中控制敬而远之。

单纯事后控制存在严重的危害。首先，因为缺乏过程控制，生产下游环节无法及时向上游环节反馈整改意见，造成大量资源浪费；其次，因为上游环节间缺乏详细的标准，造成公司各部门间互相扯皮，影响公司凝聚力，大大降低了生产效率；再次，员工的质量意识会下降，警惕性下降造成质量事故频发；第四，严重的质量事故会影响公司的信誉，甚至造成失去订单或者带来巨额索赔，给公司造成严重经济损失。（来源：豆丁网，质量管理案例与故事）

第一节　铁路运输企业质量管理概述

一、质量概述

在现实生活中，"质量"一词被广泛关注，那么到底什么是质量？质量包括两种含义，一种是狭义上的概念，指产品质量；另一种是广义上的概念，不仅仅指产品质量，还包括工作质量和工程质量。

（一）产品质量

所谓产品质量，即产品的使用价值，也就是产品为适合一定用途以满足用户需要所具备的各种自然属性。这种自然属性又称为产品的质量特性，它包括产品的适用性、寿命、可靠性、安全性、经济性等。

适用性，指产品适合使用的性能，它反映了产品的功能满足使用要求的程度。例如硬座车或硬卧车是供运送旅客的车辆；餐车和行李车是为旅客服务的车辆；救援车是列车发生颠覆或脱轨事故时，排除线路障碍物及修复线路故障使用的车辆。

寿命是指在规定条件下满足规定功能要求的工作期限或数量。例如某辆敞车在正常运行条件下运送货物的小时数就是其寿命。

可靠性是指产品在规定的条件下、规定的时间内，无故障工作的概率。

安全性是指产品在使用过程中，保证人体健康和周围环境的安全程度。

经济性是指产品寿命周期总费用的大小。

铁路运输企业生产的目的是输送旅客和货物，它的特点是动态加工，产品是旅客和货物的位移。其质量特性是安全（舒适）、准确、迅速、经济、便利。

（二）工作质量

工作质量指企业的管理工作、技术工作、组织工作和服务工作等对产品质量的保证程度。

（三）工程质量

工程质量是指在生产过程中，人员、机器、材料、方法、环境五大因素对产品质量的影响程度（简称"4M1E"）。

二、ISO9000 族标准的产生和发展

（一）质量管理和质量保证标准产生的理由

1. 以提高企业信誉求发展

随着市场竞争的加剧和顾客质量要求的提高。各国企业都非常重视产品质量和顾客要求。以质量求生存以信誉求发展的企业质量方针已成为许多企业获取最佳经济效益的重要手段，并在实践中取得了显著的效果。为了能向顾客提供企业具有生产优质产品能力的证据，企业还聘请有权威的认证机构对其质量管理体系进行第三方认证，以争取获得认证合格标志。认证的依据，就是供需双方都认同的质量管理和质量保证标准。

2. 产品的安全性要求

当产品的生产与使用涉及人身安全，企业都必须按政府的有关法规开展质量保证活动，并提供设计、生产过程等方面得以有效控制的证据，接受有关机构的审核、评价。对企业质量管理体系进行审核、评价的依据就是质量管理和质量保证标准。

3. 解脱产品责任的要求

所谓产品责任，是用于描述企业对因其产品造成的与人员伤害、财产损坏或其他损害有关的损失赔偿责任的通用术语。一些国家为此专门制定了法律，在产品因质量问题危害了人身安全或造成财产损失时，企业将承担赔偿的法律责任。由此促使企业开展质量管理和质量保证活动，严格质量控制，重视质量审核，以便一旦发生质量纠纷时，能拿出一整套证据，证明产品是严格按照质量保证规范生产的，且按这种规范生产的产品质量是可信的，质量事故的责任不在生产企业。企业增加开展质量管理和质量保证活动的费用，可换来避免巨额赔偿的好处。质量管理和质量保证标准及其认证证书就是企业说明其质量控制有效的法律依据。

4. 产品可靠性的要求

现代科学技术的迅猛发展，使产品的技术复杂性越来越高，由此也对产品的可靠性提出了更高的要求，迫使企业不断完善质量管理体系。

5. 国际贸易的需要

产品打入国际市场或进行国际合作生产，质量信誉是关键的前提。为使顾客有充分的信心购买企业的产品，要求各国的质量管理和质量保证标准能协调一致，以便能认可产品质量水平和企业质量管理体系的有效性。在国际合作生产中，合作方也常亲自或请第三方来企业进行质量保证能力的审核、评价，其依据也是质量管理和质量保证标准。

基于上术各种理由，各国相继制订了质量管理的国家标准，并于 1979 年由英国率先向国际标准化组织（International Standardization Organization，简称 ISO）提出了制订有关质量保证国际标准的建议，得到了 ISO 的响应。

（二）ISO 9000 族标准

ISO 9000 族标准是国际标准化组织颁布的在全世界范围内通用的关于质量管理和质量保证方面的系列标准，目前已被 80 多个国家采用，该系列标准在全球具有广泛深刻的影响，有人称之为 ISO 9000 现象。ISO 9000 族标准主要是为了促进国际贸易而发布的，是买卖双方对质量的一种认可，是贸易活动中建立相互信任关系的基石。

众所周知，对产品提出性能、指标要求的产品标准包括很多企业标准和国家标准。但这些标准还不能完全解决客户的要求和需要。客户希望拿到的产品不仅要求当时检验是合格的，而且在产品的全部生产和使用过程中，对人、设备、方法和文件等一系列工作都提出了明确有要求，通过工作质量来保证产品实物质量，最大限度地降低它隐含的缺陷。现在许多国家把 ISO 9000 族标准转化为自己国家的标准，鼓励、支持企业按照这个标准来组织生产，进行销售。而作为买卖双方，特别是作为产品的需方，希望产品的质量当时是好的，在整个使用过程中，它的故障率也能降低到最低程度。即使有了缺陷，也能给用户提供及时的服务。在这些方面，ISO 9000 族标准都有规定要求。符合 ISO 9000 族标准已经成为在国际贸易上需方对卖方的一种最低限度的要求，就是说要做什么买卖，首先看你的质量保证能力，也就是你的水平是否达到了国际公认的 ISO 9000 质量保证体系的水平，然后才继续进行谈判。一个现代的企业，为了使自己的产品能够占领市场并巩固市场，能够把自己产品打向国际市场，无论如何都要把质量管理水平提高一步。

同时，基于客户的要求，很多企业也都高瞻远瞩地考虑到市场的情况，主动把工作规范在 ISO 9000 这个尺度上，逐步提高实物质量。由于 ISO 9000 体系是一个市场机制，很多国家为了保护自己的消费市场，鼓励消费者优先采购获 ISO 9000 认证的企业产品。可以说，通过 ISO 9000 认证已经成为企业证明自己产品质量、工作质量的一种护照。

ISO 9000 族标准中有关质量体系保证的标准有三个：ISO 9001、ISO 9002、ISO 9003。

ISO 9001 质量体系标准是设计、开发、生产、安装和服务的质量保证模式；

ISO 9002 质量体系标准是生产、安装和服务的质量保证模式；

ISO 9003 质量体系标准是最终检验和试验的质量保证模式。

三、全面质量管理概述

（一）全面质量管理的概念

全面质量管理（Total Quality Management，TQM）就是充分发挥企业全体职工的作用，综合运用管理技术、专业技术和科学方法，控制影响产品质量的全过程和各因素，经济地开发、研制和生产出用户满意的产品的管理活动。

（二）全面质量管理的特点

20 世纪未以来，全面质量管理在我国也得到一定的发展。我国专家不断总结实践中的经验，认为全面质量管理具有"三全管理"的特点。

1. 质量管理的范围是全面的

全面质量管理不仅要对产品质量进行管理，也要对工作质量、工程质量进行管理；不仅要对产品性能进行管理，也要对产品的可靠性、安全性、经济性、时间性和适应性进行管理；不仅要对物进行管理，也要对人进行管理。总而言之，是对各个方面的质量进行的管理。

2. 质量管理的过程是全过程的

产品质量有一个产生、形成和实现的过程。全面质量管理的范围包括从市场调查开始，到产品设计、生产、销售以及售后服务，直到产品使用寿命结束为止的全过程。保证产品质量，不仅要抓好生产制造过程的质量管理，还要抓好设计过程和使用过程的质量管理。把产品质量形成全过程的各个环节全面地管起来．形成一个综合性的质量管理工作体系。

3. 全员参加的质量管理

产品质量或服务质量是企业组织内部各部门、各生产环节工作质量的综合反映。企业组织中任何一个环节，任何一个人的工作质量都会不同程度地直接或间接地影响着产品质量或服务质量。因此，质量问题人人有责，人人关心产品质量或服务质量，人人做好本职工作，全体参加质量管理工作，才能生产出顾客满意的产品。

（三）全面质量管理的基本工作方法

全面质量管理的基本工作方法是 PDCA 循环，即计划—执行—检查—处理（plan、do、check、action），最先是由休哈特博士提出来的，由戴明把 PDCA 发扬光大，并且用到质量领域，故称为质量环或戴明环。

1. PDCA 循环的内容

PDCA 循环的四个阶段大体可分为八个步骤，见图 3-1。

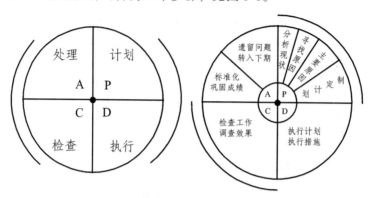

图 3-1　PDCA 循环四个阶段、八大步骤示意图

第一阶段：P（计划 PLAN）：明确问题并对可能的原因及解决方案进行假设。

步骤一：分析现状，找出题目：强调的是对现状的把握和发现题目的意识、能力，发掘题目是解决题目的第一步，是分析题目的条件。

步骤二：分析产生题目的原因：找准题目后分析产生题目的原因至关重要，运用头脑风暴法等多种集思广益的科学方法，把导致题目产生的所有原因统统找出来。

步骤三：要因确认：区分主因和次因是最有效解决题目的关键。

步骤四：拟定措施、制定计划（5W1H）即：为什么制定该措施（Why）？达到什么目标（What）?在何处执行（Where）？由谁负责完成（Who）？什么时间完成（when）？如何完成（How）？措施和计划是执行力的基础，尽可能使其具有可操性。

第二阶段：D（实施 DO）：实施行动计划。

步骤五：执行措施、执行计划：高效的执行力是组织完成目标的重要一环

第三阶段：C（检查 CHECK）：评估结果。

步骤六：检查验证、评估效果："下属只做你检查的工作，不做你希望的工作"IBM 的前 CEO 郭士纳的这句话将检查验证、评估效果的重要性一语道破。

第四阶段：A（处理 ACT）：如果对结果不满意就返回到计划阶段，或者如果结果满意就对解决方案进行标准化。

步骤七：标准化，固定成绩：标准化是维持企业治理现状不下滑，积累、沉淀经验的最好方法，也是企业治理水平不断提升的基础。可以这样说，标准化是企业治理系统的动力，没有标准化，企业就不会进步，甚至下滑。

步骤八：处理遗留题目。所有题目不可能在一个 PDCA 循环中全部解决，遗留的题目会自动转进下一个 PDCA 循环，如此，周而复始，螺旋上升。

2. PDCA 循环的特点

（1）四个阶段彼此不能超越，也不能停留与断缺，见图 3-2。

（2）大环套小环，一环扣一环，小环保大环，推动大循环，见图 3-3。

（3）管理循环每转动一圈，其管理水平就提高一步，见图3-4。

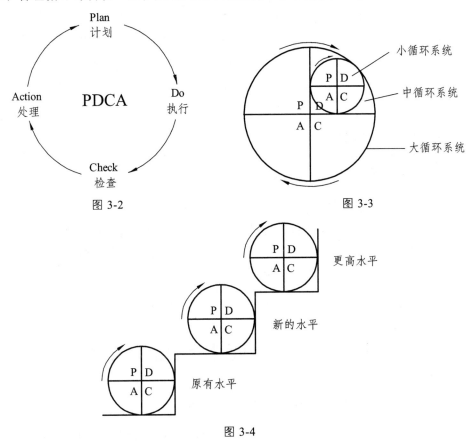

图 3-2

图 3-3

图 3-4

五、全面质量管理发展阶段

最早提出全面质量管理概念（Total Quality Management）的是美国通用电器公司质量管理部的部长菲根堡姆（A.V.Feigenbaum）博士。1961 年，他出版了一本著作，该书强调执行质量只能是公司全体人员的责任，应该使全体人员都具有质量的概念和承担质量的责任。因此，全面质量管理的核心思想是在一个企业内各部门中做出质量发展、质量保持、质量改进计划，从而以最为经济的水平进行生产与服务，使用户或消费者获得最大的满意。

全面质量管理（TQM）的四个发展阶段。

从 1961 年菲根堡姆提出全面质量管理的概念开始，世界各国对它进行了全面深入的研究，使全面质量管理的思想、方法、理论在实践中不断得到应用和发展。概括地讲，全面质量管理的发展经历了以下四个阶段：

1. 日本从美国引入全面质量管理

1950 年，戴明博士在日本开展质量管理讲座，日本人从中学习到了这种全新的质量管理的思想和方法。当时，全面质量管理的思路和概念并没有像如今一样被完整地提出来，但是它对日本经济的发展起到了极大的促进作用。到 1970 年，质量管理已经逐步渗透到了全日本企业的基层。

2. 质量管理中广泛采用统计技术和计算机技术

从 20 世纪 70 年代开始，日本企业从质量管理中获得巨大的收益，充分认识到了全面质量管理的好处。日本人开始将质量管理当作一门科学来对待，并广泛采用统计技术和计算机技术进行推广和应用，全面质量管理在这一阶段获得了新的发展。

3. 全面质量管理的内容和要求得到标准化

随着全面质量管理理念的普及，越来越多的企业开始采用这种管理方法。1986 年，国际标准化组织 ISO 把全面质量管理的内容和要求进行了标准化，并于 1987 年 3 月正式颁布了 ISO 9000 系列标准，这是全面质量管理发展的第三个阶段。因此，我们通常所熟悉的 ISO 9000 系列标准实际上是对原来全面质量管理研究成果的标准化。

4. 质量管理上升到经营管理层面

随着质量管理思想和方法往更高层次发展，企业的生产管理和质量管理被提升到经营管理的层次。无论是学术界还是企业界，很多知名学者如朱兰、石川馨、久米均等人，都提出了很多有关这个方面的观念和理论，"质量管理是企业经营的生命线"这种观念逐渐被企业所接受。

第二节　铁路运输企业全面质量管理

一、铁路运输企业全面质量管理概念

铁路运输全面质量管理是指在铁路运输系统贯彻质量第一方针，应用全面质量管理的理论、方法和技术，对客、货运输质量进行的管理。铁路运输产品是获得位移的旅客和货物，其计量单位分别为人公里和吨公里。铁路运输产品的质量要求是不断提高安全、迅速、准确、舒适、方便、经济等方面的水平。

铁路运输企业实行全面质量管理，应以运输生产经营为中心，以安全正点、优质服务、提高运能为重点，以提高经济效益为目的。同时抓好各部门的工作质量、工程（工序）质量和产品质量。

二、铁路运输企业全面质量管理任务

全面质量管理是一种现代的科学管理办法，是企业管理的中心环节，是全员参加的对生产经营全过程的和对企业全面质量的管理，其任务是：

（1）教育全体职工树立"质量第"的思想，正确贯彻执行先进合理的技术标准和管理标准。

（2）组织全体职工认真学习和运用全面质量管理的基本思想、理论、方法和手段，结合专业技术，控制影响运输（服务、设备、工业产品、基建工程）质量的各种因素。

（3）对运输质量进行定期的技术经济分析，不断提高经济效益。

（4）开展对旅客、货主、下道工序的技术业务服务，不断提高运输质量，使旅客、货主满意。

（5）经常了解国家建设和人民生活需要，掌握国内外铁路运输质量管理发展的水平和趋势，不断改进和完善质量管理工作，提高企业素质。

三、铁路运输企业实行全面质量管理应遵循的基本原则

（1）为用户服务，对用户负责；

（2）联劳协作，整体观点；

（3）防、检结合，以防为主；

（4）实事求是，科学分析，用数据说话；

（5）开展群众性质量管理活动，实行全员管理；

（6）依靠技术进步，既要积极，又要经济节约地进行技术改造；

（7）实行条块结合，以点、线为基础，逐步向面上发展。

四、铁路运输企业全面质量管理基础工作

全面质量管理基础工作包括标准化工作，计量、理化工作，质量情报工作，质量教育工作，质量责任制标准化工作是质量管理的重要基础，是衡量产品质量、工作质量的尺度，也是企业进行生产技术活动和各项经营管理工作的依据。铁路运输企业，必须认真贯彻上级关于标准化工作的方针、政策，严格执行国家、部、局颁发的标准，同时针对本单位本部门的需要，编制各种标准（包括管理标准、作业标准、方法标准、考核标准、产品质量标准、工艺标准等），并严格组织贯彻实施。

计量工作、理化试验是评价质量的依据，为质量管理提供准确数据。路局、分局必须加强计量网点的管理，有关单位要建立计量室（组），设专人负责。要配备、完善计量和检测手段：保证计量器具的示值准确一致和正确使用。

开展质量信息管理，是提供企业领导进行决策，搞好质量保证的重要途径。铁路运输企业必须建立正常的质量信息反馈系统，认真做好信息管理工作，做到信息"准确、及时、全面、系统"，反馈迅速。对路内外反馈的质量信息要及时进行处理。

质量责任制。路局、分局、站段（队、厂）必须建立健全包括领导干部在内的职务责任制、岗位责任制，明确规定各部门和每个职工在质量管理工作中的具体任务、责任和权限，做到分工明确协调，形成一个从路局到基层（或分局到基层）单位的严密、高效的质量管理责任体系。

五、铁路运输企业生产过程的质量保证

为保证实现企业的方针目标，根据铁路运输生产的特点，铁路运输企业要开展全程全网的质量保证活动，建立产品生产过程的质量保证体系。各专业系统，各综合部门都要对产品生产过程给予质量保证。

产品生产过程的质量保证，要确立技术与管理并重的原则，积极研究采用对质量保证、质量控制确有成效的先进技术和科学管理方法。特别是在技术手段暂不能提供可靠保证的环

节，必须强化管理手段。

（一）运输生产过程的质量保证

（1）作业标准化是运输生产过程质量保证的基础。运输生产部门的每一个职工都要严格按规章制度和作业标准进行生产活动。

（2）铁路运输企业要完善质量检验制度，除对本企业完成的产品和中间产品进行质量检验外，还必须加强对生产过程中的违章、违纪和不符合标准的作业进行监督。

（3）重点工序和关键点上的生产质量，必须实行严格的自控、互控和他控。调度指挥系统应是运输质量控制中心。

（4）为保证运输质量，行车部门要加强计划指挥，组织均衡生产，按图行车，满重满长，按计划装卸，按方案办事。遇特殊情况、运行整理、车流调整要保证重点，先全局后局部，先干线后支线，按照单一指挥的原则进行调度。

机、工、电、辆等部门要为行车部门提供足够的，质量良好的设备和优质服务，以保证运输生产的质量。

（二）客、货、装卸部门的质量保证

客、货、装卸部门的质量保证是为旅客和货主提供安全、可靠、便利、经济、文明的服务。要用各种形式调查用户要求和用户对服务质量的评价。开发尊客爱货，优质服务，对粗暴待客、野蛮装卸应作为质量事故处理。

第三节　铁路运输企业质量管理常用工具

全面质量管理的管理方法是多种多样的，管理工具也是多种多样的，目前铁路运输企业常用的工具有排列图、分层图、因果图、直方图、管理图、控制图及对策表，现将主要工具介绍如下。

一、排列图

排列图又称主次因素图，这是运用意大利著名经济学家巴雷特创造的巴雷特图的分析手法，从各类影响产品质量的因素中，找出主要因素的一种有效的统计管理方法，它的用途是寻找影响质量的主要因素。

（一）排列图的绘图方法

（1）收集数据。在一定时间内，把与研究质量问题有关的各项记录数据，进行全面、完整、准确的收集。

（2）数据分类。将收集的数据进行分类，对数据进行整理。

（3）统计与计算。数据整理归类，绘制一数据整理表，表内的数据必须按数值的大小依次排列。并按顺序逐一统计计算各类因素的频率（各类因素的频率是各因素频数值占总频数

值的百分率）。然后再进一步计算累计频率。

（4）绘画排列图。先绘画出排列图的三个坐标轴，横向的水平坐标轴为质量因素轴。在质量因素轴左方的纵坐标轴为频数值坐标轴。右方纵坐标轴为频率轴。

（5）分析结论。排列图全部绘画完成后，则可进行分析，找出影响产品质量的主要因素。根据巴雷特图的原则：在 0~80% 为主要因素（称为 A 类区域）；在 80%~90% 为次要因素（称为 B 类区域）；在 90%~100% 为一般因素（称为 C 类区域）；但遇跨两因素区域的因素，则要具体问题具体分析。

（二）注意事项

（1）主要因素不宜过多，一般为 1~2 个，最多不能超过 3 个，以集中解决主要问题。

（2）如遇因素较多，而其数据值不多的因素，则可合并在最末项目其他因素项内，但合并后的数值不得超过前一项因素的数值。

（3）各因素的数据，不能太少，否则不易反映质量状态。并且数据的归类一定要正确。

（4）绘制图时一定要精确，不然结论分析时会出现错误。

【例 3-1】　某编组站 2013—2017 年共发生不安全事件 82 件，具体数据如表，试用排列图法进行因素分析。

表 3-1　数据整理表

因素序列	事件项目	频数	频率%	累计频率%
1	撞车	41	50	50
2	提错钩	18	22	72
3	拿错车	16	19.5	91.5
4	放错道	6	7.3	98.8
5	其他	1	1.2	100
合计		82	100	

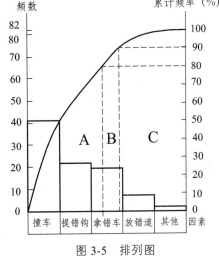

图 3-5　排列图

结论分析：从图中可以看出，撞车和提错钩是主要因素；拿错车是次要因素；放错道、其他是一般因素。

二、分层图

分层图又称再次排列图，是采用对数据进行分层的手法，对影响质量的因素从不同的层次进行分解。尤其是当运用排列图的方法找出影响产品质量的主要因素后，再运用分层图的方法进行深一层次的分析，可以使影响因素的确认更为详细和明确。而且便于制定相应措施来控制影响质量的因素，提高产品的质量，从而补充排列图的不足。

分层图往往从时间、地点、材料、工龄、技术等级、文化程度、气候等方面来着手进行分层。因为分层图与排列图的作法是一样的，这里就不再重复讲解。

三、因果图

因果图又称鱼刺图或树枝图。它是一种从影响质量的诸多因素中，寻找主要因素的一种简便而又有效的方法。

影响质量的因素很多，但归纳起来总不外乎人、机、料、法、环五大因素。因此，我们分析质量因素往往从这五个方面入手。

因果图分析法，是从产生的质量问题出发，由大类因素找起，一直展开到中因素、小因素直至找到最终原因。然后针对根本原因，制定和采取有效的对策。显然，因果分析图法是一种系统分析方法。

例如某编组站进行挤岔子事故的因果分析图如图 3-6 所示。

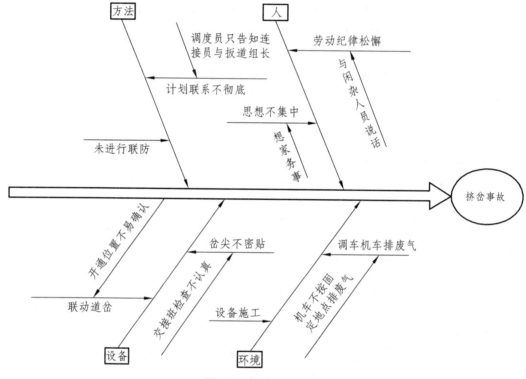

图 3-6　挤岔子因果图

四、直方图

直方图又称质量分布图法，是通过对测定或收集来的数据加以整理，来判断和预测生产过程是否正常稳定的一种有效的工具。因图形是由小矩形组成，因此得名直方图。

直方图的绘制步骤：用一个例题说明直方图的作图步骤。

【例 3-2】 某编组场安全连挂速度数据如表。假若允许连挂速度为 1 ~ 5 km/h，并以 2 ~ 4 km/h 为最佳。我们抽样 100 钩数据，作直方图并分析生产过程是否正常？

1. 随机抽样安全连挂数据（ $N = 100$ ）。

2. 找出最大值 $X_L = 4.00$ 最小值 $X_S = 2.10$，并计算出极差 R。

$$R = X_L - X_S = 4.00 - 2.10 = 1.90$$

3. 确定组数。其分组的组数用 K 表示，K 值的大小与 N 有关，可用 $K = 1+3.31\lg N$ 确定，也可查表（见表 3-4）。本例中 $K = 7$。

表 3-2 安全连挂速度数据表

2.30	3.55	3.50	3.60	3.55	2.70	3.65	3.70	3.60	3.30
3.50	3.00	3.55	2.90	3.60	3.00	3.30	2.80	3.65	2.65
2.75	2.80	2.60	2.50	2.65	2.70	2.75	2.30	2.60	2.50
3.40	3.30	3.40	3.30	3.20	3.25	3.25	2.90	3.40	3.00
2.60	2.40	2.70	2.10	2.45	2.50	2.65	2.70	2.75	2.80
2.90	2.95	3.00	3.10	3.10	2.90	3.10	2.95	2.90	3.00
3.85	2.65	2.45	2.75	2.80	2.60	2.40	2.20	2.45	3.50
3.00	2.90	2.95	3.10	2.90	2.95	3.10	2.95	2.90	3.00
4.00	2.50	3.50	2.30	4.00	2.35	3.50	2.35	3.55	2.40
3.20	3.25	3.30	3.35	3.40	3.35	3.40	3.30	3.25	3.20

4. 确定组距（h）。$h = (X_L - X_S)/K = 1.90/7 \approx 0.27$

5. 确定组界。

（1）最小值 X_S 在第一组的中间位置处

第一组（$X_S - h/2$，$X_S + h/2$）

（2）组界最后一位数字是测定单位的 1/2

$$[X_S - (h/2 - 测/2)，X_S+(h/2+测/2)]$$

6. 将数据归组。计算频数。

7. 绘画。以组距为宽，以频数为高作直方图。（见图 3-7）

8. 直方图分析。

此直方图中间高，两边低，左右基本对称，与公差有适当的距离，为正常型。表示生产过程基本正常稳定。

表 3-3 频数分布表

组序	分组区间（组界）	频数统计	频数
1	1.965~2.235	丅	2
2	2.235~2.505	正正正	15
3	2.505~2.775	正正正一	16
4	2.775~3.045	正正正正正	24
5	3.045~3.315	正正正下	18
6	3.315~3.585	正正正一	16
7	3.585~3.855	正丅	7
8	3.855~4.125	丅	2
合计			100

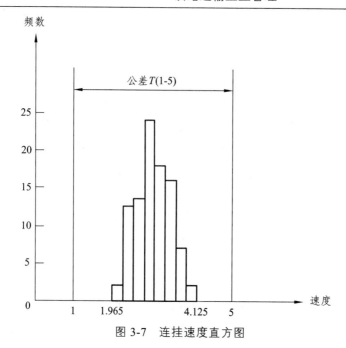

表 3-4　K 经验确定表	
数据数	分组组数 K
50~100	6~10
100~200	7~12
250 以上	10~20

图 3-7　连挂速度直方图

五、控制图

控制图又称管理图。由于直方图仅能分析生产过程的状态，而不能随时检查生产过程是否稳定、产品质量是否合格，是属于静态管理。控制图（管理图）是绘有控制线的图（有质量标准上下波动范围控制线），它随时可以检测生产中的产品（或工作）质量的动态数据与控制各线值相比较，发现异常及时查明原因，采取改进措施，调整控制，使之回到标准范围之内。

过程质量在各种影响因素制约下，呈现波动特性。过程质量的波动有两种类型：一是正常波动，是由于随机性因素的经常作用而产生的偶然波动；一是异常波动，是由于系统因素引起的系统误差产生的波动。控制图的作用是消除异常波动，维持正常波动的适度水平。控制图是随时检测生产中产品或工作质量的动态数据，发现异常及时查找原因并采取措施进行控制，使产品质量回到标准范围之内的质量管理工具。

控制图的分类是与数据的分类相联系的，分为计量值控制图和计数值控制图两大类。主要介绍 $\bar{x} - R$ 控制图。

（一）$\bar{x} - R$ 控制图主要内容

$\bar{x} - R$ 控制图是将 $\bar{x}$ 控制图和 R 控制图联合使用的一种控制图。$\bar{x}$ 控制图用于观察过程质量测定值 x 的平均值 v 的变动，R 控制图用于观察过程质量测定值极差 R 的变动。联用后的 $\bar{x} - R$ 控制图，检出过程质量不稳定的能力增强，即检出能力比单独使用 $\bar{x}$ 控制图或 R 控制图要大大增强。因此，$\bar{x} - R$ 控制图是过程质量控制中常用的控制方法。

1. $\bar{x}$ 控制图

控制中心线 $CL = \dfrac{\sum \overline{x_i}}{K} = \bar{\bar{x}}$

控制上限线 $UCL = \overline{\overline{x}} + 3\delta = \overline{\overline{x}} + A_2\overline{R}$

控制下限线 $LCL = \overline{\overline{x}} - 3\delta = \overline{\overline{x}} - A_2\overline{R}$

2. R 控制图

控制中心线 $CL = \overline{R}$

控制上限线 $UCL = D_4\overline{R}$

控制下限线 $LCL = D_3\overline{R}$

各控制系数可从表 3-5 控制图用系数表查得

表 3-5　控制图用系数表

系数 \ n	A_2	$m_3 A_2$	E_2	D_3	D_4
2	1.880	1.880	2.660	0	3.267
3	1.023	1.187	1.772	0	2.757
4	0.729	0.796	1.457	0	2.282
5	0.577	0.691	1.290	0	2.115
6	0.483	0.549	1.184	0	2.004
7	0.419	0.509	1.109	0.076	1.924
8	0.373	0.432	1.054	0.136	1.864
9	0.337	0.412	1.010	0.184	1.816
10	0.307	0.363	0.975	0.223	1.777

（二）$\overline{x} - R$ 控制图的作图步骤

（1）收集质量测定值数据。收集的数据量一般要求大于 100 个，按时间顺序分组，组数为 K，每一组数据为一个样本，每组中的数据个数即为样本大小，常用 n 表示。n 通常取 4 或 5。

（2）计算各组的平均值 $\overline{x}_i$ 和各组极差 R_i；然后计算平均值的平均数 $\overline{\overline{x}}$ 和极差的平均值 $\overline{R}$。

（3）确定 $\overline{x}$ 控制图和 R 控制图的主要控制线。

（4）画坐标轴、控制线，并根据平均值和极差分别在图中描点，并连成折线。

（三）控制图的分析

控制图完成后，应立即进行观察分析，一旦发现异常，必须迅速分析原因，采取措施和对策，这样才能保证产品质量的不断提高。控制图上点子的分布情况一般反映了过程的质量状态：如果控制图上的点子越过控制限，或者点子虽没有越过程控制限，但其排列有缺陷，则可判断为过程有异常，处于非控制状态；反之，则可认为过程是正常的，处于控制状态。

观察和分析控制图，主要是观察图中点子的分布状态，其判别标准如下：

（1）点全部落在控制界限之内，并随机排列，此时可以认为生产过程是稳定的。

（2）出现下列情况时，可以认为生产过程是基本稳定的：

① 连续 25 个点在控制界限内，而且点子排列无缺陷；

② 连续 35 个点子中最多有一个点飞出界外，其他的点在控制界限内，排列无缺陷；

③ 连续 100 个点中，最多有 2 个飞出界限外，其他的点在控制界限内，排列无缺陷。

（3）两个图的点子落在控制线上或控制线以外，或点子虽然在界内，但点排列有以下缺陷时，表明质量的隐患。所谓排列的缺陷是指以下情况：

① 出现链。所谓链就是点子连续出现在中心线一侧。

（a）出现 5 点链时，应注意工序的进展情况。

（b）出现 6 点链时，应调查原因。

（c）出现 7 点链时，工序中已发生系统原因的变化，应立即处理。

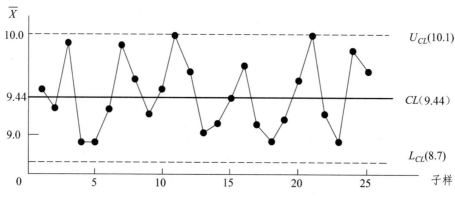

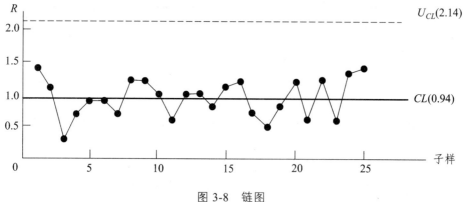

图 3-8　链图

② 多点连续出现在中心线一侧，表明工序不稳定，有系统性原因发生。

③ 点子出现连续 7 点上升或下降倾向。

④ 点子排列出现周期性。

【例 3-3】　某编组站驼峰铁鞋目的制动速度检查。理想速度为 8.5 ~ 10 km/h。为了控制调车质量，现在随机抽取 25 组 100 钩数据值，试用控制图进行分析。其数据见表 3-6。

表 3-6　$\bar{x} - R$ 控制图数据表

	测定值				平均值	极差
	x_1	x_2	x_3	x_4		
1	10.20	9.80	8.80	9.20	9.50	1.40
2	9.50	9.90	8.80	9.00	9.30	1.10
3	9.90	9.90	10.10	10.20	10.03	0.30
4	9.40	8.80	8.80	8.70	8.93	0.70
5	8.70	9.60	8.70	8.70	8.93	0.90
6	8.90	9.30	9.10	9.80	9.28	0.90
7	8.70	9.10	8.70	9.40	9.98	0.70
8	10.20	9.00	10.00	9.20	9.60	1.20
9	8.80	9.20	10.00	8.90	9.23	1.20
10	9.70	9.30	10.00	9.00	9.50	1.00
11	10.30	10.00	9.80	10.40	10.13	0.60
12	9.20	10.20	9.30	10.00	9.68	1.00
13	8.70	8.80	8.90	9.70	9.03	1.00
14	8.80	9.20	8.90	9.60	9.13	0.80
15	9.20	9.90	9.60	8.80	9.38	1.10
16	9.50	9.90	10.40	9.20	9.75	1.20
17	8.90	9.60	9.00	9.00	9.13	0.70
18	8.70	9.00	9.20	8.80	8.93	0.50
19	9.00	9.30	8.80	9.60	9.18	0.80
20	10.00	9.10	10.20	9.00	9.58	1.20
21	10.40	10.00	9.80	10.10	10.08	0.60
22	9.00	8.80	9.10	10.00	9.23	1.20
23	8.90	8.70	8.80	9.30	8.93	0.60
24	10.20	9.90	9.10	10.40	9.90	1.30
25	9.10	9.00	10.30	10.40	9.70	1.40
$n = 4$					$\sum \bar{x}_i = 236.04$ $\overline{\overline{x}} = 9.44$	$\sum R_i = 23.4$ $\bar{R} = 0.94$

解：

（1）收集数据 100 个分 25 组，每组中数据个数为 4 个，即 $K = 25$，$n = 4$。

（2）计算各组平均值 $\bar{x}_i$ 和各组极差 R_i；平均值的平均数 $\overline{\overline{x}}$ 和极差的平均值 $\bar{R}$。

$$\overline{\overline{x}} = 9.4；\quad \bar{R} = 0.94$$

（3）确定 $\bar{x}$ 控制图和 R 控制图的控制线。

$\bar{x}$ 控制图：

$$CL = \bar{\bar{x}} = 9.44$$
$$UCL = \bar{\bar{x}} + A_2\bar{R} = 9.44 + 0.729 \times 0.94 \approx 10.1 \text{（查表 3-9} \quad A2 = 0.729）$$
$$LCL = \bar{\bar{x}} - A_2\bar{R} = 9.44 - 0.729 \times 0.94 \approx 8.7$$

R 控制图：

$$CL = \bar{R}_i = 0.94$$
$$UCL = D_4\bar{R} = 2.282 \times 0.94 \approx 2.15$$
$$LCL = D_3\bar{R} = 0$$

（4）画图、描点。（如图 3-9 所示）

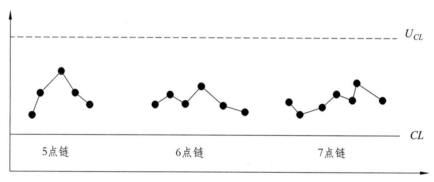

图 3-9 $\bar{x} - R$ 控制图

5. 控制图的分析

$\bar{x}$ 控制图中第 11 点落在控制上限线上，R 控制图中出现了 5 点链（第 3 ~ 7 点），表明有质量隐患，需要采取措施解决。

六、相关图

相关图是用来判断变量之间相互关系的一个有效工具。在自然界中，各种变量之间常存在一定的相互关系，其中一些属于确定性的关系，常常可以用函数关系来表达。但有些则属于非确定性的关系，知道其中的一个变量值，却难于准确地计算出另外一个变量的值。如身高和体重的关系就属于这一类型，这种相互关系称之为相关关系。对存在相关关系变量的研究，一般是大量收集变量的数据，然后将对应的数据在图上一一描点，最后通过对图形的观察和分析，来进行定性和定量的研究。这些图就称为相关图，又名散布图。

（一）相关图的作法和图形

画相关图时，一般先对变量收集足够的数据，并列表登记，但要注意收集的数据不能过少，否则会影响结论的正确性。然后在图上画横坐标与纵坐标，分别表示相互关联的两个变量，最后将两个变量相互对应的数据在图上一一描点，相关图即完成。

相关图的图形一般有以下几种形式，如图 3-10 所示。（a）（b）表明当 x 增大时，y 也随之而增大，称之为正相关。其中：（a）为强正相关，（b）为弱正相关。（c）（d）表明当 x 增大时，y 随之而减小，称为负相关。其中：（c）为强负相关，（d）为弱负相关。（e）表明两变量不相关。（f）表明两变量为曲线相关。以上仅仅是粗略地对两变量作定性的相关分析。如果要做详细的相关分析，则需进一步计算相关系数。

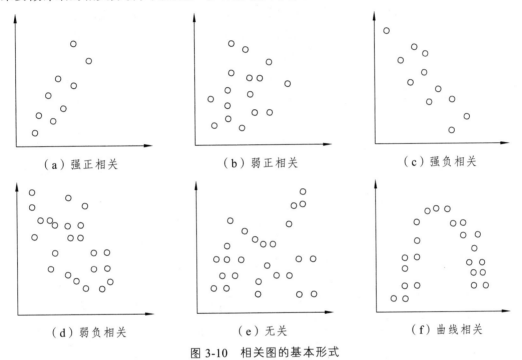

　　（a）强正相关　　　　　　　（b）弱正相关　　　　　　　（c）强负相关

　　（d）弱负相关　　　　　　　（e）无关　　　　　　　（f）曲线相关

图 3-10　相关图的基本形式

（二）相关系数

相关系数（用 γ 表示）它是用来判断两具变量是否相关以及密切程度的一个重要指标。这可以利用相关图简便地计算出来，也可以根据测定值直接计算。计算相关系数时，可运用下列公式计算：

$$\gamma = \frac{L_{xy}}{L_x \cdot L_y}$$

$$L_{xy} = \sum xy - \frac{1}{n}\left(\sum x\right)\left(\sum y\right)$$

$$L_x = \sqrt{\sum x^2 - \frac{1}{n}\left(\sum x\right)^2}$$

$$L_y = \sqrt{\sum y^2 - \frac{1}{n}\left(\sum y\right)^2}$$

各数据值可从数据表中查得。系数值介于 1 与 −1 之间，即

$$-1 \leqslant \gamma \leqslant +1$$

当 $\gamma > 0$ 时，两变量为正相关，愈接近 1，则正相关愈强。

当 $\gamma = 0$ 时，两变量不相关。

当 $\gamma < 0$ 时，两变量为负相关，愈接近 -1，则负相关愈强。

（三）相关程度的检验

通过上述计算，只是求出相关系数，但两个变量是否相关以及相关程度还不能确定，还要进一步检验。表 3-7 给出了不同变量数据 n，在两种显著水平下（0.05 及 0.01）下，变量与确实存在相关关系时相关系数的最小值。

表 3-7 相关系数检验表

$n-2$ \ α	0.05	0.01	$n-2$ \ α	0.05	0.01	$n-2$ \ α	0.05	0.01
1	0.997	1	14	0.497	0.623	27	0.367	0.470
2	0.950	0.99	15	0.482	0.660	28	0.361	0.463
3	0.878	0.959	16	0.468	0.590	29	0.355	0.456
4	0.811	0.917	17	0.456	0.575	30	0.349	0.449
5	0.754	0.874	18	0.444	0.561	40	0.304	0.393
6	0.707	0.834	19	0.433	0.549	45	0.288	0.372
7	0.666	0.798	20	0.423	0.537	50	0.273	0.354
8	0.632	0.765	21	0.413	0.526	60	0.250	0.325
9	0.602	0.735	22	0.404	0.515	70	0.232	0.302
10	0.576	0.708	23	0.396	0.505	80	0.217	0.283
11	0.553	0.684	24	0.388	0.496	90	0.205	0.267
12	0.532	0.661	25	0.381	0.487	100	0.195	0.254
13	0.514	0.641	26	0.374	0.478	200	0.138	0.181

【例 3-4】 某车站 2020 年卸车数与卸车时间的有关数据如表 3-8 所示。试用相关图法计算相关系数，并判断相关程度。

表 3-8 卸车数与卸车时间数据表

序号	X_i（辆）	Y_i（小时）	X_i^2	Y_i^2	$x_i y_i$
1	11	12	121	144	132
2	4	3	16	9	12
3	22	29	484	841	638
4	6	5	36	25	30
5	15	19	225	361	285
6	22	41	484	1681	902
7	5	8	25	64	40

序号	X_i（辆）	Y_i（小时）	X_i^2	Y_i^2	$x_i y_i$
8	20	35	400	1225	700
9	21	26	441	676	546
10	13	15	169	225	195
11	15	17	225	289	255
12	24	25	576	625	600
13	23	66	529	4356	1518
14	9	12	81	144	108
15	13	19	169	361	247
16	4	3	16	9	12
17	3	2	9	4	6
18	14	15	196	225	210
19	17	15	289	225	255
20	13	22	169	484	286
21	3	3	9	9	9
22	4	3	16	9	12
$n = 22$	$\sum x_i = 281$	$\sum y_i = 395$	$\sum x_i^2 = 4685$	$\sum y_i^2 = 11919$	$\sum x_i y_i = 6998$

根据表中数据，计算相关系数，即：

$$\gamma = \frac{L_{xy}}{L_x \cdot L_y} = \frac{\sum x_1 y_1 - \frac{1}{n}\left(\sum x_1\right)\left(\sum y_1\right)}{\sqrt{\sum x_1^2 - \frac{1}{n}\left(\sum x_1\right)^2}\sqrt{\sum y_1^2 - \frac{1}{n}\left(\sum y_1\right)^2}}$$

$$= \frac{6998 - \frac{1}{22} \times 281 \times 395}{\sqrt{4685 - \frac{1}{22} \times 281^2}\sqrt{11919 - \frac{1}{22} \times 395^2}}$$

$$= 0.842$$

本例中相关系数 $\gamma = 0.842$，查表可以求出两个程度的最小相关系数是 0.423 和 0.537，而 0.842 远远大于这两个数值，因此卸车数与卸车时间有相关关系，而且是强正相关。

【案例 1】

割草的男孩

一个替人割草打工的男孩打电话给一位陈太太。

男孩：您需不需要割草？

陈太太：不需要了，我已有了割草工。

男孩：我会帮您拔掉花丛中的杂草。

陈太太：我的割草工也做了。

男孩：我会帮您把草与走道的四周割齐。

陈太太：我请的那人也已做了，谢谢你，我不需要新的割草工人。

男孩挂了电话。此时男孩的室友问他说："你不是就在陈太太那割草打工吗？为什么还要打这电话？"男孩说："我只是想知道我做得有多好！"

【启示】　这个故事反映的质量管理的第一个思想，即以顾客为关注焦点，不断地探询顾客的评价，我们才有可能知道自己的长处与不足，然后扬长避短，改进自己的工作质量，牢牢的抓住顾客。

同时这也是质量管理"持续改进"思想的实际运用。我们每个人是否也可应该结合自己的实际，做一些持续改进呢？

做质量的大多数时候都是被动的，只是延续出现问题然后再去解决问题的模式，如果能主动查找问题并解决问题那才是完美的质量管理模式。这也就显示出了一个质量管理者的精髓所在。（来源：百度文库"质量故事"）

【案例2】

2012年5月13日14时23分，成都铁路局成都工务机械段线路清筛二车间，在成昆线杨漩至共和间鸭子池2号桥K223+684—K223+717处施工作业时,桥梁左侧第四孔31.7米的人行道突然整体脱落，4名作业人员掉落桥下，其中2人在抢救过程中死亡，另2人重伤。

事故主要原因：桥梁质量存在先天缺陷，承载能力严重不足。施工安全管理失控。成都工务机械段在作业前没有对桥梁状态全面调查，作业人员在人行道上随意堆放道碴，未按规定边清筛边处理，增加了人行道荷载，在人行道步行板托架结构强度不足，以及作业人员动态荷载的情况下，诱发了事故。（来源：铁路职工培训教材《铁路劳动安全》）

复习思考题

1. 什么是全面质量管理？
2. ISO 9000族标准颁布后，为什么能迅速受到各国工业界和政府的承认和重视？
3. 如何理解质量的概念和质量管理的基本观点？
4. 过程控制有哪些基本要求？
5. 某齿轮厂查出不合格数如下表所示。试用排列图进行主次因素分析。

表3-9　不合格数分布表

项目	斜齿轮	蜗轮	缸体	直齿轮	蜗杆
频数	252	158	55	440	67

6. 某螺栓外径尺寸的技术标准要求为 $\Phi 3.50 \pm 0.15$ mm，从制造过程抽取100个样本，其数据如表3-10所示。试用直方图进行分析。

表 3-10　不合格数据表

3.68	3.52	3.46	3.54	3.43	3.60	3.54	3.59	3.54	3.50
3.47	3.58	3.45	3.46	3.48	3.50	3.51	3.49	3.53	3.47
3.52	3.51	3.51	3.46	3.50	3.46	3.52	3.53	3.51	3.52
3.63	3.49	3.64	3.62	3.49	3.53	3.45	3.46	3.58	3.54
3.56	3.50	3.57	3.56	3.53	3.60	3.46	3.48	3.61	3.58
3.50	3.50	3.45	3.53	3.49	3.49	3.60	3.52	3.48	3.53
3.54	3.53	3.55	3.49	3.53	3.51	3.54	3.54	3.48	3.51
3.65	3.54	3.49	3.53	3.58	3.54	3.57	3.53	3.47	3.60
3.51	3.61	3.57	3.52	3.54	3.57	3.50	3.51	3.54	3.39
3.53	3.44	3.58	3.49	3.47	3.46	3.51	3.59	3.54	3.58

第四章　网络计划技术

◆学习目标

1. 了解网络计划技术的概念；
2. 掌握网络图的绘制方法；
3. 理解并掌握网络图时间参数的计算方法；
4. 掌握并能灵活运用时间优化的方法；
5. 掌握时间—资源优化的方法。

【引例】

世界上工业发达国家都非常重视现代管理科学，网络计划技术已被许多国家公认为最行之有效的管理方法之一。各种广泛实践证明，应用网络计划技术组织与管理生产一般能缩短20%左右，降低成本10%左右。

美国是网络计划技术的发源地，美国的泰迪建筑公司在47个建筑项目中应用此法，平均节省时间22%，节约资金15%。美国政府于1962年规定，凡与政府签订合同的企业，都必须采用网络计划技术，以保证工程进度和质量。1974年麻省理工学院调查指出："绝大部分美国公司采用网络计划编制施工计划"。目前，美国基本上实现了机画、机算、机编、机调。实现了计划工作自动化。

日本、俄罗斯、德国、英国也普遍在工程中应用了网络计划技术，并把这一技术应用在建筑工程的全过程管理中。（来源：www.softexam.cn/tech）

第一节　概　　述

一、网络计划技术的起源与发展

网络计划技术是一种科学的计划管理技术，是运筹学的一个组成部分，是随着现代科学技术和工业生产的发展而产生的。20世纪50年代，为了适应科学研究和新的生产组织管理的需要，国外陆续出现了一些计划管理的新方法。1957年美国杜邦公司在建设化工厂时，组织了一个工作组，并在兰德公司的配合下，提出运用图解理论的方法制定计划，这种方法定名为"关键线路方法"（缩写为CPM），取得了良好的经济效果。1958年美国海军特种计划局和洛克希德航空公司在规划和研制"北极星"导弹的过程中，也提出一种以数理统计学为基础、以网络分析为主要内容、以电子计算机为手段的新型计划管理方法，进行项目的计划安排、评价、审查和控制，即"计划评审术"（缩写为PERT），获得了巨大成功。此后在这两种方法的基础上又有人提出了图解评审法、决策关键线路法等，形成了一个大类的计划管理技术。

20 世纪 60 年代初期，网络计划技术在美国得到了推广，一切新建工程全面采用这种计划管理新方法，并开始将该方法引入日本和西欧其他国家。随着现代科学技术的迅猛发展、管理水平的不断提高，网络计划技术也在不断发展和完善。目前，它已广泛的应用于世界各国的工业、国防、建筑、运输和科研等领域，已成为发达国家盛行的一种现代生产管理的科学方法。

我国对网络计划技术的研究与应用起步较早，1965 年，著名数学家华罗庚教授最先在我国的生产管理中推广和应用这些新的计划管理方法，并根据网络计划统筹兼顾、全面规划的特点，发表了《统筹方法评估》，为推广网络计划方法奠定了基础。

40 多年来，随着科技的发展进步，网络计划技术作为一门现代管理技术已逐渐被各级领导和工程管理人员所重视。特别是改革开放以后，网络计划技术在我国的工程建设领域得到迅速的推广和应用，是在大中型工程项目的建设中，对其资源的合理安排、进度计划的编制、优化和控制等应用效果非常显著。目前，网络计划技术已成为我国工程建设领域中正在推行的项目法施工、工程建设监理、工程项目管理和工程造价管理等方面必不可少的现代化管理方法。

1992 年，国家技术监督局和国家建设部先后颁布了中华人民共和国国家标准《网络计划技术》（GB13400.1、GB13400.2、13400.3-92）三个标准，和中华人民共和国行业标准《工程网络计划技术规程》（JGJ/T-121-99），使工程网络计划技术在计划的编制与控制管理的实际应用中有了一个可遵循的、统一的技术标准，保证了计划的科学性。对提高工程项目的管理水平发挥了重大作用。

二、网络计划技术的基本原理

网络计划技术又叫关键线路法、技术评审法、统筹法，是一种通过网络图的形式来表达一项工程或生产项目的计划安排，并利用系统论的科学方法来组织、协调和控制工程或生产进度和成本，以保证达到预定目标的一种科学管理技术。网络计划技术的基本原理是：经过科学分析，将一项工程项目（或大任务）分解成许多作业，依据作业间存在的逻辑关系画出网络图，在此基础上进行网络分析，计算网络时间参数，计算确定关键线路，利用时差不断改善网络计划的初始方案，以求得工期、资源、成本等的最优方案，并且在完成项目过程中进行有效的监控。简单地说就是利用网络图来表示计划任务的进度安排，反映其中各项作业（工序）之间的相互关系；在此基础上进行网络分析，计算网络时间，确定关键线路和关键工序；并且利用时差，不断改进网络计划，以求得工期、资源和成本的优化方案。由于这些方法都是建立在网络图的基础上的，并且主要用于计划的制定和控制，因而称之为网络计划技术。

网络计划技术的优点是能够提供施工管理所需要的多种信息，有利于加强工程管理。它有助于管理人员合理地组织生产，做到心里有数，知道管理的重点应放在何处，怎样缩短工期，在哪里挖掘潜力，如何降低成本。具体如下：

（1）能把整个工程各个项目的时间顺序和相互关系清晰地表明，并指出完成任务的关键环节和路线。因此管理者在制定计划时可以统筹安排，全面考虑，在实施过程中，可以进行重点管理。

（2）可对工程的时间进度与资源利用实施优化。在计划实施过程中，管理者调动非关键线路上的人力、物力和财力从事关键作业，进行综合平衡，既可节省资源又能加快工程进度。

（3）可事先评价达到目标的可能性。该技术能够指出计划实施过程中可能发生的困难点以及该困难点对整个任务的影响，方便提前做好应急准备，减少完不成任务的风险。

（4）便于组织与控制。管理者可以将工程，特别是复杂的大项目，分解成许多支持系统，分别进行组织实施与控制。通过既化整为零又聚零为整的方法，实现局部与整体的协调统一。

（5）易于操作，具有广泛的应用范围。能够与电子计算机技术结合起来，适用于各行各业及各种任务。

网络计划技术的应用范围很广，特别适用于电站、大型水利工程、国防建设工程、大型科研项目、技术改造及技术引进项目等一次性的工程项目，同时也适用于新产品开发、生产技术准备计划、设备大修理、大型工艺装备制造及单件小批生产的组织等工业企业生产计划管理中。一般来说，工程项目越大、协作关系越多、生产组织越复杂，应用网络计划技术方法可以统筹全局、协调各部分之间的关系，比用流程图或程序图做计划工作效果更显著。

三、网络计划技术实施步骤

1. 确定目标

确定目标，是指决定将网络计划技术应用于哪一个工程项目，并提出对工程项目和有关技术经济指标的具体要求。如在工期方面，成本费用方面要达到什么要求。依据企业现有的管理基础，掌握各方面的信息和情况，利用网络计划技术为实现工程项目，寻求最合理的方案。

2. 分解工程项目，确定逻辑联系，列出作业明细表

（1）分解工程项目。

一个工程项目是由许多作业组成的，在绘制网络图前就要将工程项目分解成各项作业。在分解工程项目时，首先遇到的问题是分解的详略问题。分解得粗略，则作业项目少，网络图结构简单，易于总体统筹把握，但却不利于工程项目的组织实施；分解得详细，则作业项目多，网络图结构复杂，不易于宏观统筹把握，但便于项目的组织实施。通常情况下，作业项目划分的粗细程度应视工程内容以及不同单位要求而定，作业所包含的内容多，范围大多可分粗些，反之细些。对于上层领导机关，网络图可绘制的粗些，主要是通观全局、分析矛盾、掌握关键、协调工作、进行决策；对于项目的管理实施人员，因为要依据网络计划具体组织和指挥生产作业，所以项目的分解必须细致一些，以便具体组织和指导工作。

（2）进行作业分析。

将工程项目分解成作业后，还要进行作业分析，明确作业与作业之间的关系，确定先行作业（紧前作业），平行作业和后续作业（紧后作业）。即在该作业开始前，哪些作业必须先期完成，哪些作业可以同时平行地进行，哪些作业必须后期完成，或者在该作业进行的过程中，哪些作业可以与之平行交叉地进行。

作业分析的内容有：

① 某项作业开始前，有哪些作业需先期完成；

② 某项作业进行过程中，有哪些作业可同时平行进行；

③ 某项作业完成之后，有哪些作业应接着开始。

作业与作业之间的关系可分为先后关系、平行关系和交叉关系。如作业 A 与作业 B、C 相邻，作业 B、C 都需要在作业 A 完工后才能开工，则称作业 A 为作业 B、C 的紧前作业，称作业 B、C 为作业 A 的紧后作业。如图 4-1 所示。

如作业 B 与作业 C 在同一结点开始、同一时间内同时进行，则称作业 B 与 C 为平行作业关系。如图 4-1 所示。

如作业 A 分成三个小工序 A = a₁ + a₂ + a₃，作业 B 也分成三个小工序，B = b₁ + b₂ + b₃，a 与 b 之间是交替进行，即 a₁ 完成后可同时进行 a₂ 和 b₁，a₂ 完工后可同时进行 a₃ 与 b₂，b₁ 完工后可进行 b₂，a₃、b₂ 完工后可进行 b₃，则这种作业关系为交叉作业关系，如图 4-2 所示。

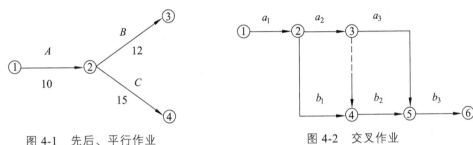

图 4-1　先后、平行作业　　　　　图 4-2　交叉作业

通过作业分析，明确了一项作业的先行作业和后续作业，并用关联图表示出来。这是最重要的基础工作，管理整个工程计划的全部技术情报资料都包括在里面，这一工作的好坏将关系到整个计划工作的成败。为此，必须充分发挥管理人员、工程技术人员、一线熟练作业人员的作用，运用他们的知识与经验，使项目的分解与作业顺序正确无误，没有遗漏项目。

（3）确定作业时间。

在划分作业项目后便可计算和确定作业时间。作业时间是指完成一项作业所需要的时间。单位可采用月、周、日、小时、分等。

（4）编制作业明细表。

将作业分析的结论和确定的作业时间一并填入明细表中。明细表的格式如下表 4-1 所示。

表 4-1　作业明细表

作业名称	作业代号	作业时间	紧前作业	紧后作业

3. 绘制网络图，进行结点编号

根据作业时间明细表，可绘制网络图。网络图的绘制方法有顺推法和逆推法。

（1）顺推法：即从始点时间开始根据每项作业的直接紧后作业，顺序依次绘出各项作业的箭线，直至终点事件为止。

（2）逆推法：即从终点事件开始，根据每项作业的紧前作业逆箭头前进方向逐一绘出各项作业的箭线，直至始点事件为止。

同一项任务，用上述两种方法画出的网络图是相同的。一般习惯于按反工艺顺序安排计划的企业，如机器制造企业，采用逆推较方便，而建筑安装等企业，则大多采用顺推法。按照各项作业之间的关系绘制网络图后，要进行结点的编号。

4. 计算网络时间，确定关键线路

根据网络图和各项活动的作业时间，就可以计算出全部网络时间和时差，并确定关键线路。具体计算网络时间并不太难，但比较繁琐。在实际工作中影响计划的因素很多，要耗费很多的人力和时间。因此，通常利用电子计算机对计划进行局部或全部调整，这也是为推广应用网络计划技术提出了新内容和新要求。

5. 进行网络计划方案的优化

找出关键路径，也就初步确定了完成整个计划任务所需要的工期。这个总工期，是否符合合同或计划规定的时间要求，是否与计划期的劳动力、物资供应、成本费用等计划指标相适应，需要进一步综合平衡，通过优化，择取最优方案。然后正式绘制网络图，编制各种进度表，以及工程预算等各种计划文件。

6. 网络计划的贯彻执行

编制网络计划仅仅是计划工作的开始。计划工作不仅要正确地编制计划，更重要的是组织计划的实施。网络计划的贯彻执行，要发动群众讨论计划，加强生产管理工作，采取切实有效的措施，保证计划任务的完成。在应用电子计算机的情况下，可以利用计算机对网络计划的执行进行监督、控制和调整。

四、网络图

（一）网络图的概念

一项工程任务，往往是由若干项作业（或称活动、工序等）所组成，根据各项作业的先后顺序，用箭线连接起来，并在箭线上标注作业的名称、作业占用的时间，形成一个如同网状的图，叫网络图。如图 4-3 所示。

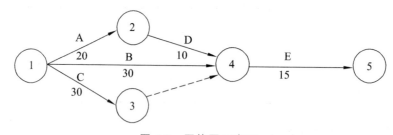

图 4-3　网络图示意图

（二）网络图的组成

网络图是网络计划技术的基础，它由结点（圆圈）、箭线以及由结点和箭线所连成的线路组成的。通常将箭线、结点及线路称为构成网络图的三要素。

1. 箭线（工序、活动、作业）

箭线又称作业、工作或工序，是指在工程项目中需要消耗人力、物力和时间的独立作业项目。在网络图中，用每条箭线来代表一项作业，箭线的箭尾代表作业的开始，箭头代表作业的结束。作业的名称标注在箭线的上面，该作业的持续时间（或工时）标注在箭线的下面。各项作业一般都要消耗一定的资源和时间，也有个别作业只消耗时间，不消耗资源，以实箭线表示。有些作业或工序不消耗资源也不占用时间，称为虚作业，用虚箭线表示。在网络图中设立虚作业主要是表明一项事件与另一项事件之间的衔接关系，属于逻辑性的联系。在不附设时间坐标的网络图中，箭线的长短与其所代表的作业所需要的时间长短无关。

2. 结点（事件、事项）

结点又称事件，是表示某项作业开始或完成时间的连接点，用圆圈表示，并编上号码。网络图中第一个始点称为始点结点，它表示整个工程计划的开始。最后一个结点称为终点结点，它表示整个工程计划的结束。其余的结点都叫做中间结点或称交接事项结点，它既表示前项作业的结束，又表示后续作业的开始。结点不消耗时间，也不消耗其他资源，只起一种标识作用。

3. 线路

从网络图的始点结点开始到终点结点为止，由一系列首尾相连的箭线和结点所组成的通道称为线路。图 4-2 中有 3 条线路，第一条是①—②—④—⑤；第二条是①—③—④—⑤；第三条是①—④—⑤。在一条线路上，把所有作业时间相加之和叫线路长。网络图中有多条线路，每条线路的线路长都不一样，其中持续时间最长的线路叫关键线路，整个计划任务所需的时间就取决于关键线路的线路长，一般用红线或双箭线表示。需要说明的是，在大型网络图中，关键线路有时不止一条。

（三）网络图的绘制

1. 网络图的绘制步骤

实际工作中，绘制网络图分为二步：第一步是依据作业明细表，按网络图的绘制规则绘制网络图；第二步是对结点进行编号。

2. 网络图的绘制规则

（1）相邻两个结点之间只允许画一条箭线，表示一项作业，即不允许任何两项作业既有相同的开始事项又有相同的结束事项。如果在两个相邻结点之间有几个作业需要平行进行，则必须引入虚箭线。例如有一项管道工程施工，在挖土作业（A）完成后。为加快进度，将自来水管道施工（B）和煤气管道（C）施工同时进行，然后进行复土作业（D）。图 4-4 是错误的画法，必须如图 4-5 引入虚作业才能使作业间的逻辑关系得到恰当的表述。

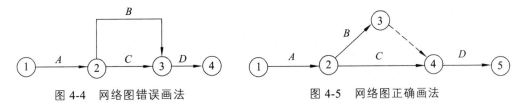

图 4-4　网络图错误画法　　　　　　　　图 4-5　网络图正确画法

（2）网络图中不允许出现循环线路。

线路不能从某一个结点出发沿着某一通路又回到该结点中去。即箭线从某一结点出发，只能从左到右前进，不允许逆向前进而形成闭环线路。例如某新产品试制项目，分解为设计（A）、制造（B）、试验（C）、小批量生产（D）、大批量（E）5 个作业，作业顺序是经过设计（A）、制造（B）、试验（C）、小批量生产（D）后，如果发现未达到设计标准，需重新制造（B）、试验（C），然后再进行大批量（E）。将网络图画成图 4-6 是错误的，因为图中的 B、C、D 三项作业都无法开始也无法完成。正确的画法如图 4-7 所示。

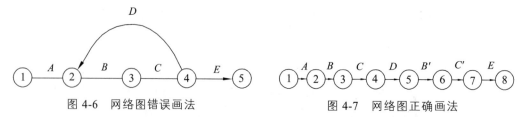

图 4-6　网络图错误画法　　　　　　图 4-7　网络图正确画法

（3）整个网络图只能有一个始点结点和一个终点结点。

所有的中间结点都需要直接或间接地与网络图的开始结点与结束结点相连接，即不能出现没有先行作业或没有后续作业的中间结点。因为一项工程只有一个开始时间和一个结束时间，在画图时须遵守"凡没有先行作业的作业都在网络图的总始点开始，凡没有后续作业的作业都在网络图的总终点结束"。如果在实际工作中出现几项作业同时开始或同时结束，可合理运用虚作业。将没有先行作业的中间结点与始点结点连接起来，将没有后续作业的中间结点与终点结点连接起来。如图 4-8 的画法是错误的，应改为图 4-9。

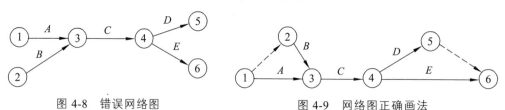

图 4-8　错误网络图　　　　　　　图 4-9　网络图正确画法

（4）网络图中应尽量避免箭线转折与交叉。

只要布局合理，有些转折和交叉是可以避免的。

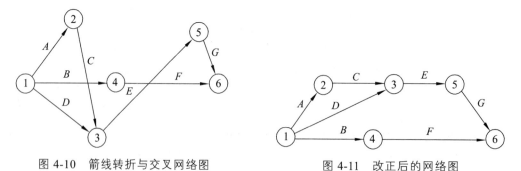

图 4-10　箭线转折与交叉网络图　　　　　图 4-11　改正后的网络图

（5）网络图中一条箭线只能有一个出发点和一个结束点。如图 4-12 中的 C 箭线有两个结束点，经过修正应改为图 4-13。

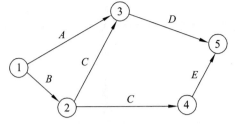

图 4-12　C 箭线有两个结束点

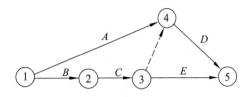

图 4-13　图 4-12 修正后的正确画法

3．网络图结点的编号

网络图中的结点要统一进行编号，以便于识别和计算。编号顺序由小到大，一般采用非连续编号法，既可以空出几个号跳着编，适当留有余地，以便当结点有增减变化时，可以进行局部的调整改动，不至于打乱全部编号。为了便于对网络图进行分析，一般把一项作业都可用它的箭尾结点用 i 来表示，箭头结点用 j 来表示。i-j 表示相邻两个结点的编号，i 必须小于 j。具体如下：

（1）结点编号须是正整数；编写从小到大，由始点结点开始顺序编到终点结点，始点编号最小，终点最大。

（2）一个结点一个编号，每个结点的编号不能重复。

（3）每个作业的箭头结点编号大于箭尾结点编号。

（4）可以适当留出空号，以便中间做调整。

【例 4-1】　有一项工程，其作业明细表见表 4-2、表 4-3，试绘制网络图。

表 4-2　作业明细表

作业名称	后续作业	作业时间（天）
A	C	4
B	D、E	5
C	G、F	5
D	G、F	8
E	H	5
F	H	5
G	I	7
H	/	5
I	/	5

表 4-3　作业明细表

作业名称	先行作业	作业时间（天）
A	/	4
B	/	5
C	A	5

作业名称	先行作业	作业时间（天）
D	B	8
E	B	5
F	C、D	5
G	C、D	7
H	E、F	5
I	G	5

采用顺推法或逆推法，画出网络图均如图 4-14 所示。

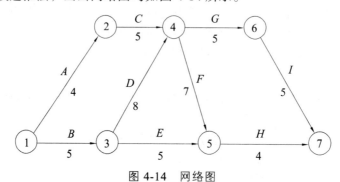

图 4-14　网络图

【例 4-2】 已知某项工程作业明细表见表 4-4，绘出网络图如图 4-15 所示。

表 4-4　作业明细表

作业代号	先行作业	作业时间（周）
A	/	3
B	/	4
C	/	5
D	A	5
E	B	7
F	C	8
G	B、D	8
H	E、F	7

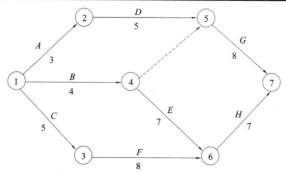

图 4-15　表 4-4 的网络图

【例 4-3】 某单位要维修一台设备，已知作业明细表如表 4-5 所示，请绘制网络图。

表 4-5 作业明细表

作业代号	作业名称	紧后作业	作业时间（小时）
A	拆卸	B、C	4
B	清洗	D	2
C	机头检修	I	6
D	部件检查	E、F	2
E	零件加工	G	8
F	零件修理	G	5
G	涂油上漆	H	3
H	安装	I	4
I	运行试验	/	4

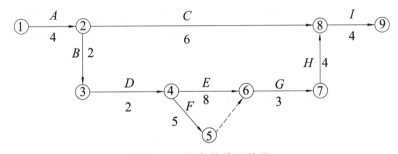

图 4-16 设备维修网络图

通过上面的学习，我们知道了网络图的绘制方法与规则，但要正确无误地绘出网络图，还要做大量的实践练习，掌握一定的技巧。通过练习，会发现这样一条规律：虚箭线的灵活与正确使用，是绘制网络图的关键所在。对于虚箭线的引入，一般有这样几种情形：第一，遇到两项作业为平行作业，从同一结点开始，又都有相同的后续作业时，必须在其中一项作业后加入虚箭线，交叉作业的情况与此相类似；第二，不引入虚箭线会导致逻辑关系错误时，必须使用虚箭线。

当画好网络图的草稿后，应当从网络终点逆向检查和调整，检查网络图上的作业关系与作业明细表中的关系是否一致，调整网络图的布局，尽量减少箭线交叉。最后在画好的网络图上标出它所代表的作业名称（标在箭线上方）和作业时间（标在箭线下方）。

第二节 网络图时间参数的计算

为了更好地组织与控制工程项目计划进度，在绘制完成网络图后，要对网络图的时间参数进行计算，以便对工程项目中各项作业在时间上作出科学统筹安排。

网络图的时间参数包括：各项作业的作业时间；结点的最早开始与最迟结束时间；作业

的最早开始与最早完成时间；作业的最迟开始与最迟结束时间；总时差等。

当网络图中结点数不太多时，可利用图上计算法、表格计算法、矩阵法等计算；当网络图所包含的作业项目较多，用图上计算法或表格计算法显得繁杂容易出错，这时应用计算机进行运算。

一、作业时间的确定

在实际工作中，有些工程项目往往是一次性的，不但无法事先测定时间标准，还没有详细的定额资料作为参考。因此，确定作业时间的方法主要靠经验估算，一般有如下两种方法：

1. 单一时间估计法

单一时间估计法就是在估计各项活动的作业时间时，只确定一个时间值。估计时，应参照过去从事同类活动的统计资料，务求确定的作业时间既符合实际情况，又具有先进性，这种方法常应用于具备作业定额资料的条件下，或者具备类似工序作业时间消耗的统计资料的情况时。

作业时间估计的依据：①项目活动清单；②项目的约束与假设条件；③项目资源的数量要求；④项目资源的质量要求；⑤历史信息（类似项目的实际项目活动工期文件、商业性项目工期估算数据库、项目团队有关项目工期的知识积累）等。

计算公式：

$$D_{ij} = \frac{Q}{S_g R_g n}$$

其中　D_{ij}——完成 i—j 项工作的持续时间（小时、天、周、月等）；

　　　　Q——该项工作的工作量；

　　　　S——产量定额；

　　　　R——投入 i—j 项工作的人数或机械台班；

　　　　n——工作的班次。

例如某工程项目需要挖 24 000 立方土，目前由挖掘机 6 台，其中 4 台每班挖 50 立方，2 台每班挖 100 立方，每天班制运转，共需几天挖完？

$$24\ 000 \div [(4 \times 50 + 2 \times 100) \times 2] = 30\ \text{天}$$

这种方法是对各项作业的作业时间只确定一个时间值。估计时应参照过去从事同类活动的统计资料，进行对比、分析和类推，力求确定的作业时间既符合实际情况，又具有前瞻性。它适用于有同类作业或类似产品的时间做参考，不可知因素较少的重复性作业，一般不考虑偶然因素对完成作业内容的影响，如零件装配、土木建筑等。

2. 三点估计法

当某项作业既无定额时间又无统计资料可以利用时，把施工时间划分为乐观时间、最可能时间、悲观时间。乐观时间（a），表示该项作业在最顺利情况下可能需要的时间；悲观时间（b），表示该作业在最不利情况下，完成一项作业可能需要的最长时间；最可能时间（m），它是指在正常情况下，完成一项作业最有可能需要的时间。这种确定工时的方法叫三点估计法。

用最乐观的时间或最悲观的时间完成一项作业的概率都很少，而按最可能的时间完成一项作业的概率最大，但也不能直接用最可能时间作为该作业的时间，因为概率值最大的不一定是概率分布的期望值。设 m 的可能性两倍于 a 和 b，则 m 与 a 的平均值为 $\dfrac{a+2m}{3}$，m 与 b 的平均值为 $\dfrac{b+2m}{3}$，此两点如各以 1/2 的可能性出现，则其平均值为：

$$T = \frac{a+4m+b}{6}$$

式中　T——作业时间的平均值；

　　　a——最乐观的完工时间；

　　　b——最悲观的完工时间；

　　　m——最可能的完工时间。

例如：有一项作业在条件顺利时，最快 6 个小时能够完成；在条件困难的情况下要 14 个小时才能完工；估计最可能得完成时间是 7 个小时，则该作业时间的平均值为：

$$T = \frac{6+4\times7+14}{6} = 8\text{小时}$$

二、结点的开始与结束时间

结点本身不占用时间，只是表示某项作业应在某一时刻开始或结束。结点时间参数有两个，分别是节点的最早开始时间和结点的最迟结束时间。

（一）结点的最早开始时间 $t_{E(j)}$

结点的最早开始时间，是指从该结点开始的各项作业最早可能开始进行的时刻，在此时刻之前，各项作业不具备开工的条件。它的计算从网络图的始点结点起算，通常将始点结点的最早开始时间规定为"0"，然后顺着结点编号，顺次计算其他各个结点的最早开始时间。计算方法如下：

（1）当进入结点 ⓙ 的箭线只有一条时，则箭头结点的最早开始时间等于该箭尾结点的最早开始时间加上该箭线的作业时间，即

$$t_{E(j)} = t_{E(i)} + t_{(i,j)}$$

其中　$t_{E(j)}$——箭头结点 j 的最早开始时间；

　　　$t_{E(i)}$——箭尾结点 i 的最早开始时间；

　　　$t_{(i,j)}$——作业 $i-j$ 的作业时间。

（2）当进入结点 ⓙ 的箭线有多条时，则先分别将每个箭尾结点的最早开时间加上箭线的作业时间后，再取其中的最大值作为该结点的最早开始时间，即

$$t_{E(j)} = \max\{t_{E(i)} + t_{(i,j)}\}$$

其中　$t_{E(j)}$ ——箭头结点 j 的最早开始时间；

　　　$t_{E(i)}$ ——箭尾结点 i 的最早开始时间；

　　　$t_{(i,j)}$ ——作业 $i-j$ 的作业时间；

　　　max ——取最大值。

（二）结点最迟结束时间 $t_{L(i)}$

结点最迟结束时间，是指箭头指于该结点的作业的最迟必须完成的时刻，如果在此时刻不能完成，则会影响后续作业的按时完工。结点最迟结束时间从网络图的终点开始算起，反结点编号顺序计算。网络图终点结点的最迟结束时间是工程项目的总工期，也就是终点结点的最早开始时间。从终点向始点逆箭头方向逐个计算，直到网络图的始点。结点最迟结束时间的计算方法如下：

（1）当结点①的后面只有一条箭线时，则箭尾结点的最迟结束时间等于箭头结点的最迟结束时间减去该箭线的作业时间，即

$$t_{L(i)} = t_{L(j)} - t_{(i,j)}$$

其中　$t_{L(i)}$ ——箭头结点 i 的最早开始时间；

　　　$t_{L(j)}$ ——箭尾结点 j 的最早开始时间；

　　　$t_{(i,j)}$ ——作业 $i-j$ 的作业时间。

（2）当结点①的后面有多条箭线时，则先分别将每个箭头结点的最迟结束时间减去箭线的作业时间后，再取其中的最小值作为该结点的最迟结束时间，即

$$t_{L(j)} = \min\{t_{L(j)} - t_{(i,j)}\}$$

其中　$t_{L(i)}$ ——箭头结点 i 的最早开始时间；

　　　$t_{L(j)}$ ——箭尾结点 j 的最早开始时间；

　　　$t_{(i,j)}$ ——作业 $i-j$ 的作业时间；

　　　max ——取最小值。

【例 4-4】 以图 4-15 为例，说明结点开始与结束时间的计算过程。

（1）计算结点的最早开始时间

令　　　　　　　　　$t_{E(1)} = 0$ ，

则　　　　　　　　　$t_{E(2)} = t_{E(1)} + t_{(1,2)} = 0 + 3 = 3$

同理可得　　　　　　$t_{E(3)} = t_{E(1)} + t_{(1,3)} = 0 + 5 = 5$

　　　　　　　　　　$t_{E(4)} = t_{E(1)} + t_{(1,4)} = 0 + 4 = 4$

进入结点⑤的箭线有 2 条，则

$$t_{E(5)} = \max \begin{cases} t_{E(2)} + t_{(2,5)} = 3 + 5 = 8 \\ t_{E(4)} + t_{(4,5)} = 4 + 0 = 4 \end{cases} = 8$$

同理

$$t_{E(6)} = \max \begin{cases} t_{E(4)} + t_{(4,6)} = 4+7 = 11 \\ t_{E(3)} + t_{(3,6)} = 5+8 = 13 \end{cases} = 13$$

$$t_{E(7)} = \max \begin{cases} t_{E(5)} + t_{(5,7)} = 8+8 = 16 \\ t_{E(6)} + t_{(6,7)} = 13+7 = 20 \end{cases} = 20$$

（2）计算结点的最迟结束时间

令　　　　　　　　$t_{L(7)} = t_{E(7)} = 20$

则　　　　　　　　$t_{L(6)} = t_{L(7)} - t_{(6,7)} = 20-7 = 13$

$$t_{L(5)} = t_{L(7)} - t_{(5,7)} = 20-8 = 12$$

$$t_{L(4)} = \min \begin{cases} t_{L(5)} - t_{(4,5)} = 12-0 = 12 \\ t_{L(6)} - t_{(4,6)} = 13-7 = 6 \end{cases} = 6$$

$$t_{L(3)} = t_{L(6)} - t_{(3,6)} = 13-8 = 5$$

$$t_{L(2)} = t_{L(5)} - t_{(2,5)} = 12-5 = 7$$

$$t_{L(1)} = \min \begin{cases} t_{L(2)} - t_{(1,2)} = 7-3 = 4 \\ t_{L(4)} - t_{(1,4)} = 6-4 = 2 \\ t_{L(3)} - t_{(1,3)} = 5-5 = 0 \end{cases} = 0$$

三、作业的开始与结束时间

（一）作业的最早开始时间 $t_{ES(i,j)}$

作业的最早开始时间，是指该作业最早可能开始的时间，它等于代表该作业箭线的箭尾所触结点的最早开始时间。计算公式为：

$$t_{ES(i,j)} = t_{E(i)}$$

例如在图 4-15 中，

$$t_{ES(1,2)} = t_{E(1)} = 0$$
$$t_{ES(2,5)} = t_{E(2)} = 3$$

（二）作业的最早完成时间 $t_{EF(i,j)}$

作业的最早完成时间，是指该作业在最早开工时间内开工，最早可以完工的时间，计算公式为：

$$t_{EF(i,j)} = t_{ES(i,j)} + t_{(i,j)}$$

例如在图 4-15 中，

$$t_{EF(1,2)} = t_{ES(1,2)} + t_{(1,2)} = 0+3 = 3$$
$$t_{EF(1,4)} = t_{ES(1,4)} + t_{(1,4)} = 4$$

$$t_{EF(3,6)} = t_{ES(3,6)} + t_{(3,6)} = 13$$

（三）作业的最迟结束时间 $t_{LF(i,j)}$

作业的最迟结束时间，是指该作业最迟必须完成的时间，否则，将影响工程按期完成。计算公式为：

$$t_{LF(i,j)} = t_{L(j)}$$

以图 4-15 为例进行计算：

$$t_{LF(6,7)} = t_{L(7)} = 20$$
$$t_{LF(4,6)} = t_{L(6)} = 13$$

（四）作业的最迟开始时间 $t_{LS(i,j)}$

作业的最迟开始时间，是指该作业最迟必须开始的时间，计算公式为：

$$t_{LS(i,j)} = t_{LF(i,j)} - t_{(i,j)}$$

在图 4-15 中，

$$t_{LS(6,7)} = t_{LF(6,7)} - t_{(6,7)} = 13$$
$$t_{LS(4,6)} = t_{LF(4,6)} - t_{(4,6)} = 6$$

四、时差

在图 4-15 中，作业②—⑤最早在第 3 天开工，最迟也可以在第 7 天开工，该作业在时间上有宽裕或缓冲时间，即有时差。而作业①—④最早在 0 时开工，最迟也必须在 0 时开工，说明在时间上无缓冲。网络图中作业的时差是指在不影响整个工程项目按期完工的条件下，某些作业在开工时间安排上可以推迟的最大延迟时间。它是非关键作业所具有的，即非关键作业在完成期限上都有一定宽裕程度和机动范围，所以时差又称宽裕时间或缓冲时间。时差为计划进度的安排提供了机动性，时差也是决定网络图中关键线路的依据。

作业的时差有总时差与单时差之分。总时差是指在不影响下一道作业最迟开始条件下完成该作业所宽裕的时间。也就是说，若某一作业有总时差，则该作业的开工时间不一定要在该作业的"最早开始时间"开工，它可以向后推迟，只要推迟时间不超过作业的总时差，那么整个项目计划任务仍然可以按时完成。单时差是指不影响下一项作业的最早开始时间，该作业可推迟完成的机动时间，这里只介绍总时差。

总时差 $t_{TF(i,j)}$ 是指一项作业的最迟开工时间与最早开工时间或最迟完工与最早完工时间之差。用公式表示为：

$$t_{TF(i,j)} = t_{LS(i,j)} - t_{ES(i,j)} = t_{LF(i,j)} - t_{EF(i,j)}$$

式中　$T_{TF(ij)}$ ——作业 i—j 的总时差；

　　$T_{LS(ij)}$ ——作业 i—j 的最迟开始时间；

$T_{ES(ij)}$——作业 i—j 的最早开始时间；

$T_{LF(ij)}$——作业 i—j 的最迟结束时间；

$T_{EF(ij)}$——作业 i—j 的最早结束时间。

在图 4-15 中，

$$t_{TF(2,5)} = t_{LS(2,5)} - t_{ES(2,5)} = 7 - 3 = 4$$

$$t_{TF(3,6)} = t_{LS(1,3)} - t_{ES(1,3)} = 5 - 5 = 0$$

$$t_{TF(4,6)} = t_{LS(4,6)} - t_{ES(4,6)} = 6 - 4 = 2$$

五、图上计算法与表上计算法

在实际工作中，可依上述公式将计算过程略去，直接在网络图上进行计算。计算的步骤是：第一步，令网络图始点 t_E 为零，然后顺着箭头方向逐个计算直到终点结点的最早开始时间。第二步，令网络终点结点的最迟完成时间等于它的最早开始时间，反顺序计算各个结点的最迟结束时间，直到网络图始点。将各结点及作业的最早开始时间、最迟结束时间值用□及△符号框上并标在该结点或箭线上下，这种方法称为图上计算法。例如将图 4-15 中各个结点及作业的几个时间参数直接在网络图上标出，可得图 4-17。在图 4-17 中，箭线左上方代表 t_{ES}，右上方代表 t_{EF}，左下方代表 t_{LS}，右下方代表 t_{LF}，中上方括号中表示 t_{TF}。

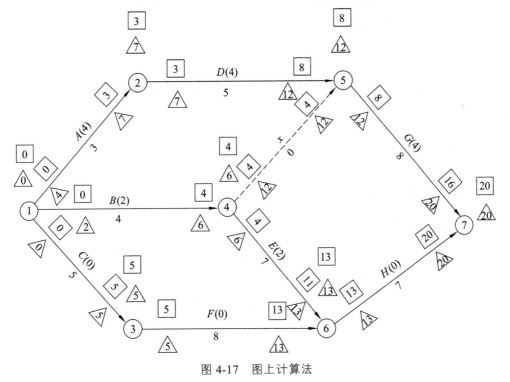

图 4-17 图上计算法

除了用图上计算法外，实际工作中还常采用表上计算法。表头一般采用表 4-6 的形式。下面以图 4-15 为例说明其计算过程。

表 4-6　网络时间表上计算法

作业名称	结点编号		作业时间	作业最早开始与完成时间		作业最迟开始与完成时间		总时差	关键作业
	i	j	$T_{(i,j)}$	$T_{ES(ij)}$	$T_{EF(ij)}$	$T_{LS(ij)}$	$T_{LF(ij)}$	$T_{TF(ij)}$	
A	1	2	3	0	3	4	7	4	
B	1	4	4	0	4	2	6	2	
C	1	3	5	0	5	0	5	0	√
D	2	5	5	3	8	7	12	4	
E	4	6	7	4	11	6	13	2	
X	4	5	0	4	4	12	12	8	
F	3	6	8	5	13	5	13	0	√
G	5	7	8	8	16	12	20	4	
H	6	7	7	13	20	13	20	0	√

第一步，将网络图中各项作业名称、作业编号、作业时间填在表内。

第二步，根据各作业在网络图的位置分别计算各自的 t_{ES} 及 t_{EF}。在图 4-15 中，作业①—②、①—③、①—④的 t_{ES} 均为 0，计算其 t_{EF}（$= t_{ES}+t$），作业②—⑤的 t_{ES} 等于作业①—②的 t_{EF}，可将①—②的 t_{EF} 填在②—⑤的 t_{ES} 中，同理得出④—⑥、③—⑥、④—⑤的 t_{ES} 及 t_{EF}，计算⑤—⑦的 t_{ES} 时，查②—⑤、④—⑤的 t_{EF}，从中取最大值为 8，同理得⑥，⑦的 t_{ES} 为 13，最后将各作业的 t_{EF} 算出填入栏内。从收尾作业⑤—⑦、⑥—⑦开始计算出 t_{LF}（$= 20$），依 t_{LS} 等于 t_{LF} 减去 t 可得出收尾作业的 t_{LS}，作业②，⑤的 t_{LF} 等于作业⑤—⑦的 t_{LS}，同理得出作业④—⑥、③—⑥的 t_{LF} 及 t_{LS}。作业①—④的 t_{LF} 取决于作业④—⑤与作业④—⑥的 t_{LS} 中的最小者为 6，这样依次计算出各个作业的 t_{LF} 及 t_{LS} 填入表中，对于 t_{TF} 一栏可由 t_{LS} 栏减去 t_{ES} 栏即可得出，将 t_{TF} 为零的作业标示出来得表 4-6。

六、关键线路与工期

（一）关键线路的概念

从网络图的始点结点开始，沿箭头方向到达网络图终点结点的一个通道叫一条线路。将每条路线上的各作业时间相加，所得的和叫该条路线的路线长，从网络图的始点到终点可能有若干条路线，其中路线长最长的一条或几条路线叫关键线路，它决定着整个工程的工期，是整个管理工作的重点所在。

（二）关键线路的确定方法

1. 路线长法

将各条路线长计算出来，从中找最长的路线，这样的路线（可能是一条也可能是多条）叫关键线路。

2. 总时差法

作业总时差计算的目的是为了确定关键作业和关键线路。总时差为零的作业叫关键作业，从网络图始点沿箭头方向将关键作业连接起来构成的路线叫关键线路。关键线路上各项作业时间之和即是终点结点的最早开始时间 T_E（或最迟结束时间 t_L）。显然整个工程项目的总工期也必然是关键线路上的各项作业的时间之和。

关键线路上各项作业的总时差为零，因而每项作业必须按预定的时间开始和完成。否则将影响各个后续作业的按期开工和完工，最终将影响工程的按时完成（工期推迟）。关键线路可在图上用红线或双箭线标出。

关键线路上的作业是整个工程项目的主要矛盾所在。按重点管理原则，工程项目的指挥者、组织者需将管理的重心放在关键作业上，优先而有效地安排人力、物力、财力，保证工程按期完成。

关键线路也不是一成不变的。当采取措施压缩关键线路的时间后，原来的非关键线路也可能变成新的关键线路。即主次矛盾在一定条件下会相互转化。

【例 4-5】 已知网络图如图 4-18 所示，（1）利用公式法计算的各结点的时间参数；（2）利用表上计算法找出关键线路，并在图中标明。

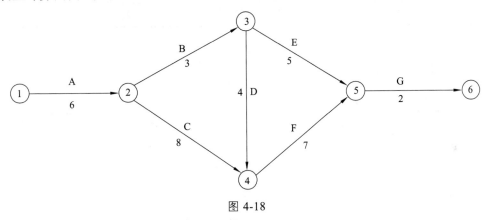

图 4-18

（1）各结点最早开始的时间与各结点的最迟结束时间

最早开始时间：

$T_{E(1)} = 0$

$T_{E(2)} = 0+6 = 6$

$T_{E(3)} = 6+3 = 9$

$T_{E(4)} = \max\{9+4 = 13；6+8 = 14\} = 14$

$T_{E(5)} = \max\{9+5 = 14；14+7 = 21\} = 21$

$T_{E(6)} = 21+2 = 23$

最迟结束时间：

$T_{L(6)} = T_{E(6)} = 23$

$T_{L(5)} = 23 - 2 = 21$

$T_{L(4)} = 21 - 7 = 14$

$T_{L(3)} = \min\{21 - 5 = 16；14 - 4 = 10\} = 10$

$T_{L(2)} = \min\{10 - 3 = 7; 14-8 = 6\} = 6$

$T_{L(1)} = 6 - 6 = 0$

（2）表上计算法。

见表 4-7。

表 4-7　表上计算法

作业名称	结点编号		作业时间	作业最早开始与完成时间		作业最迟开始与完成时间		总时差	关键作业
	i	j	$T_{(i,j)}$	$T_{ES(ij)}$	$T_{EF(ij)}$	$T_{LS(ij)}$	$T_{LF(ij)}$	$T_{TF(ij)}$	
A	1	2	6	0	6	0	6	0	√
B	2	3	3	6	9	7	10	1	
C	2	4	8	6	14	6	14	0	√
D	3	4	4	9	13	10	14	1	
E	3	5	5	9	14	16	21	7	
F	4	5	7	14	21	14	21	0	√
G	5	6	2	21	23	21	23	0	√

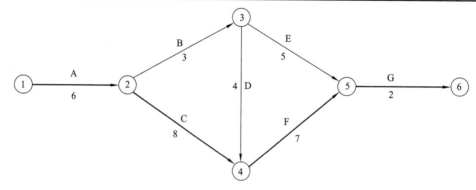

图 4-19　关键线路图示

第三节　网络计划的优化

一、网络计划优化的概念

所谓网络计划的优化，就是利用时差不断调整改善网络计划的初始方案，在满足既定的条件下，寻求工期最短、费用最低和资源最有效利用的过程。

一个工程项目经过项目分解、绘制网络图、计算作业时间参数并确定出关键线路后，就可以得到一个初始的计划方案。但这个方案只是一个较原始的计划方案，它没有考虑诸如人员、设备、时间、费用等资源条件的约束限制。当初始方案的完成受资源约束条件限制时，就要进行调整优化，以寻求最优计划方案。运用网络计划技术的最终目的，就是要在综合考虑上述条件的限制下，对初始计划进行调整改善，直到得出最优的方案，这就是网络计划优化与应用的宗旨。

网络优化的基础在于利用非关键线路上的时差，基本思路是向关键线路要时间，向非关键线路要资源。在压缩过程中，要对压缩方案进行比较选优，使资源、成本等的投入达到最少。

二、网络计划优化的内容与原则

（一）网络计划优化的内容

（1）在规定的时间内，对工程项目的每一项作业所需要的资源计算出合理用量，并在日程进度上作出安排。

（2）当资源受到一定限制时，需统筹安排、规划各个作业，以保证总工期的完成。

（3）及时适当地调整总工期，使人力、物力、财力等资源得到合理的利用。

（二）网络计划优化的原则

（1）要优先保证关键线路上关键作业对资源的需求量。

（2）要充分利用时差，错开各项作业的开始时间，统筹协调、平衡各项作业的人力和物力。

（3）对时差较大的作业，可以适当推迟开工时间，以减少每时段对资源的需求量。

（三）网络计划优化的判别标准

（1）从时间进度方面考虑，应使网络图的各条可行线路中关键线路长度接近非关键线路长度，使分散的网络图结构趋于紧凑。

① 工程预计完成时间是否趋于最短；

② 工程预计完成时间是否符合或接近任务规定日期；

③ 当预计完成日期不满足规定日期要求时，要判别任务在规定日期完成的可能性，也就是判别实现任务规定日期的难易程度。

（2）从费用方面考虑，要在时间流的有向矢量图中寻求一个工程费用最少的进度周期或在缩短工期周期中时追加费用最少。

（3）从资源利用方面考虑，要充分利用网络图所提供的有效信息，统筹安排，均衡地分配和使用资源，使资源利用达到最大化。

三、网络计划的优化

依据网络计划优化所追求的具体目标不同，可将优化分为三类：时间优化、时间与资源优化、时间与费用优化。

（一）时间优化（即如何缩短网络图的工期）

1. 时间优化的概念

时间优化，也称工期优化，就是当初始网络计划的总工期大于要求工期时，通过压缩关键线路上作业的持续时间或调整工作关系，以满足工期要求的优化过程。也就是在人、财、物允许的条件下，如何通过压缩作业时间和减少关键作业数目，从而使工程的总工期达到最短。

2. 时间优化的方法

通过前面的学习我们知道，关键线路上各项作业的作业时间决定着工程的工期，因此，可以通过减少关键线路上的关键作业的数量和缩短关键作业的时间等途径来达到优化目标。

（1）采取平行作业或交叉作业，减少关键线路上作业的数目。

这种途径主要是从组织管理角度提出的。在条件许可的条件下，应对原计划进行分析，调整作业之间的衔接关系，将原来的关键线路上的先后作业关系转变成平行作业关系或交叉作业关系，使关键线路的作业数目尽量减少，进而实现缩短工期的目的。

【例 4-6】 某车站运输组织网络图如图 4-20 所示，总停留时间为 25 分钟，经过分析，采取措施后，使 F 与 G 作业由先后关系改变成平行关系（如图 4-21 所示），从而使列车在站停时缩短为 21 分钟。

为了缩短工期，还经常采用交叉作业的方式，对需要较长时间才能完成的相邻几道工序，采用分段平行作业，即相邻两道工序在前一工序未全部完成时就开始后一工序作业，这就是交叉作业。

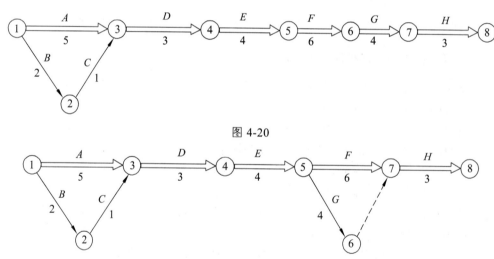

图 4-20

图 4-21

【例 4-7】 修建某段铁路时，有三道工序：修路基（a），铺道碴（b），铺钢轨（c），如图 4-22 所示。显然，不需要一道工序全部完成后再开始下一道工序，此时，可将每道工序分为两段进行交叉作业，设 $a = a_1 + a_2$，$b = b_1 + b_2$，$c = c_1 + c_2$。可绘出如图 4-23 所示的网络图，此时总工期由原来的 60 天缩短为 45 天。

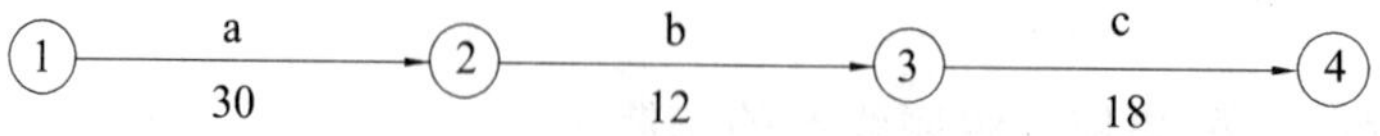

图 4-22

T = 60 天

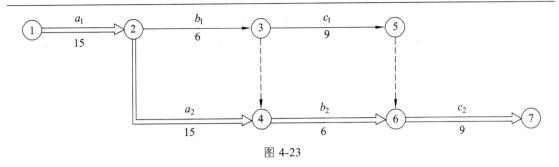

图 4-23

T′ = 45 天

（2）压缩关键作业的作业时间。

当采取组织措施压缩后，能平行、交叉进行的作业都已平行或交叉地进行了，如要进一步压缩工期，就必须考虑从关键作业时间上来压缩，这可以根据关键作业的性质，采取相应的措施提高工作效率来缩短作业时间。比如，有些关键作业主要是由人工来完成的，这就可从提高工作的熟练程度和工人的技术技能角度出发来提高工作效率；如果作业主要由机械设备来完成，则可通过合理划分作业、增加工作面、采用新设备、新技术等来提高工作效率，最终达到缩短作业时间的目的。

（3）统筹兼顾，合理运筹，确保重点。

由于非关键作业有时差可以利用，因此，在条件允许的情况下，可考虑从非关键线路上抽调部分人力、物力、财力去支援关键线路，在不改变非关键线路总时差的前提下，使关键线路的时间缩短。也就是说工程项目的指挥人员要统筹兼顾、合理运筹调度，在不增加人力、物力的前提下，确保重点作业按时或提前完成，从而达到预定目的。

在对网络图进行压缩关键线路时间时，要注意在每次压缩后是否又出现了新的关键线路，如果有，那么在以后的压缩过程中，这几条关键线路都要压缩相同的时间，才能达到预期目的。否则，压缩作业时间多的路线成了非关键线路，压缩作业时间少的路线可能变成了关键线路，而工程工期仍受其制约，而多压缩的部分则白白花费了人力、物力与财力。多条关键线路同时压缩时，应当尽量压缩各条关键线路上共同作业时间，其花费的代价可能比其他方案小。

经过时间压缩或采取平行、交叉作业后，有可能使原网络图的结构及作业时间发生变化，因此要根据调整后的情况重新绘制网络图和计算时间参数，使调整后的网络图满足时间优化的目的与要求。

【例 4-8】 将图 4-15 所示的网络计划的总工期由原来的 20 天压缩到 17 天（假设 H 作业不能缩短）。

优化步骤如下：

（1）计算原始图的时间参数，找出关键线路，经计算总工期为 20 天。

（2）以初始网络图为基础，计算出各结点的最早开始时间，以压缩后的工期为目标，计算初始网络图各结点的最迟结束时间，进而计算出各作业的最迟结束时间和最早结束时间，在此基础上计算出各活动的总时差，如图 4-24 所示。

（3）以各作业出现的负时差为对象，以压缩后的 17 天为目标，对各作业的时间进行压缩。

（4）对压缩后的网络图重新进行计算，计算出各作业的总时差，如果总时差出现了负数，需重新调整压缩对象和压缩时间，直至所有活动都没有负时差为止。

图 4-25 出现两条负时差线路，即：①→③→⑥→⑦和①→④→⑥→⑦，为消灭负时差在第一条线路上对 $t_{(3,6)}$ 〔$t_{(1,3)}$〕和第二条线路上的 $t_{(4,6)}$ 〔或 $t_{(1,4)}$〕分别缩短 3 天和 1 天，压缩后的网络图如图 4-25 所示。

压缩的方案可能不止上述一个，只要达到目标工期，又没有出现负时差就可以了。

经过压缩后，关键线路有两条：①→③→⑥→⑦，另一条为：①→④→⑥→⑦，线路总工期为 17 天，同时各活动又没有负时差，说明优化结果正确。

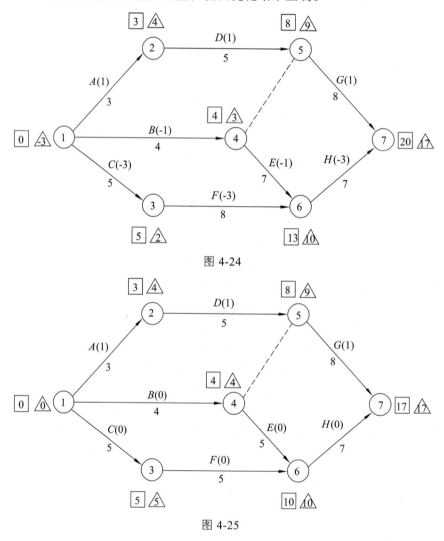

图 4-24

图 4-25

（二）时间与资源优化

1. 时间与资源优化的概念

在工程项目建设过程中，资源作为工程实施的基本要素和必不可少的前提条件，它们不仅是影响工程项目进度计划的主要因素，且其费用占工程总费用的 80% 以上，故由于资源计划的失误将造成工程项目的进度和投资目标失控。例如，由于物资供应不及时，造成生产活动不能正常进行，整个工程停工或不能及时开工，致使工期延误，工程成本增加，项目不能按期交付，不能及时发挥投资效益等。工程项目的建设过程因其产品的固定性和生产的流动性，是一个不均衡的生产过程，根据施工进度计划的安排，单位时间内对资源的种类、用量的需求常常变化很大。在实际工作中，一个部门或单位在一定时间内所能提供的各种资源（劳动力、机具设备、建筑材料、构配件、资金等）是有一个限度的，要保证资源的组织、供应，使生产活动能连续而正常的进行，还要考虑资源的成本消耗，经济而有效地利用这些资源，就需要以进度计划为依据，编制一个合理的资源使用计划，并将其纳入进度管理和成本管理之中，使工程项目进度计划和资源计划能协调运行，保证工期目标和成本目标的顺利实施，提高项目的综合经济效益。

时间与资源优化是指在完成一定工期任务的前提下，使所投入的资源达到最少，或者在投入某一限量资源的情况下，如何保证按时完工。也可以说在一定工期条件下，通过平衡资源，求得工期与资源的最佳结合。所谓资源是指人员、设备、原材料等。

利用计划网络图进行资源分析，其目的就是尽量利用非关键作业的时差，调整非关键作业的开工时间，从而平衡各作业对资源的需求，进而避免对资源使用呈现出高峰和低谷，做到对资源的使用比较均衡。这样一方面提高了资源的利用效率，另一方面又降低了成本。

2. 时间与资源优化的类别

时间与资源优化可以分为两类："资源有限，工期最短"优化和"工期固定，资源均衡"优化。

"资源有限，工期最短"优化是指在资源供应有限制的条件下，寻求计划的最短工期的一种优化，即与施工进度计划相配套的资源需要量受到某种资源的限制时，如果不增加资源数量会迫使工程的工期延长或不能进行。此时在资源受限制的条件下对施工进度计划进行调整，使各单位时间资源需求量均满足资源限量的要求，以保证工期进度计划顺利实施。

"工期固定，资源均衡"优化是指在工期规定的条件下，力求资源消耗均衡的一种优化，即在规定的工期内如何安排各工作的活动时间，使可供使用的资源均衡地消耗。理想的资源计划安排是一条平行于时间坐标轴的直线，即每日资源需要量保持不变。然而，由于施工生产的不均衡性，根据施工进度计划的安排，单位时间对资源的需求量有所不同，常常会出现高峰低谷的现象。在工期规定的条件下寻求资源的均衡安排，可以采用"削高峰法"对施工进度计划进行调整，使各单位时间资源需求量均趋于平均水平、高峰低谷现象减少到最低程度，从而可以合理而有效地利用时间和空间，减少资源的储存和临时设施的数量，节约施工场地，降低工程成本。

3. 时间与资源优化的步骤

（1）按各作业在最早开工时间开工，计算各作业对各种资源的需求数量、需求的日期；

（2）按上述开工时间统计所有作业对同一种资源需求量的总和；

（3）如果资源数量不足或资源使用上忽高忽低，很不均衡，此时可利用非关键作业的时差，调整非关键作业的开工时间，错开资源的使用高峰，使资源利用达到均衡，从而使资源投入达到最少。

【例4-9】已知某项任务的有关资料如表4-8所示，如果劳动力每天最多只有10个，试进行时间—劳动力资源的优化。

表 4-8

作业名称	作业时间（d）	需要人数（人）	先行作业	作业名称	作业时间（d）	需要人数（人）	先行作业
A	4	9	/	E	3	8	B
B	2	8	/	F	2	7	C
C	2	6	/	G	3	2	F、D
D	2	4	/	H	4	1	E、G

●优化步骤：

（1）画出网络图，计算网络图时间参数，找出关键线路，如图 4-26 所示。

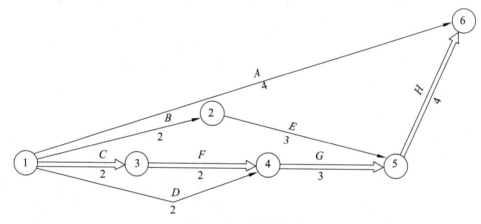

图 4-26　初期网络图

（2）画出横道图，表示每项作业的最早开始时间和最早结束时间及时差，填在表 4-9 中。

（3）把每项作业所需劳动力沿着最早开始到最早结束时间之间的线段分配，在表 4-9 中以粗实线表示。

表 4-9

作业	作业时间(d)	t_{ES}	t_{LF}	时差	时 间 (d)											
					1	2	3	4	5	6	7	8	9	10	11
A	4	0	11	7	9										
B	2	0	4	2	3										
C	2	0	2	0	6										
D	2	0	4	2	4										
E	3	2	7	2			8								
F	2	2	4	0			7								
G	3	4	7	0					2						
H	4	7	11	0								1			
原作业人数					22	22	24	24	10	2	2	1	1	1	1
优化后的作业人数					10	10	10	10	10	10	10	10	10	10	10

（4）绘制劳动力使用分布图，如图 4-27 所示。

从图 4-27 中可以看出，对劳动力的利用很不均衡，高峰时为第 3、4 天，每天需劳动力 24 人，其次是第 1、2 天，每天需 22 人，大大超过了劳动力能够供给的数量 10 人/天，而从第 5 天开始，劳动力的使用则进人了谷底，每天仅需 1~2 人。由此可见，初始的计划安排是不妥的，必须要调整工序的开工时间。

（5）利用时差调整工序开工时间。

由于关键线路上的关键工序，通常要保证工期，不能向后调整，因此，首先将关键工序开工时间固定下来；由于非关键工序有时差可利用，因此对初始计划中资源利用高峰期时段的非关键工序进行调整，本例中将 A 工序延后 7 天开工，将 B 工序延后 2 天开工，则第 1、2 两天每天需要劳动力为 10 人，符合要求；再看第 3、4 天，由于 B 工序延后，使得第 3、第 4 天同时有 B、E、F 3 项工序开工，劳动力数量为 18 人（3＋8＋7），仍超过了 10 人，此时由于 B、F 已不能后移，因此，可利用 E 工序的时差为 2 天，延后开工 2 天，此时第 3、4 天已符合要求，按此道理依次向后进行，直至调整到符合要求为止。

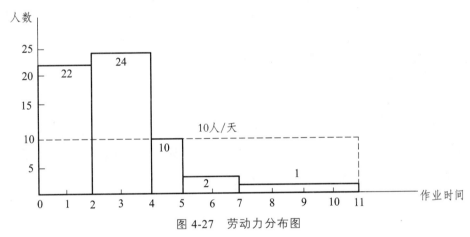

图 4-27　劳动力分布图

（三）时间与费用优化

一项工程，如果安排合理、调度得当，比如改进技术、采用平行或交叉作业、实行协作等，其完工时间可以缩短。一般情况下，缩短一道工序时间，就要采取一些措施，如加班、增加设备等，需要增加一定费用，同时由于工期的压缩又会增加收益或减少间接费用，如果其收益超过所增加费用，即产出大于投入，当然要考虑要缩短这道工序时间。我们知道，要想缩短整个工程的工期，首先要考虑的是缩短关键线路上的关键工序时间，这要符合经济原则，即缩短那些增加费用少的工序时间。

时间与费用优化就是指根据最低成本的要求，寻求最佳生产周期；或根据计划规定的期限，寻求最低的成本或费用。进行时间与费用优化的基本方法是：首先压缩关键线路上赶工费用率最低的作业时间，然后逐步逐次优化。

一项工程所需费用，基本上分为两部分：即直接费用与间接费用。直接费用是与完成工序直接有关的费用，如人力、机器、原材料等费用；间接费用是指管理费用、设备租金等，是根据各道工序时间按比例分摊的，工序时间越少，间接费用就越少，反之，工序时间越多，间接费用就越多。

一项工程总费用就是直接费用与间接费用的总和，即：

$$w = u + v$$

式中 w ——工程总费用；

  u ——总直接费用；

  v ——总间接费用。

在正常工期和最短工期（缩短工期的最低限度，也简称赶工时间）之间，存在着一个最优工期，此时总工程费用最少，这个时间称为最少工程费日程。

从关键线路入手，找出最少工程费日程的方法，就是关键线路法（CMP）。

为了简便起见，假设工序的直接费用与工序时间也是线性关系。设工序 K 每赶一天进度所需要增加的费用为 $q(k)$，即直接费用曲线的斜率，公式如下：

$$q(k) = \frac{c - n}{n_t - c_t}$$

式中 c ——赶工所需费用；

  n ——正常完工所需费用；

  n_t ——正常完工所需时间；

  c_t ——赶工时间。

显然，费用斜率越大的工序，每缩短一天，花的费用就越多。在考虑缩短工程工期时，当然是要缩短各关键工序中的某一道或某几道工序的工期，而选择缩短哪道工序要以总费用最省为依据。在赶进度完工时，其总费用为：

$$w = u_n + (c - n) + v$$

式中 w ——总费用；

  u_n ——正常完工的直接费用；

  $(c - n)$ ——赶工增加的费用；

  v ——间接费用（ = 工程总工期×间接费用率）。

在寻求最少工程费日程时，要注意将每一步压缩工序增加的直接费用（投入）与由此带来的收益——间接费用的减少进行对比，当压缩一天工期增加的直接费用少于减少的间接费用时，若技术上允许，从经济的角度可进行压缩，直到增加的直接费用刚刚超过减少的间接费用，则此时的前一步压缩日程已达到最少工程费日程，总费用达到最省。若再继续压缩，总费用将增加，从而使压缩方案不经济了。

下面通过例子加以说明。

【例 4-10】 根据某工程初始网络图（如图 4-28 所示）及表 4-10 所示的原始资料，试选择该工程总费用最低的最佳工期（即确定最少工程费日程）。已知正常完工期时的总间接费用为 9 600 元，各工序的直接费用见表 4-10，网络图中箭线下左边数字为正常时间，右边数字为赶工时间。

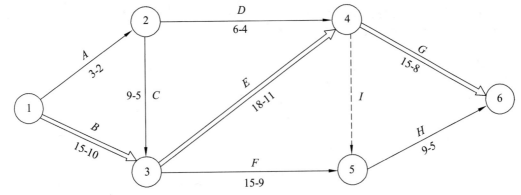

图 4-28　原始网络图

表 4-10　赶工直接费用变动表

活动代号	正 常 时 间					赶 工 时 间					相 差		$q(K)$
	时间(d)	t_{EF}	t_{LF}	时差	直接费用（元）	时间(d)	t_{EF}	t_{LF}	时差	直接费用（元）	时间	直接费用（元）	（元/d）
A	3	3	6	3	750	2	2	5	3	1 000	1	250	250
B	15	15	15	0	4 500	10	10	10	0	5 000	5	500	100
C	9	12	15	3	2 500	5	7	10	3	3 000	4	500	125
D	6	9	33	24	2 000	4	6	21	15	2 250	2	250	125
E	18	33	33	0	6 000	11	21	21	0	7 000	7	1 000	143
F	15	30	39	9	4 250	9	19	24	5	4 600	6	350	58
G	15	48	48	0	4 750	8	29	29	0	5 150	7	400	57
H	9	39	48	9	2 250	5	24	29	5	2 500	4	250	62
I													
	48				27 000	29				30 500			

解：

（1）根据给定数据，计算直接费用变动率 $q(k)$，见表 4-10。以 B 工序为例说明计算过程。

$$q_B(k) = \frac{5\ 000 - 4\ 500}{15 - 10} = 100 \ \text{（元/天）}$$

（2）按正常时间完工需 48 天，所需总费用为：

$$w \text{ 正常} = 27\ 000 + 9\ 600 = 36\ 600 \text{（元）}$$

$$\text{每天应分摊的间接费用（间接费用率）} = \frac{\text{正常完工间接费用总额}}{\text{正常完工时间}}$$

$$= \frac{9\ 600}{48}$$

$$= 200 \text{（元/天）}$$

（3）若使工程工期最短，即将所有工序时间都压缩到其可能的最短时间，看其费用情况如何。这时的网络图如图 4-29 所示。

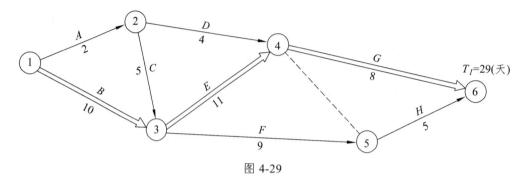

图 4-29

工程完工期为 29 天，其赶工增加费用（$c-n$）为：

$$250 + 500 + 500 + 250 + 1\ 000 + 350 + 400 + 250 = 3\ 500（元）$$

$$w\ 最短 = 27\ 000 + 500 + 200 \times 29 = 36\ 300（元）$$

与正常时间相比，显然总费用是节省了。这说明压缩是经济的。那么，现在的工期是否就是总费用最少的最优工期呢？现在还不能判明，还须进行分析。

（4）通过分析按正常时间完工的计划方案，进而找出最少总费用的方案。由图 4-29 可以看出，在按正常时间完工的网络图中，关键线路为：①→③→④→⑥。

◆ 第一步：比较 B、E、G 的直接费用斜率可知，G 的赶工费用斜率最小，为 = 57 元/d，所以，选择压缩 G 工序，那么，经济上合算与否呢？由于压缩 G 一天需增加 57 元，而同时会减少间接费用 200 元，投入小于产出，所以压缩是经济的。那么 G 可以压缩多少天呢？这取决于两个方面，第一是赶工时间约束，第二是非关键线路长中最长的路线长（可称之为准关键线路）与关键线路长的差额。从第一个条件看，G 可压缩到第 8 天，即可压缩 7 天，从准关键线路①→③→④→⑤→⑥看，G 作业只能压缩到第 9 天，因为再压缩 G 时，G 不再是关键工序了，白白浪费人力、物力和财力。比较可知，第一次压缩 G 只能压缩到第 9 天，此时工期为 42 天，关键线路有 2 条（如图 4-30 所示），此时总费用为：

$$w = 27\ 000 + 6 \times 57 + 42 \times 200 = 35\ 742（元）$$

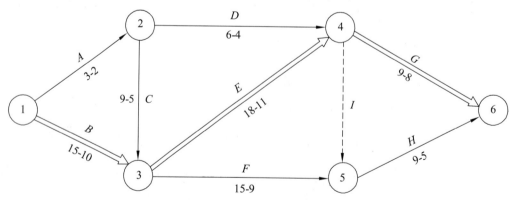

图 4-30　第一步完成网络图

◆第二步：由于此时关键线路有 2 条，因此必须将 2 条关键线路同时压缩。压缩方案有：

方案Ⅰ：压 B，一天增加直接费用为 100 元；

方案Ⅱ：压 E，一天增加直接费用为 143 元；

方案Ⅲ：压 G、H 各 1 天，增加直接费用为 57 + 62 = 119 元。

比较可知，最经济方案为方案Ⅰ，那么合算与否呢？由于压 B 一天需增加 100 元，而同时会使间接费用减少 200 元，所以压缩方案Ⅰ是合算的。B 工序可以压缩几天呢？从赶工时间看为 5 天，从准关键线路①→②→③→④→⑥和①→②→③→④→⑤→⑥。可以看出 B 只能压缩 3 天，即压缩到第 13 天时，准关键线路也变成了关键线路。此时关键线路有 4 条，工期为 39 天，如图 4-31 所示。第二步压缩后的总费用为：

$$W_{压2} = 27\ 000 + 6 \times 57 + 3 \times 100 + 39 \times 200 = 35\ 442（元）$$

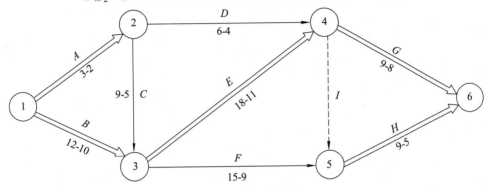

图 4-31 第二步完成网络图

◆第三步：此时关键线路有 4 条，继续压缩的可能方案为：

方案Ⅰ：压 A、B 各 1 天，增加直接费用 250 + 100 = 350 元，大于 200 元，不合算；

方案Ⅱ：压 B、C 各 1 天，增加直接费用 125 + 100 = 225 元，大于 200 元，不合算；

方案Ⅲ：压 G、H 各 1 天，增加直接费用 57 + 62 = 119 元，小于 200 元，合算。

方案Ⅳ：压 E 1 天，增加直接费用 143 元，小于 200 元，合算。

其中 200 元为压缩一天节约的间接费用。

比较可知，方案Ⅲ最经济合算，先执行该压缩方案，由于 G 最多只能压缩一天，因此只能将 G 与 H 各压一天，此时总工期为 38 天（如图 4-32 所示），总费用为：

$$W_{压3} = 27\ 000 + 6 \times 57 + 3 \times 100 + 1 \times 57 + 1 \times 62 + 38 \times 200 = 35\ 361（元）$$

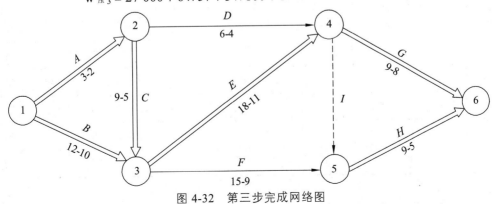

图 4-32 第三步完成网络图

◆第四步：此时关键线路仍为 4 条，此时压缩方案与第三步相比，没有了方案Ⅲ。比较方案Ⅰ、Ⅱ和Ⅳ可知，方案Ⅳ最优，因此应考虑执行方案Ⅳ。那么工序 E 可以压缩多少天呢？从赶工时间看可以压缩 7 天，即压缩到第 11 天，但由于准关键线路中，工序 F 的时间为 15 天，因此 E 只能压缩到第 15 天，此时关键线路变为 6 条，总工期为 35 天（如图 4-33 所示）。总费用为：

$$w_{压4} = 27\,000 + 6 \times 57 + 3 \times 100 + 1 \times 57 + 1 \times 62 + 3 \times 143 + 35 \times 200$$
$$= 35\,190（元）$$

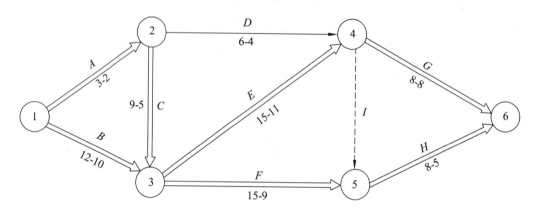

图 4-33　第四步完了网络图

◆第五步：此时关键线路为 5 条，继续压缩的可能方案为：

方案Ⅰ：压 A、B 各一天，需增加直接费用 250 + 100 = 350 元，大于 200 元，不合算；

方案Ⅱ：压 B、C 各一天，需增加直接费用 125 + 100 = 225 元，大于 200 元，不合算；

方案Ⅲ：压 E、F 各一天，需增加直接费用 143 + 58 = 201 元，大于 200 元，不合算。

此时，不论采用哪一个方案，压缩一天增加的费用都超过了压缩一天带来的间接费用的节约数。因此，从使总费用达到最节省的角度看，已达到最少工程费用日程，此时最优的总工期为 35 天，最优的总费用为 35 910 元。

有关赶工总直接费用增加表与总费用汇总表见表 4-11 和表 4-12。

表 4-11　赶工总直接费用增加表

压缩步骤	缩短工作代号	可能压缩时间	实际压缩时间	每步增加直接费用	全部天数增加直接费用	总直接费用（元）	工期（天）
						27 000	48
1	G	7	6	57	6 × 57 = 342	27 000+342 = 27 342	42
2	B	5	3	100	3 × 100 = 300	27 342+300 = 27 642	39
3	G、H	1、4	1	119	1 × 119 = 119	27 642+119 = 27 761	38
4	E	7	3	143	3 × 143 = 429	27 761+429 = 28 190	35

表 4-12　总费用汇总表

压缩步骤	工期（天）	直接费用（元）	管理费用（元）	总费用（元）
正常	48	27 000	48×200＝9 600	27 000+9 600＝36 600
1	42	27 342	42×200＝8 400	27 342+8 400＝35 742
2	39	27 642	39×200＝7 800	27 642+7 800＝35 442
3	38	27 761	38×200＝7 600	27 761+7 600＝35 361
4	35	28 190	35×200＝7 000	28 190+7 000＝35 190

【案例】

物流案例压缩时间：宝洁供应链优化

在宝洁的发展历程中，通过缩短距离，更加深入地研究消费者，是宝洁的第三核心竞争力。下面以宝洁公司的香波产品供应链优化为例，详细剖析宝洁供应链的优化方法。

宝洁供应链优化总体思路就是通过压缩供应链时间，提高供应链反应速度，来降低运作成本，最终提高企业竞争能力。从宝洁供应链上下游之间的紧密配合方式进行分析，寻找可以压缩时间的改进点，从细节入手，以时间的压缩换取市场更大的空间。

1. **供应商管理时间压缩**

供应链合作伙伴关系不应该仅仅考虑企业之间的交易价格本身，有很多方面值得关注。比如完善的服务、技术创新、产品的优化设计等。宝洁和供应商一起探讨供应链中非价值增值点以及改进的机会，压缩材料采购提前期，开发供应商伙伴关系，建立相互信任关系。压缩供应商时间管理分为以下四点：

（1）材料不同制订的时间不同。

香波生产原材料供应最长时间 105 天，最短 7 天，平均 68 天。根据原材料的特点，宝洁公司将其分为 ABC 三类分别进行管理：A 类品种占总数 5%～20%，资金占 60%～70%；C 类品种占总数 60%～70%，资金占<15%；B 类介于二者之间。对不同的材料管理策略分为全面合作、压缩时间和库存管理三类。

对材料供应部分的供应链进行优化，将时间减少和库存管理结合起来。比如，原材料 A 供应提前期 105 天，但是订货价值只占总价值 0.07%，不值得花费很多精力讨论缩短提前期。而原材料 B 虽然提前期只有 50 天，但是年用量却高达总价值的 24%，因此对这样的材料应该重点考虑。

（2）原材料的库存由供应商管理。

宝洁的材料库存管理策略是供应商管理库存（VMI）。对于价值低，用量大、占用存储空间不大的材料，在供应链中时间减少的机会很少，这类材料占香波材料的 80%，他们适合采用供应商管理库存的方式来下达采购订单和管理库存。库存状态的透明性是实施 VMI 的关键。首先双方一起确定供应商订单业务处理过程所需要的信息和库存控制参数；其次改变订单处理方式，建立基于标准的托付订单处理模式；最后把订货交货和票据处理各个业务处理功能集成在供应商一边。

以广州黄埔工厂为例，黄埔工厂将后面 6 个月的销售预测和生产计划周期性地和供应商分享。供应商根据宝洁的计划制订自己的材料采购计划，并根据宝洁生产计划要求提前 12 天送到宝洁工厂。宝洁使用材料之后付款。对供应商来说，不必为宝洁生产多余的安全库存，自己内部计划安排更有灵活性；对宝洁来说，节省了材料的下单和采购成本。实际的材料采购提前期只是检测周期，至于原材料 A，采购提前期由 81 天缩短到 11 天，库存由 30 天减少到 0。

（3）压缩材料库存的时间。

对于价值不高、用量大且占用存储空间很大的材料，以及价值不高但存储空间很大的材料，适合采用压缩供应链时间的方法来管理。这类材料大概占所有材料的 15%。对这类材料，不能只采取传统的库存方法，因为对于高频率、小批量、多变的生产方式，对材料供应的要求更高。如果供应时间长，则要求工厂备有很大的安全库存。只有通过压缩时间的方法，才能保持材料的及时供应和库存不变或者降低。

对香波材料进行分析，原材料 B 属于 A 类材料，用量大，但是存储空间不是很大，适宜采取压缩供应时间的管理方式。对无价值时间消除，对有价值时间改进。材料 AE03 由国外制订供应商提供 CFA，在北京生产为 AE03，再运到广州，采购提前期为 72 天。供应链活动可以分为 5 种，分别为：T—运输；S—存储；P—生产；I—检测；D—延迟。AE03 这五类活动的总时间分别为：34.9 天、12.5 天、2.0 天、7.8 天、14.6 天。真正有价值的时间只有生产和运输两种，检测存储以及延迟都是无价值时间。

通过考察供应商的质量方面的日常表现，对材料实施免检放行。结合对存储时间和运输时间的有些改变，结合延迟时间和检测时间的减少，总体时间最后减少了 18 天。材料库存从 30 天减少到 20 天，库存价值每个月减少了 2 万美元。

（4）与供应商进行全面合作。

在香波供应链中，总会有一两个供应商供应用量大、材料占据空间大、价值高的 A 类材料。比如在黄埔工厂主要是香波瓶供应商。这类供应商供应提前期已经很短，已经找不到时间压缩空间，所以宝洁和供应商一起同步进行供应链优化，寻找在操作和管理系统中存在的机会。

首先是供应商内部改进。瓶形之间转产时间 1 小时，为不同品种的香波瓶制订不同的生产周期。对于个别品种，以建立少量库存的方式保证供货，在生产能力有闲暇的时候生产这些品种补充库存。

其次是供应商和宝洁合作改进。将 100 多种印刷版面合并成 80 多种，减少了转产频率。在材料送货方面，为适应多品种小批量的要求，宝洁雇佣专门的运输商每天将同一区域的材料收集运送到宝洁。与供应商各自做运输相比，运输成本明显降低，更好地满足了客户要求。

2. 内部供应链时间压缩

除了加强与供应商之间的紧密合作和共享信息之外，宝洁还对企业内部供应链时间压缩进行了改进。

3. 用产品标准化设计压缩时间

摒弃原来不同品牌香波使用不同形状的包装设计，改为所有香波品牌对于同一种规格采用性质完全一样的瓶盖，不同的产品由不同的瓶盖颜色和印刷图案区分。这样一来，减少了包装车间转产次数。例如旧的设计方案，海飞丝 200ML 转产到飘柔 200ML，转线操作需要 25 分钟。统一包装设计之后，包装车间无需机器转线，只需要进行 5 分钟的包装材料清理转换即可。这项改进减少了包装车间 20% 的转线操作，从原来的 112 小时每月减少到 90 小时每月。（来源：中大网校）

复习思考题

1. 什么是网络计划技术？

2. 什么是网络图？网络图是如何组成的？

3. 举例说明网络图时间参数计算的表上计算法和图上计算法的运用。

4. 什么是关键线路？如何确定？

5. 什么是时间优化？优化的步骤是什么？

6. 什么是时间与资源优化？优化的步骤是什么？

7. 如何进行时间与成本优化？

8. 某项工程的作业明细表如下所示：

作业名称	A	B	C	D	E	F	G	H	I
紧前作业	B、C	D、E、F	E、F	G、H	G、H	H	I	I	/
作业时间	5	4	3	7	5	6	2	8	4

要求：

（1）绘制网络图；

（2）计算结点最早开始和最迟完成时间；

（3）计算作业的最早开始与最早结束时间；最迟开始与最迟结束时间；

（4）计算作业的总时差，并求出关键线路和总工期。

9. 某工程作业明细表如下：

作业名称	A	B	C	D	E	F	G	H
紧前作业	D	E、F	H	G	G	/	/	/
作业时间（天）	4	1	4	2	1	2	3	3
需要人数（人）	12	8	8	4	8	8	7	13

要求：

（1）绘制网络图；

（2）在 9 天总工期内，对 20 名劳动力进行平衡。

第五章　铁路安全风险管理

◆学习目标

1. 了解并掌握风险及风险管理的概念；
2. 掌握风险管理的程序与作用；
3. 了解并掌握铁路安全风险管理概念及铁路推行安全风险管理的意义；
4. 熟悉并掌握有效推进铁路安全风险管理的途径；
5. 理解并掌握风险识别、风险评价及风险控制的概念。

【引例】

调车作业计划变更，卡控措施执行不到位，导致列车分离

2016 年 11 月 2 日 7 时 11 分，40073 次到达广铁集团张家界车务段张家界北站 5 道，原计划将机后第 5-14 位 10 辆车、尾部 5 辆车甩下，换编直通车流开 X38009 次。9 时 10 分，调车作业过程中，车站调度员与调度所计划调度员联系，得知机后第 5-14 位 10 辆不甩后，变更调车作业计划。11 时 22 分，X38009 次列车起动时，机后第 14 位与 15 位车辆车钩分离，列车紧急制动停车，构成铁路交通一般 D8 类货物列车分离事故。

原因分析：张家界北站 2 号连结员在执行原调车作业计划时，提前摘开了第 14、15 位车辆之间的制动软管，拔出了车钩防跳插销，并将第 15 位车辆的钩提杆提起，在得到变更计划的通知后，只连接好了制动软管，未确认车辆连挂妥当，也未将车钩防跳插销恢复。（来源：调车作业基本认识及安全）

第一节　安全在铁路运输生产中的地位

铁路运输安全是运输生产系统运行秩序正常、旅客生命财产平安无险、货物和运输设备完好无损的综合表现，也是在运输生产全过程中为达到上述目的而进行的全部生产活动协调动作的结果。铁路运输生产的根本任务就是把旅客和货物安全及时地运送到目的地，而铁路运输生产的作用、性质和特点，决定了铁路运输必须把安全生产摆在各项工作的首要位置。

一、安全是铁路运输适应经济和社会发展的先决条件

铁路是我国主要的现代化交通工具，对经济、社会和科技发展，满足人民物质和文化生产需要起着重要作用。作为国家的基础设施，铁路运输安全既保证了国家重点物资、重要工程建设、重大科研基地及军事运输的需要，也为地方区域经济开发、招商引资和科技发展带来了生机和活力。作为公益服务事业，铁路运输安全保障了人民生命财产不受伤害和损失，

提高了广大人民群众的生活质量。如果发生事故，特别是重大事故，无疑将会给人民带来不幸，给国家造成巨大损失。事实证明，铁路运输安全的可靠程度不仅直接关系到我国社会主义市场经济的健康发展和改革开放的进程，而且直接影响社会生产、社会生活和社会安定，甚至影响国家的声誉和形象。

二、安全是铁路运输产品最重要的质量特性

铁路运输业是一个从事社会化运输的物质生产部门，运输是生产过程在流通过程中的继续。运输生产的全部意义就在于有计划、有目的、有成效地实现旅客和货物空间位置的移动，"位移"即为铁路运输的产品。产品质量特性包括安全、准确、迅速、经济、便利和文明服务，其中安全最为重要。

三、安全是加快铁路改革与发展的重要保证

加快铁路改革与发展，必须要有一个稳定的运输安全局面。如果安全形势不稳，不断发生事故，势必打乱运输秩序，干扰总体部署，分散工作精力，铁路工作就会处于被动状态，铁路改革与发展就失去了重要前提与基础，难以顺利进行。铁路走向市场，更需要确保安全、提高运输产品质量，树立良好的运输企业形象。

四、安全是法律赋予铁路运输的义务和责任

为了保障铁路运输和铁路建设的顺利进行，适应社会主义现代化建设和人民生活的需要，特制定了《中华人民共和国铁路法》（以下简称《铁路法》）。为了保证铁路运输的安全，避免事故发生，《铁路法》规定了一系列法律条款。其中第十条明确提出："铁路运输企业应当保证旅客和货物运输的安全，做到列车正点到达。"第四十二条"铁路运输企业必须加强对铁路的管理和保护，定期检查、维修铁路运输设施，保证铁路运输设施完好，保障旅客和货物运输安全。"这就从法律意义上规定了保障旅客和货物运输安全是铁路应尽的职责和义务。

从法律角度看，旅客和货物托运人（当事人）与铁路运输企业之间的关系是合同关系（合同形式是客票和运单）。当事人支付费用后，运输企业向其提供运输产品，彼此的权利和义务是对等的。如果铁路运输企业因人为事故不能保证旅客和货物运输安全，不仅违背了当事人的意愿，损害了他们的权益，而且也违反了《铁路法》的规定。对有关运输安全方面的法律，全路广大职工应知法守法，树立"遵章守纪光荣、违章违纪法不容"的思想，并结合事故案例教育，真正做到忠于职守、安全生产。

第二节　风险及风险管理概述

就安全生产而言，安全生产风险又有广义和狭义之分。广义上讲。与安全有关的风险都称为安全生产风险。狭义的安全生产风险则表示，在未来的或一定的时间内，人们为了确保安全生产可能付出的代价，包括由于采用安全技术措施投入的人力、物力、财力等安全生产

支出可能获得的安全生产收益，或者没有适当的安全生产投入可能付出的人身伤害、财产损失、环境破坏和社会影响等代价。

一、风险概述

（一）风险的概念

企业在其生产经营活动中，会遇到各种不确定性事件，这些事件发生的概率及其影响程度是无法事先预知的，这些事件不但对生产经营活动产生影响，还会影响企业目标的实现程度。这种在一定环境下和一定限期内客观存在的、影响企业目标实现的各种不确定性事件就是风险。

风险，就是指某种特定的危险事件（事故或意外事件）发生的可能性与其产生的后果的组合。通过风险的定义可以看出，风险是由两个因素共同作用组合而成的，一是该危险发生的可能性，即危险概率；二是该危险事件发生后所产生的后果。因而，风险大小可以用风险率（R）来衡量，风险率等于事故发生的概率（P）与事故损失严重程度（S）的乘积：

$$R = PS$$

由于概率值难以取得，常用事故频率代替事故概率，这时上式可表示为：

风险率＝（事故次数/单位时间）×（事故损失/事故次数）＝事故损失/单位时间

单位时间，可以是系统的运行周期，也可以是一年或几年；事故损失，可以表示为死亡人数、损失工作日数或经济损失等。

对风险的态度和直觉的判断就是风险认知，理论与实践共同影响这种判断。在全球化发展背景下，风险认知已经悄然扎根在现代社会中每个个人和集体的意识之中。人类对风险认知使一些风险处于人类可应对乃至可控制状态，从而可以降低或消除某种风险所带来的负面影响。对于目前全球的风险因素大家都有一定的认识，包括饥荒、恐怖主义、传染病、污染等，尤其是像交通和食品这样日常生活中的风险是人们最为关注的问题。以航空为例，风险存在于违背地心引力的技术活动本质之中，尽管其风险很小，但在巧合情况和人为因素的作用下，飞机从空中坠落就会造成生命损失，因此搭乘飞机不可能是"零风险"，这属于科学的"风险认知"。

（二）风险的构成要素

风险是由风险因素、风险事故和损失构成，风险因素增加或产生风险事故，风险事故引起损失，三者的串联构成了风险形成机制。

1. 风险因素

风险因素是指促使某一特定风险事故发生或增加其发生的可能性或扩大其损失程度的原因或条件。它是风险事故发生的潜在原因，是造成损失的内在或间接原因。例如：对于建筑物而言，风险因素是指其所使用的建筑材料的质量、建筑结构的稳定性等；对于人而言，则是指健康状况和年龄等。

根据风险因素的性质不同，分为有形风险因素和无形风险因素两种类型。

（1）有形风险因素。

有形风险因素也称实质风险因素，是指某一标的本身所具有的足以引起风险事故发生或增加损失机会或加重损失程度的因素，如某一建筑物所处的地理位置、所使用的建筑材料的性质等。

（2）无形风险因素。

无形风险因素是与人的心理或行为有关的风险因素，包括道德风险因素和心理风险因素。其中，道德风险因素是指与人的品德修养有关的无形因素，即由于人们不诚实或有不轨企图，故意促使风险事故发生，以致引起财产损失和人身伤亡的因素。心理风险因素是与人的心理状态有关的无形因素，虽然没有主观上的故意而为，但由于疏忽、过失或是漠视等原因，增加风险事故发生的机会或加大损失的严重性的因素。道德风险因素和心理风险因素均与人密切相关，也可称为人为风险因素。

2. 风险事故

风险事故是指造成人身伤害或财产损失的偶发事件，是造成损失的直接的或外在的原因，是损失的媒介物，即风险只有通过风险事故的发生才能导致损失。

就某一事件来说，如果它是造成损失的直接原因，那么它就是风险事故；而在其他条件下，如果它是造成损失的间接原因，它便成为风险因素。

例如，因下冰雹使得路滑而发生车祸而造成人员伤亡，冰雹是风险因素，车祸是风险事故；如果冰雹直接击伤行人，冰雹是造成损失的直接原因，则冰雹是风险事故；汽车刹车失灵酿成车祸而导致车毁人亡，其中刹车失灵是风险因素，车祸是风险事故。

3. 损失

在风险管理中，损失是指非故意的、非预期的、非计划的经济价值的减少。通常我们将损失分为两种形态，即直接损失和间接损失。直接损失是指风险事故导致的财产本身损失和人身伤害，这类损失又称为实质损失；间接损失则是指由直接损失引起的其他损失，包括额外费用损失、收入损失和责任损失。

（三）风险的特征

1. 客观性

风险是一种不以人的意志为转移，独立于人的意识之外的客观存在。因为无论是自然界的物质运动，还是社会发展的规律，都由事物的内部因素所决定，由超过人们主观意识所存在的客观规律所决定，人们只能在一定的时间和空间内改变风险存在和发生的条件，降低风险发生的频率和损失程度，但是，从总体上说，风险是不可能彻底消除的。

2. 普遍性

人类历史就是与各种风险相伴的历史。自从人类出现后，就面临着各种各样的风险，如自然灾害、疾病、伤残、死亡、战争等。随着科学技术的发展、生产力的提高、社会的进步、人类的进化，又产生了新的风险，且风险事故造成的损失也越来越大。在当今社会，个人面临着生、老、病、残、死、意外伤害等风险；企业面临着自然风险、市场风险、技术风险、政治风险等；甚至国家和政府机关也面临着各种风险。风险无处不在，无时不有，遍布在人类社会和个人生活的各个方面。

3. 不确定性

风险虽然有其必然性，但风险发生的具体时间、地点、对象以及造成的后果是难以准确预测的。

（1）不能确定是否会发生。就个体风险而言，其是否发生是偶然的，是一种随机现象，具有不确定性。如自然灾害（地震、滑坡、泥石流等）引发的线路事故、道岔因挤石头引发列车脱轨等。

（2）不能确定发生时间。虽然某些风险必然会发生，但何时发生却是不确定的。例如，铁路一线职工面临着受伤的风险，但就具体的职工而言，是否受伤以及什么时候受伤，都是不可预知的。由于职工的健康状况、安全意识、工作环境等不同，每个职工所面临的风险也就不同，因而，职工是否受伤以及受伤的时间是无法预知的，即为时间上的不确定性。

（3）不能确定事故的后果，即损失程度的不确定性。例如，沿海地区每年都会遭受台风袭击，但每一次的后果不同，人们对未来年份发生的台风是否会造成财产损失或人身伤亡以及损失程度也无法准确预测。正是风险的这种总体上的必然性与个体上的偶然性的统一，构成了风险的不确定性。

4. 发展性

人类社会自身进步和发展的同时，也创造和发展了风险，尤其是当代高新科学技术的发展与应用，使风险的发展性更为突出。

首先，风险的性质是可以变化的；其次，风险发生的概率大小可以随着人们对风险认识的提高和管理措施的完善而发生变化；再次，风险的种类也会发生变化。例如，车务系统为了防止到发线车辆溜逸，安装了可控防溜器具。到发线防溜安全了，可是风险点却转移了，因为可控防溜器具本身就可能成为一个重要风险点了；又比如在手动扳道时，扳道员是重要风险点，在改为电动、液压道岔后，道岔设备又发展为新的风险点，这都是风险具有发展性的表现。

5. 可测定性

个别风险的发生是偶然的、不可预知的，但通过对大量风险事故的观察发现，风险往往呈现出明显的规律性。运用统计方法去处理大量相互独立的偶发风险事故，可比较准确地反映风险的规律性。根据已经发生的大量历史资料，利用概率论和数理统计的方法可以测算风险事故发生的概率及其损失程度，并可据此构造出损失分布的模型，成为风险估测的基础。例如，列车夜间行车风险要大于日间行车。

（四）风险的分类

根据不同的标准，风险有不同的分类，常见的有：

1. 按风险产生的原因分类

依据风险产生的原因不同，风险分为自然风险、社会风险、政治风险、经济风险与技术风险。

（1）自然风险。由于自然现象、物理现象和其他物质现象所形成的风险。如地震、水灾、火灾、风灾、雹灾、冻灾、旱灾、虫灾以及各种瘟疫等。在各类风险中，自然风险是保险人承保最多的风险。自然风险的成因不可控，但有一定的规律和周期，发生后的影响范围较广。

（2）社会风险。社会风险是指由于个人或团体的行为（包括过失行为、不当行为及故意行为）或不行为使社会生产及人们生活遭受损失的风险。如盗窃、抢劫、玩忽职守及故意破坏等行为将可能对他人财产造成损失或人身造成伤害。

（3）政治风险。政治风险（又称为"国家风险"）是指在对外投资和贸易过程中，因政治原因或订约双方所不能控制的原因，使债权人可能遭受损失的风险。如因进口国发生战争、内乱而中止货物进口；因进口国实施进口或外汇管制，对输入货物加以限制或禁止输入；因本国变更外贸法令，使出口货物无法送达进口国，造成合同无法履行等。

（4）经济风险。经济风险是指在生产和销售等经营活动中由于受各种市场供求关系、经济贸易条件等因素变化的影响或经营者决策失误，对前景预期出现偏差等导致经营失败的风险。比如企业生产规模的增减、价格的涨落和经营的盈亏等。

（5）技术风险。技术风险是指伴随着科学技术的发展、生产方式的改变而产生的威胁人们生产与生活的风险。如核辐射、空气污染和噪音等。

2. 按风险标的分类

根据风险标的的不同，风险可分为财产风险、人身风险、责任风险与信用风险。

（1）财产风险。财产风险是指一切导致有形财产的损毁、灭失或贬值的风险以及经济的或金钱上损失的风险。厂房、机器设备、原材料、成品、家具等会遭受火灾、地震、爆炸等风险；船舶在航行中，可能遭受沉没、碰撞、搁浅等风险。财产损失通常包括财产的直接损失和间接损失两个部分。

（2）人身风险。人身风险是指导致人的伤残、死亡、丧失劳动能力以及增加医疗费用支出的风险。如人会因生、老、病、死等生理规律和自然、政治、军事、社会等原因而早逝、伤残、工作能力丧失或年老无依靠等。人身风险所致的损失一般有两种：一种是收入能力损失；一种是额外费用损失。

（3）责任风险。责任风险是指由于个人或团体的疏忽或过失行为，造成他人财产损失或人身伤亡，依照法律、契约或道义应承担的民事法律责任的风险。日常生活中所说的"责任"包括刑事责任、民事责任和行政责任，但保险人所承保的责任风险仅限于民事损害赔偿责任。例如，对由于产品设计或制造上的缺陷所致消费者（或用户）的财产损失或人身伤害，产品的设计者、制造者、销售者依法要承担经济赔偿责任；合同一方违约使另一方遭受损失，违约一方依合同要承担经济赔偿责任。

（4）信用风险。信用风险是指在经济交往中，权利人与义务人之间，由于一方违约或违法致使对方遭受经济损失的风险。如进出口贸易中，出口方（或进口方）会因进口方（或出口方）不履约而遭受经济损失。

3. 按风险性质分类

依据风险的后果不同，风险可分为纯粹风险与投机风险。

（1）纯粹风险。纯粹风险是指只有损失机会而无获利可能的风险（纯粹风险只有坏处，没有好处）。比如房屋所有者面临的火灾风险，汽车主人面临的碰撞风险等，当火灾或碰撞事故发生时，他们便会遭受经济利益上的损失。

（2）投机风险。投机风险是相对于纯粹风险而言的，是指既有损失机会又有获利可能的风险（投机风险有好的风险也有坏的风险）。投机风险的后果一般有三种：一是"没有损失"，二是"有损失"，三是"盈利"。比如在股票市场上买卖股票，就存在赚钱、赔钱和不赔不赚三种后果，因而属于投机风险。

4. 按产生风险的行为分类

依据产生风险的行为分类，风险可以分为基本风险与特定风险。

（1）基本风险。基本风险是指非个人行为引起的风险。它对整个团体乃至整个社会产生影响，而且是个人无法预防的风险。如地震、洪水、海啸、经济衰退等均属此类风险。

（2）特定风险。特定风险是指个人行为引起的风险。它只与特定的个人或部门相关，而不影响整个团体和社会。如火灾、爆炸、盗窃以及对他人财产损失或人身伤害所负的法律责任等均属此类风险。特定风险一般较易为人们所控制和防范。

二、风险管理概述

风险管理是涉及社会政治、经济领域的重要课题，是复杂、普遍的系统工程，是对各种风险事故的顶替、规避，是对已经发生损失的处理。从风险管理主体的角度来看，国家、企业、家庭和个人都需要管理各种风险。风险管理的内容很丰富，涉及社会政治、经济生活的方方面面，运筹学、概率统计、系统论、控制论、计算机技术等为风险管理提供了先进的技术手段。风险管理作为一门新兴的、跨专业的管理学科，涉及金融学、财务管理学、数学、投资管理学、社会学、心理学等多门科学。

（一）风险管理概念

风险管理是研究风险发生规律和风险控制技术的一门新兴管理科学，是指风险管理单位通过风险识别、风险衡量、风险评估、风险决策管理等方式，对风险实施有效控制和妥善处理损失的过程。风险管理程序图如图 5-1 所示。

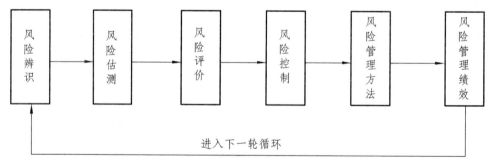

图 5-1　风险管理程序图

1. 风险管理的主体是风险管理单位

风险管理的主体是风险管理单位，其目的是寻求以最小的成本来获得最佳处理风险事故的方案。但是，风险管理的主体不同，风险管理的侧重点也会有所不同。个人、家庭的风险管理是对人身风险、家庭财产风险和责任风险的管理；企业的风险管理是对企业生产风险、销售风险、财务风险、技术风险、信用风险和人事风险的管理；政府的风险管理是以维护政府机构业务活动和人民生活安定为出发点，是对整个社会生命、财产和责任风险的管理。风险管理单位进行风险管理有利于减少社会资源的浪费，有利于社会资源的优化配置。

2. 风险管理的核心是降低损失

风险管理的核心是降低损失，即在风险事故发生前防患于未然，预见将来可能发生的损失，或者在风险事故发生后采取一些消除事故隐患和减少损失的办法。从风险管理流程看，风险管理的每个环节都是为了减少损失，识别风险是为了减少风险事故的发生；评价风险是为了预测风险事故可能造成的损失，预先做好减少损失的安排；控制风险是为了降低已经发生的风险事故所造成的损失。

3. 风险管理过程是决策的过程

风险识别、风险衡量和风险评价是为了认识、评价风险管理单位的风险状况，解决风险管理中的各种问题，制定管理风险的决策方案。风险管理目标的确定、风险识别、风险衡量、风险评价和风险控制等，都是为了确定最终的风险管理方案。从这一角度来看，风险管理过程实际上是一个管理决策的过程。

（二）风险管理的作用

有效的风险管理对保障风险管理单位的财产和人身安全具有积极的作用，风险管理的作用主要体现在以下几个方面。

（1）预防风险事故的发生。风险管理可以将许多风险隐患、危害消灭在萌芽状态，预防风险事故的发生，保护风险管理单位的财产安全和人身安全。

（2）减少风险事故造成的损失。风险管理使风险管理单位充分认识到自身所面临风险的性质和严重程度，并采取相关的风险管理技术，以减少风险事故造成的损失。

（3）转嫁风险事故造成的损失。风险管理通过缴纳一定的费用，有计划地将重大风险事故造成的损失转移给保险公司或者其他单位，从而转移风险事故造成的损失。一旦风险管理单位发生重大风险事故，转嫁风险的机制可以使风险管理单位获得及时、有效的经济补偿。现代风险管理克服了传统的以保险为单一转嫁风险机制的局限性，综合利用各种控制转嫁风险的措施，使风险管理单位处理风险的方式日趋完善。

（4）保证风险管理单位的财务稳定。风险管理有助于防止风险管理单位由于资金紧张而陷入困境，保证风险管理单位的财务稳定，有利于风险管理单位长期、稳定地发展，降低风险管理单位的管理成本，增加风险管理的经济效益。

（5）营造安全的社会环境。风险管理通过自身的运作机制，防止了许多重大风险事故的发生，有利于营造安全稳定的生产、生活、工作环境；有利于企业提高经济效益，激发员工工作的积极性；有利于家庭成员解除后顾之忧，安心工作；有利于社会的稳定，优化社会资源的配置。

（三）风险管理的产生与发展

人类认识风险的历史几乎与人类的文明一样久远，当人类的第一个成员思考明天的生存问题的时候，人类对风险的认识就已经开始了。人类活动的扩展引起风险日趋复杂、种类不断增加，同时，风险的发展也刺激了风险管理的发展。

风险管理作为企业的一种管理活动，起源于20世纪50年代的美国，并在美国获得了广泛的发展。1950年，美国的加拉格尔（Lallagher）在调查报告《费用控制的新时期——风险管理》中，首次使用了风险管理一词。1953年8月12日通用汽车公司在密歇根州的一个汽车变速箱厂因火灾损失了5 000万美元，成为美国历史上损失最为严重的15起重大火灾之一。这场大火与50年代其他一些偶发事件一起，推动了美国风险管理活动的兴起。后来，随着经济、社会和技术的迅速发展，人类开始面临越来越多、越来越严重的风险。科学技术的进步在给人类带来巨大利益的同时，也给社会带来了前所未有的风险。1979年3月美国三里岛核电站的爆炸事故，1984年12月3日美国联合碳化物公司在印度的一家农药厂发生了毒气泄漏事故，1986年苏联乌克兰切尔诺贝利核电站发生的核事故等一系列事件，大大推动了风险管理在世界范围内的发展。同时，在美国的商学院里首先出现了一门涉及如何对企业的人员、财产、责任、财务资源等进行保护的新型管理学科，这就是风险管理。

从20世纪90年代起，风险的思想开始在世界范围内传播。随着一些大型企业在发展中国家开拓市场，很多发展中国家慢慢了解到风险管理理论，并相应的进行了大量的研究，发展十分迅速。联合国为了帮助发展中国家能够更快地了解并推广风险管理的理论和思想，于1987年发布了研究报告《The Promotion Risk Management in Developing Countries》。

相较于工业工程、金融、航空航天等领域，风险管理在铁路上的应用研究相对较少，Chris Baker等运用模糊推理法对铁路风险管理系统进行开发，将模糊层次分析法纳入风险模型，提供了一种定量评估铁路安全水平的方法：E. Saporit等提出了一种基于事件树和故障树的系统风险识别方法，对事件发生过程评估，从而实现安全管理体系的定量评估；Nader Azad等通过对美国中西部的铁路网络的案例研究，提出了一种在铁路运行中断情况下的风险管理方法；Pei Liu等人通过建立高速铁路事故故障树逻辑图，考虑到先验信息的不完备性和决策环境的复杂性，故障树中的每一个基本事件都具有不确定性的特征，结合直觉模糊集理论，给出了一种高铁事故风险定量分析方法。

第三节　铁路安全风险管理

铁路作为服务性行业，一旦发生故障或事故，影响较大，所以我国铁路安全一直被铁路部门高度重视。铁路安全涉及规章制度、固定设备、列车、调度指挥、人员素质、治安环境、灾害防范等诸多要素，每一个要素都决定着铁路安全的成败。传统的安全管理一般都缺乏通盘规划，也没有整合铁路网的长远发展战略，当问题出现时，往往只能做事后补救工作，反应较为被动，经常是当意外发生和汲取教训后再寻求改善及控制方法，而类似事件都会成为社会大众的关注点。

随着社会进步，社会各界对铁路安全的要求亦越来越高，铁路运营部门如何妥善控制运营安全风险备受关注,政府监管部门亦要求运营部门强化安全风险管理及做好安全生产工作,再加上运营成本的不断上升,要保持铁路系统的可靠性,提高生产效率,同时改善安全风险控制,是现在铁路运营部门必须面对的挑战。

一、铁路安全风险管理概念

20世纪50年代以来,风险管理科学得到了飞速的发展,它在金融、社会文化、国家政治、公共卫生、自然灾害和生产事故等领域得到了广泛应用。风险管理科学在生产安全领域中的应用,被称为生产安全风险管理或安全风险管理。因此可以说,安全风险管理是风险管理整体中的一个分支。另外,从安全工程的角度来看,安全风险管理又包含于安全管理,是系统安全工程的一个非常重要的内容。

铁路安全风险管理是通过风险识别、风险研判和规避风险、转移风险、驾驭风险、监控风险等一系列活动来防范和消除风险的一种科学管理方法。

铁路安全风险管理的重点是风险识别、风险评价和风险控制。风险识别,就是对系统中尚未发生的、潜在的以及客观存在的各种风险进行全面的、连续的识别和归类;风险评价,就是对系统中的风险因素能造成多大的伤害和损失,以及能否接受进行评估;风险控制,就是对不能接受的伤害和损失采取安全预防措施,以达到消除、降低危害的目的。风险识别、风险评价和风险控制在推行铁路安全风险管理的过程中是不可分割的有机整体,它们既相互联系,又相互作用。风险识别和风险评价是基础,风险控制是核心。

二、铁路推行安全风险管理的意义

(一)全面推行安全风险管理是实现铁路科学发展、安全发展的战略举措

当前,我国正处于加快经济发展方式转变和经济结构调整,深化改革开放,着力保障、改善民生,保持经济平稳较快发展,保持社会和谐稳定发展的重要历史阶段。铁路作为国民经济大动脉、国家重要基础设施和大众化交通工具,要发挥在经济社会发展中至关重要的作用,根本的前提和基础是确保安全。因为铁路安全问题,不仅关系到铁路自身的发展,而且事关人民群众生命财产安全,事关党和政府的形象和声誉;不仅关系到铁路对经济社会发展的保障能力,而且事关经济平稳较快发展和社会稳定大局;不仅关系到铁路建设和运营的良性循环,而且事关人民群众生活水平的提升,事关社会公共服务体系的完善和社会文明进步的进程。总之,做好铁路工作,最重要的就是确保运输安全稳定。这是党中央、国务院对铁路工作最基本的要求,是广大人民群众最热切的期待,也是铁路部门最重大的政治责任。全面推行安全风险管理,正是要求审时度势,从党和国家工作大局出发,站在更好地服务人民群众、让人民群众满意的高度,贯彻落实科学发展观,实现铁路科学发展、安全发展的战略性举措。

(二)全面推行安全风险管理是提升安全工作科学化水平的必然要求

铁路总公司始终把安全作为铁路的生命线,提出了"安全生产大如天""安全是铁路的'饭碗工程'",牢固树立"三点共识",把握好"三个重中之重"等一系列安全管理新理念,有力

地促进了安全持续稳定。近年来，全路强化安全管理，大力整治安全问题和隐患，创新安全管理理念和机制，解决了一大批安全突出问题，有力地强化了铁路安全工作。针对铁路安全面临的严峻现实，在深刻总结铁路安全工作规律，准确把握当前铁路安全特征和变化的基础上，全面推行安全风险管理，是强化铁路运输安全工作的必由之路。安全风险管理是系统性工程，以"安全第一、预防为主、综合治理"的思路，构建安全风险控制体系，就是要加强对安全风险的全面分析、科学研判，科学制定管控措施，最终实现消除安全风险的目标。由此而言，安全风险管理是更高层次的安全管理，把握了铁路行业特点，是提升全路安全管理科学化水平的必然要求。

（三）全面推行安全风险管理是解决铁路安全突出问题的迫切需要

随着高铁迅速发展、路网规模不断扩大、新技术装备大量投入使用，安全基础薄弱所带来的安全风险更加突出。如何切实解决安全管理存在的突出问题，已是迫在眉睫的工作。要想尽快破除铁路安全基础薄弱的"顽疾"，必须增强安全风险防范意识，引入安全风险管理方法。通过对风险因素的有效控制，进一步促进安全意识的强化、安全理念的提升和安全工作思路的优化，进一步促进各项措施的落实，最大限度地减少或消除安全风险。

（四）全面推行安全风险管理是提升全员、全过程安全控制能力的有效途径

"无危则安，无损则全。"安全是一种不发生损失或伤害的和谐的生产状态，其实质就是防止事故，消除导致死亡、伤害、职业危害及各种财产损失发生的条件。而事故则是对安全生产过程失去控制的产物，事故的发生与人的不安全行为、物的不安全状态、不良的工作环境和安全管理上的缺陷息息相关。安全风险管理正是从风险管理的角度分析了事故的形成机理，揭示了事故的内在规律和本质根源。推行安全风险管理，有助于理清安全思路，找到安全管理的关键环节和安全工作的突破口，提高风险防范和事故预防与处置的能力。有助于全路干部职工将安全风险意识根植于思想深处，贯穿到运输生产的全过程，增强搞好安全生产的自觉性；有助于全路干部职工牢固树立安全共识，做到任何时候都把安全作为大事来抓，任何情况下都把安全放在第一位来考虑，任何影响安全的问题都要立即解决，从而牢牢掌握安全工作的主动权；有助于将安全风险防范工作落实到各层级、各岗位，把安全风险减少到最低限度；有助于对各类安全风险实行分类管理，加强对安全风险的过程管理，狠抓管控措施的落实，加强检查考核，进行闭环管理，实现安全工作的良性循环，确保铁路运输安全持续稳定。

三、铁路安全风险管理的主要内容

铁路安全风险管理涵盖基础建设、过程控制、应急处置等方面，重点是结合铁路安全工作实际，通过强化安全风险意识、识别和研判安全风险，有效实施风险控制措施，达到防范和降低安全风险的目标。

铁路安全风险管理主要内容包括安全风险意识培育、安全风险识别研判、安全风险过程控制、安全风险应急处置和安全风险评估考核五个环节。安全风险意识培育是安全风险管理的前提，安全风险识别研判是安全风险管理的基础，安全风险过程控制和应急处置是安全风

险管理的核心，安全风险评估考核是安全风险管理的保障，消除和防范安全风险是安全风险管理的目的。

四、铁路安全风险管理与传统安全管理的区别与联系

在长期的安全生产实践中，铁路积累和形成了许多安全管理理念和方法，为实施安全风险管理创造了条件，提供了基础。铁路安全风险管理与传统安全管理从管理目标上讲，都是坚持安全发展，着力于实现铁路安全持续稳定；从管理理念上讲，都是强调安全第一、预防为主、综合治理，强调树立责任意识、问题意识和风险意识，牢固树立"三个共识"；从管理内容上讲，都是强化超前防范、风险控制，抓好过程控制和安全风险应急处置，着力于构建安全管理的专业技术管理和保障机制。

安全风险管理与传统安全管理既有联系也有区别，主要表现在以下几方面：

（1）在安全管理模式上，传统安全管理侧重问题分析，而安全风险管理则更强调问题的超前防范；

（2）在安全管理对象上，传统安全管理主要是事故和隐患管理，而安全风险管理则更加强调对问题项目的管理；

（3）在安全管理特点上，传统安全管理虽然也强调超前管理，标本兼治，但主要采取的仍然是经验型管理，而安全风险管理则更加重视安全隐患问题的辨识，预警预报；

（4）传统安全管理注重各级领导干部的安全包保、监督检查和考核，而安全风险管理则更加强调安全的全员参与和持续改进；

（5）传统安全管理比较重视责任追究，而安全风险管理则更加强调责任在事前的风险识别研判、事中的风险防范和事后的风险危害的控制上。

由此可见，安全风险管理的推广和应用，是在传统安全管理基础上的升华，是对传统安全管理中合理成分的发展，从而实现安全管理的科学化、系统化、标准化和规范化。因此，推行安全风险管理，既不能与现有安全管理相割裂，更不能脱离现有安全管理另起炉灶，必须把风险管理建立在现有安全管理基础上，引入风险意识，加强风险掌控，优化工作思路，促进现有安全管理更加理性和科学。

五、有效推进铁路安全风险管理的途径

（一）加强安全风险过程控制

实行安全风险管理，基础是要加强对安全风险的研判。要突出风险辨识、风险分析、风险评价，加强对高风险环节和岗位的掌控，及时发现并准确研判安全风险，实施对安全风险的科学管控和有效处理，强化过程控制，防止事故的发生。

1. 全面掌控生产过程中的安全风险

要在原有的安全监督管理信息系统基础上健全综合分析平台，完善涵盖风险管理基本流程和内部控制系统各环节的风险管理信息系统。要确保信息数据和风险量化值的一致性、准确性、及时性、可用性和完整性，确保各层级能够及时全面掌握生产过程中本单位、本部门

的风险控制点。针对不同风险，按照设备质量标准和职工作业标准，分系统、分层次制定控制风险和消除风险的措施，并按照"逐级负责、专业负责、分工负责、岗位负责"的要求，把风险责任和风险措施落到各层级、各专业、各工种、各岗位，实现对现场作业的有效控制。

2. 加强"全员、全方位、全过程、全时段"的安全风险管理

铁路是大联动机，其运输生产过程是由车、机、工、电、辆等多工种、多环节协作完成，具有设备众多、种类繁多、布局纵横、职工岗位独立分散等特点，为了实现各工种、各环节的协同动作，必须做到严格有效的过程控制。全面推行安全风险管理，涉及安全管理的上上下下、方方面面，只有将安全风险管理责任落实到每一个人、每一个岗位、每一台设备、每一个作业环节，才能实现安全生产管理的全过程控制。

3. 把安全生产标准化建设作为实现安全风险全过程控制的重要手段

所有铁路运输企业要广泛开展安全生产达标建设，实行安全标准化管理，按标准指挥生产，按标准生产作业，减少或避免不安全的行为。

4. 加强重点安全风险的过程控制

结合实际，研究制定安全风险的判断标准或判断机制；确定风险控制重点，制定风险管理策略和跨职能部门的重大风险管理解决方案，并抓好安全风险的日常监控。特别要强化高铁安全风险和客车安全风险的过程控制，确保安全万无一失。

（二）加强安全风险管理基础建设

安全风险管理的首要环节是从源头上化解和降低风险。实现安全风险的预先控制、超前防范，安全基础建设尤其关键。

1. 明晰和落实安全管理责任

完善铁路安全监管体制，建立权责明晰、运转高效、落实到位的铁路安全管理新体制。强化政府安全监管，加大监管力度，形成权责明确、监管有力、协调顺畅的安全监管格局。确立铁路运输企业市场主体地位，落实铁路局安全主体责任，严格落实各级安全生产责任制。

2. 全面提升设备质量

加强物资采购管理，建立公开透明的物资采购机制。规范铁路专用设备准入管理，健全铁路产品技术标准，引入第三方认证，确保设备质量可靠。严格落实新线验收标准和开通运营条件，实行新建铁路开通运营 "六不准"，坚决把工程质量隐患解决在运营之前。完善设备检修技术标准和作业流程，加强日常检查监测和养护维修，确保设备运行稳定可靠。

3. 加强人员管理

加强重点岗位人员的准入管理，认真落实高铁主要行车工种和关键专业技术岗位人员的任职资格条件，严格人员选拔与任用，优化主要行车工种队伍结构和劳动组织。加大相关人员培训力度，切实提高培训质量，全面提升职工队伍素质。

4. 加强安全生产法制建设

加大安全执法力度，净化铁路安全环境。加强规章制度建设，规范规章制度管理，尽快

完善以高铁为重点的技术标准和作业规程，形成科学严密、规范有效的安全管理制度体系。

（三）有效处置和消化安全风险

实行安全风险管理，目的是要消除风险。由此，必须根据风险因素不同层次与类别确定风险偏好和风险承受度，并据此确定风险的预警线及相应采取的对策。

1. 有效处置和消化安全风险

对各类安全风险实行分类管理，科学制定管控措施，实行闭环管理，实现良性循环。以高铁和客车安全为重点，突出高风险环节和关键岗位的管理，坚持把客车安全作为铁路安全的重中之重，把加强安全管理作为安全各项工作的重中之重，把抓落实作为加强安全管理的重中之重，确保各项安全措施不折不扣地落到实处，保证高铁和客车的绝对安全。

2. 搞好安全风险应急处置

完善和规范安全问题快速报告制度，完善问题快速响应制度，建立问题快速阻断制度。完善应急救援处置预案，明确处置流程、处置措施和职责分工，做到简明实用、便于操作。同时要完善铁路总公司、铁路局集团公司、站段三级应急救援网络，健全应急救援设施，加强应急救援培训和演练，做到应急有备、响应及时、处置高效，规范有序地做好事故调查处理等工作。及时准确权威地发布相关信息，正确引导舆论。

3. 建立健全安全风险管理考核机制

有序推行安全风险管理，开展好考核评估工作，对安全风险管控实行有效的监督，提高安全风险管理的效能。

（四）大力加强安全文化建设

推行安全风险管理，前提是增强安全风险意识。文化的力量对意识的作用是巨大的。要通过加强安全文化建设，让"安全是铁路工作的生命线""安全不好是最大的失职""没有安全就没有一切"等安全理念，成为广大干部职工的共同安全价值观，成为广大干部职工的自觉行动。

1. 开展有效的安全风险意识教育

利用各种教育手段，广泛开展安全风险意识、安全责任意识和安全发展理念教育，引导干部职工把确保人民生命财产安全作为天职，牢固树立起"安全生产大如天"的安全价值观。把安全风险意识根植于思想深处，贯穿到运输生产的全过程，增强干部职工加强安全风险控制的内在动力。

2. 建立健全安全风险文化体系

适应高速、提速、普速铁路安全工作的不同要求，细化岗位作业标准、工作流程，完善安全规章和安全风险管理制度，形成规范和固化职工安全作业行为的管理机制和安全防范体系；坚持把岗位安全立功竞赛、案例警示宣传、安全法规教育渗透到安全生产各岗位、全过程；大力选树、宣传生产一线安全先进典型，正面激励，示范引导，鼓励职工自觉遵章守纪、坚持标准化作业。

3．加强安全文化环境建设

在职工作业场所推行安全格言、安全寄语和安全承诺揭挂，设置和规范安全标志、标识，潜移默化，感染熏陶，不断激发干部职工保安全的工作热情和干劲。

第四节　铁路安全风险识别

风险识别，是风险管理的第一步，也是风险管理的基础。只有在正确识别出自身所面临的风险基础上，才能够主动选择适当有效的方法进行的处理。

一、风险识别的概念

风险识别是指在风险事故发生之前，人们运用各种方法系统地、连续地认识所面临的各种风险以及分析风险事故发生的潜在原因。

风险识别过程包含感知风险和分析风险两个环节。感知风险，即了解客观存在的各种风险，是风险识别的基础，只有通过感知风险，才能进一步在此基础上进行分析，寻找导致风险事故发生的条件因素，为拟定风险处理方案，进行风险管理决策服务。分析风险，即分析引起风险事故的各种因素，它是风险识别的关键。

对风险识别从三方面进行理解：

（1）风险识别是用感知、判断或归类的方式对现实的和潜在的风险性质进行鉴别的过程。

（2）存在于人们周围的风险是多样的，既有当前的也有潜在于未来的，既有内部的也有外部的，既有静态的也有动态的，等等。风险识别的任务就是要从错综复杂环境中找出经济主体所面临的主要风险。

（3）风险识别一方面可以通过感性认识和历史经验来判断，另一方面也可通过对各种客观的资料和风险事故的记录来分析、归纳和整理及对专家访谈，找出各种明显和潜在的风险及其损失规律。因为风险具有发展性，因而风险识别是一项持续性、系统性的工作，风险管理者必须密切注意原有风险的变化，并随时发现新的风险。

二、风险识别的内容

（一）环境风险

环境风险指由于外部环境意外变化打乱了企业预定的生产经营计划，而产生的经济风险。引起环境风险的因素有：

（1）国家宏观经济政策变化，使企业受到意外的风险损失。

（2）企业的生产经营活动与外部环境的要求相违背而受到的制裁风险。

（3）社会文化、道德风俗习惯的改变使企业的生产经营活动受阻而导致企业经营困难。

（二）市场风险

市场风险指市场结构发生意外变化，使企业无法按既定策略完成经营目标而带来的经济风险。导致市场风险的因素主要有：

（1）企业对市场需求预测失误，不能准确地把握消费者偏好的变化。

（2）竞争格局出现新的变化，如新竞争者进入，所引发的企业风险。

（3）市场供求关系发生变化。

（三）技术风险

这是指企业在技术创新的过程中，由于遇到技术、商业或者市场等因素的意外变化而导致的创新失败风险。其原因主要有：

（1）技术工艺发生根本性的改进。

（2）出现了新的替代技术或产品。

（3）技术无法有效地商业化。

（四）生产风险

生产风险指企业生产无法按预定成本完成生产计划而产生的风险。引起这类风险的主要因素有：

（1）生产过程发生意外中断。

（2）生产计划失误，造成生产过程紊乱。

（五）财务风险

财务风险是由于企业收支状况发生意外变动给企业财务造成困难而引发的企业风险。

（六）人事风险

人事风险是指涉及企业人事管理方面的风险。

三、风险识别的原则

（一）全面周详

为了对风险进行识别，应该全面系统地考察、了解各种风险事件存在和可能发生的概率以及损失的严重程度、风险因素及因风险的出现而导致的其他问题。损失发生的概率及其后果的严重程度，直接影响人们对损失危害的衡量，最终决定风险政策措施的选择和管理效果的优劣。因此，必须全面了解各种风险的存在和发生及其将引起的损失后果的详细情况，以便及时而清楚地为决策者提供比较完备的决策信息。

（二）综合考察

单位、家庭、个人面临的风险是一个复杂的系统，其中包括不同类型、不同性质、不同损失程度的各种风险。由于复杂风险系统的存在，使得某一种独立的分析方法难以对全部风险奏效，因此必须综合使用多种分析方法，一般来讲，单位、家庭、个人面临的风险损失一般分为三类：

一是直接损失。识别直接财产损失的方法很多，例如，询问经验丰富的生产经营人员和资金借贷经营人员，查看财务报表等。

二是间接损失。它是指企业受损之后，在修复前因无法进行生产而影响增值和获取利润所造成的经济损失，或是指资金借贷与经营者受损之后，在追加投资前因无法继续经营和借贷而影响金融资产增值和获取收益所带来的经济损失。间接损失有时候在量上要大于直接损失。间接损失可以用投入产出、分解分析等方法来识别。

三是责任损失。它是因受害方对过失方的胜诉而产生的。只有既具备了熟练的业务知识，又具备了充分的法律知识，才能识别和衡量责任损失。另外，企业或单位各部门关键人员的意外伤亡或伤残所造成的损失，一般是由特殊的检测方法来进行识别的。

（三）量力而行

风险识别的目的就在于为风险管理提供前提和决策依据，以保证企业、单位和个人以最小的支出来获得最大的安全保障，减少风险损失。因此，在经费限制的条件下，企业必须根据实际情况和自身的财务承受能力，来选择效果最佳、经费最省的识别方法。企业或单位在风险识别和衡量的同时，应将该项活动所引起的成本列入财务报表，作综合的考察分析，以保证用较小的支出，来换取较大的收益。

（四）科学计算

对风险进行识别的过程，同时就是对单位、家庭、个人的生产经营（包括资金借贷与经营）状况及其所处环境进行量化核算的具体过程。风险的识别和衡量要以严格的数学理论作为分析工具，在普遍估计的基础上，进行统计和计算，以得出比较科学合理的分析结果。

（五）系统化与制度化

风险的识别是风险管理的前提和基础，识别的准确与否在很大程度上决定风险管理效果的好坏。为了保证最初分析的准确程度，就应该进行全面系统的调查分析，将风险进行综合归类，揭示其性质、类型及后果。如果没有科学系统的方法来识别和衡量，就不可能对风险有一个总体的综合认识，就难以确定哪种风险是可能发生的，也不可能较合理地选择控制和处置的方法。这就是风险的系统化原则。

此外，由于风险随时存在于单位的生产经营（包括资金的借贷与经营）活动之中，所以，风险的识别和衡量也必须是一个连续不断的、制度化的过程。这就是风险识别的制度化原则。

四、风险识别的方法

（一）现场调查法

现场调查法是一种常用的风险识别方法，是风险检查员亲临现场，通过直接观察风险管理单位的设备、设施、操作和流程等，了解风险管理单位的生产经营活动和行为方式，调查其中存在的风险隐患，并敦促有关管理部门采取相应的整改措施。

1. 现场调查法的主要工作程序

（1）调查前的准备工作。

风险检查员在进行调查前，应该做好充分的准备工作。具体来说，主要包括：确定调查的时间、调查的地点、调查的对象，编制调查表，预先确定需要询问的一些问题，尽量避免忽略、遗漏某些重要事项。风险调查表主要有三种：

① 事实检查表。事实检查表的特点是填表人不需要具备风险管理方面的专业知识就可以逐项回答、填好已经列好的表格（见表 5-1），对于填表人回答不满意的地方，风险检察员应该调查原因。事实检查表的优势是能够及时发现安全隐患，可以为风险决策管理提供重要的参考依据。不足之处主要表现为两个方面：一是对调查事实的评判标准不同，得出的结论也不同；二是调查表可能遗漏重要事项。

表 5-1　某车间仓库安全检查表

检查对象		满意	不满意
房屋	防盗门		
	防盗窗		
	门锁		
	房顶		
	报警系统		
	消防系统		
人员	值班人员		
检查人签字：			
日期：			

② 回答问题检查表。回答问题检查表只要求被检查单位、人员逐项回答问题，不需要表述具体的情况。如果存在风险隐患、则需要说明采取的风险防范措施（见表 5-2）。回答问题检查表的优势是，将各种风险因素非常直观地表达出来，即使填表人不具备风险管理方面的专业知识，也能够回答调查表的问题，不会出现判断失误的问题。不足之处表现为：一是制作这样的调查表比较麻烦，需要的技术难度比较高；二是需要内容详细，不遗漏一些重要的问题。

表 5-2　某车间识别火灾风险检查表

调查问题	是	不是	措施
车间有易燃易爆品吗？			
设备有防护装置吗？			
车间经常打扫吗？			
废旧物品及时清理吗？			
消防设备安全吗？			
灭火器放在消防手册规定的位置了吗？			
防火门安全吗？			
火灾警报器安全吗？			
按照消防手册演习了吗？			
车间有禁止烟火的标志吗？			
您认为有不符合标准的吗？			
签字（车间主任）：			
填表日期：			

③ 责任检查表。责任检查表一般只调查有关管理人员是否履行了工作的职责，如果未履行有关的职责或者未按照规定的要求工作，就存在着风险隐患（见表5-3）。

表5-3 消防设备的责任检查表

消防设备	答案	A 低于标准	B 达到标准	措施
活动水泵		水源不正常或达不到标准	水源正常、达到标准	
室外消防栓		不能使用	可以使用	
水龙带和室内灭火栓		不正常	正常	
灭火器		没有灭火器或不会操作	有灭火器、会操作	
水桶		不易拿到	随时可以拿到	
手动水泵		手动水泵可以使用	手动水泵可以使用2小时	
签字： 日期：				

在调查时，填表人必须说明相应的安全设施设备适合哪种情况（A 或者 B），并填写是否针对不达标的 A 情况采取了相关的措施。如果未采取相应的措施，则存在着风险隐患。责任检查表被送到风险管理部门后，检查员针对低于标准的情况分析存在的风险隐患，制定防范措施并通知相关风险管理单位予以执行。责任检查表的优点主要有以下两个方面：一是填写责任检查表，在时间和费用上比较节省，执行起来较简单、迅速，表格设计灵活性大，可以为现场调查提供参考；二是能够起到预警潜在损失风险的作用。责任检查表的缺点，一是填写调查表的失误，可能会影响风险管理的结果；二是责任检查表的内容、标准不容易把握，编制责任检查表，需要借助风险管理人员以往现场调查的经验和相关资料；三是填表人不反映存在的严重问题或者低于标准的情况，就会影响调查的真实性和有效性。对此，需要加强填表人识别风险的能力，积累实践经验。

（2）现场调查和访问。

现场调查和访问需要经历一系列的程序，这些程序没有固定的模式，可以灵活运用。在现场调查和访问过程中，风险检查员需要注意以下几个问题：①熟悉、了解现场的每一个角落，不遗漏可能存在的风险隐患；②检查员同工作人员的交流、沟通，可以帮助风险管理人员识别风险；③密切注意那些经常引发风险事故的工作环境和工作方式；④提出粗略的整改方案。在调查现场时，检查员没有时间仔细思考被调查现场的有关情况，因而只能提出粗略的整改方案，更加详细的整改方案需要在调查报告中提出。

（3）调查报告。

现场调查结束后，风险检查员需要撰写调查报告。在调查报告中，通常列出建议措施的正当理由，并且对设备设施和工作流程的检查情况进行汇总后，列出建议措施及对策。

2. 现场调查法识别风险的优缺点

现场调查法作为风险识别的重要方法，在风险管理中得到普遍、有效地使用。但是，现场调查法既有优点也有缺点。

现场调查法识别风险的优点：① 不同的检查对象、检查目的可以设计不同的检查表，应用范围广；② 编制检查表的过程本身就是一个系统安全分析的过程，有助于检查人员更深入地认识系统，更便于发现危险因素；③ 可以根据已有的规章制度、标准、规程等，检查执行情况，得出准确的评价。

现场调查法识别风险的缺点：根据不同的需要，须事先编制大量的检查表，工作量大且检查表的质量受编制人员的知识水平和经验的影响。

二、流程图法

流程图法是识别风险管理单位面临潜在损失风险的重要方法。流程图法是将风险主体按照生产经营的过程和日常活动内在的逻辑联系绘成流程图，并针对流程中的关键环节和薄弱环节进行风险调查、风险识别的办法。图 5-2 是用多条连线将活动过程中的主要程序和主要环节勾画出来的流程图。

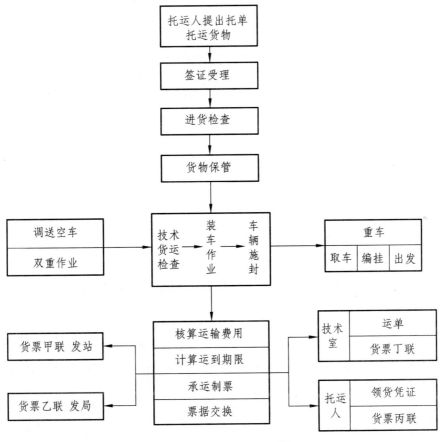

图 5-2 整车货物发送办理流程图

（一）流程图的绘制方法

绘制流程图通常需要按照以下步骤进行。

（1）调查活动（或工序）的先后顺序，不能将活动（或工序）的先后顺序颠倒。

（2）分清流程中的主要活动（或工序）和次要活动（或工序），主要活动（或工序）必须绘制在流程图上，有些次要活动（或工序）可以不绘制在流程图上。

（3）先绘制流程图的主体部分，再加入分支和循环。在绘制流程图时，应先将主要活动（或工序）用方框标出，再将主要活动（或工序）的路径用箭头标出，最后再画出次要活动（或工序）。

（4）用方框标示活动（或工序）时，需要用文字标出。在使用文字标示活动（或工序）时，应注意用词恰当、简练，不能用模棱两可的词语。

（二）流程图法识别风险的优缺点

1. 流程图法识别风险的优点

（1）流程图可以比较清楚地显示活动（或工序）流程的风险。根据生产条件和工作目的的不同，可以将风险主体的生产经营活动制成流程图，以便于识别风险。一般来说，风险管理单位的经营规模越大，生产工艺越复杂，流程图法识别风险就越具有优势。

（2）流程图强调活动的流程，而不寻求引发风险事故的原因。流程图只是生产、经营活动的简单概括，其目的是揭示生产、经营活动中的风险。流程图强调的是活动的流程，并从其中识别可能的风险环节，而不是寻求引发风险事故的原因。

（3）流程图法识别风险需要流程图解释的配合。由于流程图只注重活动的过程，不注重引发风险事故的原因，因此，全面、准确地识别风险需要流程图解释的配合。通常，对流程图进行解释的常用方法是填写流程图解释表（见表5-4）。

表 5-4　流程图解释表

阶　段	
可能发生的事故	
导致事故发生的原因	
可能产生的结果	

风险管理人员通过查看流程图解释表，可以识别可能发生损失的阶段，预见发生损失的原因和后果。

2. 流程图法识别风险的缺点

流程图是识别风险比较有效的方法之一，但是，流程图在识别风险方面存在着一定的缺陷，主要表现在以下几个方面：

（1）流程图法不能识别企业面临的一切风险。任何一种方法都不可能揭示风险管理单位面临的全部风险，更不可能全面揭示导致风险事故的所有原因，因此，必须根据风险管理单位的性质、规模，以及每种方法的用途，将各种方法结合起来使用。

（2）流程图是否准确，决定着风险管理部门识别风险的准确性。例如，制作企业生产、销售等方面的流程图，需要准确地反映生产、销售的全貌，任何部分的疏漏和错误，都有可能导致风险管理部门无法准确地识别风险。

（3）流程图识别风险的管理成本比较高。一般来说，流程图由具有专业知识的风险管理人员绘制，需要花费的时间比较多，其管理成本也比较高。

第五节　铁路安全风险评价与风险控制

一、风险评价

（一）风险评价的概念

风险评价就是在风险识别和风险估测的基础上，对风险发生的概率。损失程度，结合其他因素进行全面考虑，评估发生风险的可能性及危害程度，并与公认的安全指标相比较，以衡量风险的程度，并决定是否需要采取相应的措施的过程。

对所识别的风险因素进行严重程度与其发生概率的估计，预测其失控时可能导致的人身伤害、经济损失，从而确定风险的等级。因为不同的风险在不同的作业场所所表现出来的严重程度是不同的，所以在进行风险评价时针对不同作业场所对应的不同的风险进行风险分级评判是尤为重要的。准确的将风险进行分组，这样有利于制定安全管理制度与防控措施。

（二）风险评价方法

1. 定性风险评价方法

（1）历史资料法：根据在本企业或者同类的其他企业中发生过的各种风险次数、概率等参数来估计本企业未来的风险。

（2）主观概率法：管理者可以根据在工作中积累的经验来测度事件发生的概率。经验丰富的管理者在预判风险发生的可能上要比经验缺乏者准确。

（3）预先危险性分析法：对风险存在的环境和设备进行分析。

（4）事故预想法：其主要思想就是回答："我们怎么应对所发生的故障。"

2. 定量风险评价方法

（1）事故树分析法：是一种用来分析事故原因及其发展逻辑关系的一种逻辑树图，是一种重要的定量风险评估方法。

（2）模糊数学综合评价法：是用精准的数学模型来处理评价模糊问题的方法。采用模糊数学评价方法能够很好地定量分析与评估铁路行业内的安全风险。由于铁路是一个复杂的系统，所涉及的风险因素比较多，其中的大部分都是模糊的，因此，在铁路风险评估时可用模糊综合评价的方法来完成。

（3）矩阵图法：在所要研究的多维事件中找出事件发生的成对因素，并将其排列成矩阵图，根据排列好的矩阵图来分析问题。其制作步骤：首先找出影响风险事故发生的各种因素；其次分析和研究并确定这些因素之间的相互影响关系并找出有对应关系的风险因素，确定矩阵图的类型并判断其关系程度大小；最后制作对策表。

二、风险控制

（一）风险控制的概念

虽然风险在很大程度上是不可避免的，但是风险是可以控制的，事故是可以预防的。风险管理单位在风险识别和风险评价以后，就需要考虑进行风险控制，以实现减少事故损失的目的。风险控制就是在风险识别和风险分析的基础上，针对存在的风险因素，积极采取控制措施，以消除风险因素或减少风险因素的危险性，在事故发生前，降低事故的发生概率；在事故发生后，将损失减少到最低限度，从而达到降低风险承担主体预期损失的目的。风险控制是风险管理中的一部分，也是整个风险管理成功与否的关键。

（二）铁路安全风险控制技术

一般来说，风险控制技术主要包括风险规避、损失控制、风险转移和风险保留。其中，风险转移可以分为非保险转移和保险转移两种。

1. 风险规避

风险规避是指根据影响预定目标达成的诸多风险因素，并结合决策者自身的风险偏好和风险承受能力，做出的中止放弃某种决策方案，或者调整、改变某种决策方案等措施，以放弃原先承担的风险或者完全拒绝承担风险的风险处理方式。风险规避是一项有意识不让个人或者企业面临特定风险的行为。从某种意义上说，它能将风险发生的概率降低为零。风险规避是各种风险应对技术中最简单的方式，同时也是较为消极的一种方式，它可在事前、事中使用。在事先放弃某项活动，从而避免该活动可能带来的风险；在计划进行过程中变更某项计划，从而避免原计划可能带来的损失。事中的风险规避技术只能防止风险暴露的进一步扩大，而不能消除已有的风险暴露。

2. 损失控制

在风险管理中，风险规避具有一定的局限性，即风险规避不适用于正在实施的项目或工程。针对正在施工的项目或工程，风险管理单位可以采取损失控制的技术，以防止风险事故的发生或者抑制损失的扩大。

损失控制是指风险管理单位有意识地采取措施，防止风险事故的发生，控制和减少风险事故造成的经济和社会损失。采取损失控制技术，通常需要做好以下两个方面的工作。

（1）风险预防。

风险预防是一种行动或安全设备装置，在损失发生前将引发事故的因素或环境进行隔离和控制。如果引发损失的是一系列风险因素链，那么，风险预防就是在损失之前切断这条链。

风险预防的方法是多种多样，而不是单一的。如果风险预防的措施侧重于风险单位的物质因素，则称为工程物理法，例如，机车车辆的安全检查、技术检查等都属于工程物理法；如果风险预防的措施侧重于人员的行为教育，则称为人们行为法，例如，实施职业安全教育等属于人们行为法；如果风险预防侧重于建立规章制度、操作手册、值班条例等，则属于规章制度法。

（2）损失抑制。

损失抑制是指在风险事故发生时或发生后，及时采取合理措施，缩小损失发生的范围或降低损失严重的程度。一般情况下，损失抑制是在损失程度比较大，而且无法进行风险转移或者风险规避的情况下才运用的。例如，发生火灾后，使用消防设备灭火，救护被损害的财产、人员等，可以起到损失抑制的作用。又如，汽车制造商在生产的车辆上安装安全气囊，这是损失抑制的重要设施。安全气囊不能阻止交通事故的发生，但是，如果事故发生了，安全气囊能够减轻驾驶员受到的伤害。在事故发生前、或者发生后采取相应的损失抑制，以降低损失程度。

风险预防是针对风险因素采取的积极预防措施，旨在消除引发风险事故的根源；而损失抑制是针对风险事故损失的应急性对策，是风险管理单位采取的临时性措施。但是，在引起风险事故的主要风险因素未找到以前，为减少损失扩大而采取的有关措施，并不能防止损失的再次发生，损失抑制并不能解决引发风险事故的直接原因。

3．风险转移

风险转移是指通过契约，将让渡人的风险转移给受让人承担的行为。通过风险转移过程有时可大大降低经济主体的风险程度。风险转移的主要形式是合同和保险。

（1）合同转移。通过签订合同，可以将部分或全部风险转移给一个或多个其他参与者。

（2）保险转移。保险是使用最为广泛的风险转移方式。

4．风险保留

风险保留，即风险承担。也就是说，如果损失发生，经济主体将以当时可利用的任何资金进行支付。风险保留包括无计划自留、有计划自我保险。

（1）无计划自留。指风险损失发生后从收入中支付，即不是在损失前做出资金安排。当经济主体没有意识到风险并认为损失不会发生时，或将意识到的与风险有关的最大可能损失显著低估时，就会采用无计划保留方式承担风险。一般来说，无资金保留应当谨慎使用，因为如果实际总损失远远大于预计损失，将引起资金周转困难。

（2）有计划自我保险。指可能的损失发生前，通过做出各种资金安排以确保损失出现后能及时获得资金以补偿损失。有计划自我保险主要通过建立风险预留基金的方式来实现。

【案例1】

精准施策确保西成高铁长大坡道运营安全

随着西成高铁2017年12月6日开通运营，"难于上青天"的千年蜀道迈进高铁时代。全长643 km的西成高铁穿越秦岭山脉，形成了近100 km密集隧道群，其中45 km 25‰的连续长大坡道，海拔落差达1 100 m，在全国乃至世界罕见。中国铁路总公司精准施策提高长大坡道高铁运营安全，截至2018年7月19日，西成高铁安全运营226天。

长大坡道对动车组、自轮运转设备牵引力和制动力均提出更高要求，给车辆防溜、动车组救援带来空前考验。密集的隧道群，复杂的地质地貌，加之公路交通极为不便，给设备故障处置、火灾、旅客疏散等应急救援处置带来巨大压力。总公司党组对此高度重视，党组书记、总经理陆东福亲赴现场检查调研，多次做出指示批示，要求和指导全面强化长大坡道运营安全保障。总公司科学严谨研究对策，系统完善保障措施，扎实有效推进落实，中国铁路西安局集团有限公司按照总公司部署要求，把确保高铁安全作为重大的政治责任，取得了初步成效。

强化高铁长大坡道安全保障措施。他们在全面排查研判西成高铁长大坡道安全风险的基础上，以科学试验为依据，模拟动力切除、坡道防溜等17类场景开展试验，获取了一系列有价值的基础试验数据；以实现区间不停车、停车不溜逸，不发生重大设备故障，不发生危及动车组和旅客安全的事故为目标，组织研究提出了一系列安全保障措施。他们还补强装备配置，加强设备检测维修，改进行车组织方式，加强安全环境保障。

提升高铁长大坡道应急处置水平。他们把突发情况应急处置当作落实"三个决不让"的重要关口，紧盯防溜、防火和隧道紧急逃生等处置关键，切实强化应急保障措施，坚决守住旅客安全的最后一道防线；完善应急预案，明确处置流程和方式，保证应急处置规范有序；优化救援布局，增强应急力量，增设高铁应急救援保障台，成立西成高铁防灾救援检查工区和动车组应急救援队，构建立体通畅的救援布局，实现应急救援的快速高效和统一指挥。

健全高铁长大坡道安全管理长效机制。西安局集团公司认真落实总公司研究确定的各项安全保障措施，探索安全规律，加快形成行之有效的长大坡道安全保障体系。他们从规范现场作业入手，落实高铁一体化管理要求，制定长大坡道区段工务设备养护维修、供电设备管理、接触网作业车行车安全和设备集中修作业管理办法等26项管理制度，保证作业安全；把人员素质作为确保长大坡道安全的重要保障，严格岗位准入，规定长大坡道区段主要行车工种人员必须具备高铁从业经历、经过专题培训，保证高素质人才进入关键岗位；深化探索攻关，梳理了8种极端情况和73个重点问题，开展技术攻关，研究应对措施。

西成高铁开通运营以来，总公司及西安局集团公司深入探索高铁长大坡道安全保障规律，不断提升高铁运营管理水平，牢牢守住高铁安全的政治红线和职业底线。截至7月15日，西成高铁发送旅客976.8万人次，旅客上座率81%，取得良好的经济效益和社会效益。（来源：铁路网"铁路资讯"）

【案例2】

2015年12月29日，南阳车务段管辖的宁西线屈原岗车站将电力机车牵引的X25103次列车接入Ⅰ道接触网停电区，构成铁路交通一般C19类事故。

（1）事故概况。

屈原岗站共有5条线路，其中Ⅱ道为上行正线，Ⅲ道为下行正线，位于Ⅱ道和Ⅲ道中间的Ⅰ道为蒙华铁路西南联络线预留正线。Ⅰ、Ⅱ、4道为上行供电臂范围，Ⅲ、5道为下行供电臂范围，上下行供电臂分段绝缘位置设置于Ⅰ、Ⅲ道间。

12月29日11时03分，行调下达29271号调度命令，自11时05分起丹水分区所西峡变电所上行供电臂停电，配合西峡站电气化改造施工（停电范围含屈原岗站Ⅰ、Ⅱ、4道）。

11时03分，丹水站向屈原岗站办理X25103次预告，11时05分X25103次丹水站Ⅰ道通过。11时10分，屈原岗站开放了X25103次列车Ⅰ道停车信号，11时22分，列车压上X信号机，11时24分，列车停于站内Ⅰ道K317+379处。13时45分，上行接触网在施工作业完毕恢复供电后，列车于14时03分到达屈原岗站Ⅰ道，构成铁路交通一般C19类事故。

（2）事故原因及教训。

该事故发生在"天窗"作业期间，是由于作业人员审核命令不认真，臆测行事，违章蛮干；盯岗干部对安全关键心中无数，盯岗期间频繁离岗，盯岗流于形式，关键环节失控，没有把变点作为风险点。作为控制重点而造成的一起事故，主要表现在以下几个方面：

① 车站值班员违章蛮干。29271号调度命令下达后，车站值班员没有认真确认停电范围，也未按照《防止电力机车进入停电区或无接触网线路的安全措施》（郑运车电〔2010〕23号）要求，将站内两条供电臂间渡线道岔扳至不能进入停电区的位置并单独锁闭，也未揭挂停电表示牌，未在占线板上标注。接到X25103次预告后，未意识到Ⅰ道处于停电状态，盲目确

定接车线为 I 道，并于 11 时 10 分开放 I 道接车信号，是导致事故直接原因。暴露出个别作业人员在调度命令内容审核、运统 46 签认方面不认真，对既有规章制度不落实，臆测行事的惯性违章行为还比较严重。

② 值班干部盯而不控。施工当天，屈原岗站值班干部在班前点名时，没有对铁路局 12 月 28 日发布的施工日计划内容进行重点布置，尤其是没有针对车站第一次上、下行不同时间停电的情况向值班员传达和提醒，也没有针对车站当天"天窗"作业方式改变进行风险提示。11 时 02 分值班干部施工上岗后，未认真阅读施工调度命令，对命令关键内容不清楚的情况下就盲目签认，且没有落实《郑州铁路局车务系统干部盯岗办法》（郑运车函〔2013〕4 号）中"中间站接触网停电作业时，干部到岗后，确认已将有关道岔开通至规定位置并锁闭、对有关信号机加挂'停电'帽或钮封等安全措施后，方可撤岗"的规定，对值班员不落实防止电力机车进入停电区的防控措施不盯不控、不管不问，丝毫没有发挥出值班干部盯控关键的作用，更没有意识到本次施工为车站首次两条供电臂不同时间停电作业，需要进行重点卡控，而是多次往返于站长室与运转室间，造成关键环节失于控制。暴露出个别中间站值班干部对本站安全关键心中无数，对班前变点风险排查风险不到位，盯岗流于形式等问题还不同程度存在。

③ 施工运输组织方案制定不具体。西峡站作为中心站，在制定施工运输组织方案时，未明确屈原岗站上行停电后对 I 、Ⅲ道间渡线道岔单锁的控制措施，只是口头向站长进行了布置。南阳车务段在审核施工运输组织方案时不认真，未及时纠正方案中缺失屈原岗站上、下行不同时停电的控制措施等内容，方案审核走了形式。

④ 分段绝缘特殊设置控制不到位。南阳车务段在《南阳车务段宁西二线开通风险排查会议纪要》（〔2015〕37 号）中虽然排查出"防止电力机车带电进入停电区或错误进入无网区"的风险点，也制定了防止电力机车带电进入停电区或无网区安全控制措施，但没有针对屈原岗站供电臂的特殊设置提出重点要求，在制定的《南阳车务段防止电力机车带电进入停电区或无网区安全控制措施》（南车段技〔2015〕122 号）中也只是简单的要求车站值班员、信号员应熟练掌握接触网停电行车限制办法，照搬照抄运输处文件，没有明确车站哪些道岔需要单独锁闭。

⑤ 有效的安全控制措施未得到执行。《防止电力机车进入停电区或无接触网线路的安全措施》（郑运车电〔2010〕23 号）明确要求各直管站、车务段要根据技术资料，用彩笔或线条为车站值班员、信号员提供直观的"接触网线路示意图"，明示挂网线路、隔离开关、分段或分相绝缘器位置，用不同颜色区分上、下行不同供电臂的供电范围等，但南阳车务段没有按照运输处要求在屈原岗站建立"接触网线路示意图"，失去了通过控制措施防止进入停电区的作用，导致有效的安全控制措施在实际工作中未能得到有效的执行。

⑥ 安全风险防控严重漏项。宁西复线开通后，屈原岗站由 2 条线路增加至 5 条，由 1 条供电臂增加为上、下行 2 条供电臂，站场设备变化较大，且 12 月 29 日停电施工为 12 月 21 日复线开通以来首次 2 条供电臂不同时间停电作业，车站干部职工均无作业经验，以上设备和作业方式的变化未引起车务段高度重视。运输处在下发 12 月份安全风险控制重点时将"防止电力机车进停电区"和"宁西复线西线自闭开通"作为本月安全风险防控重点，南阳车务段虽然进行了风险研判，11 月 28 日接到施工日计划后，技术科专职与调度所进行了联系协调，请求调整为垂直天窗，但在协调未果的情况下，也未针对本次施工作业指派胜任干部

进行现场盯控，未通过段值班室进行远程监督指导，未采取有效的控制手段，风险防控严重漏项。

（3）事故反思。

车务站段要将该事故记名式传达到每名行车干部职工，认真吸取"12·29"事故教训，结合单位实际，重点抓好以下几方面工作：

① 严格风险排查防控。一是要树立"变点就是风险点"的理念，遇人员、设备、作业方式、环境和规章制度等发生变化时，及时进行风险排查，并制定切实有效的防范措施。二是要对已经排查出的风险隐患点进行重点监控，确保防范措施有效落实。三是对已制定的"接触网线路示意图"、安全帽（牌）等安全防范措施和设备进行重新排查，对因设备变化等原因需要调整的及时进行调整和更新。

② 严格干部履职考核。一是要狠抓干部队伍的素质建设，完善干部相关培训和考试机制，不断提升干部职工的业务素质。二是完善考核机制。进一步优化安全关键环节的控制方法，量化考核指标，提升管理干部对关键环节控制力。三是严格监督检查。加大力度对干部履职的监督检查，严格追责考核，促进干部认真履职的自觉性。

③ 严格培训制度落实。要严格按照《郑州铁路局运转车间管理办法》《郑州铁路局中间站管理办法》和《郑州铁路局高速铁路中间站及运转车间管理办法》要求，认真落实日常职工培训、演练和考试制度，结合管内各站特点，有的放矢地组织行车职工学习规章制度，准确掌握本站相关行车设备，杜绝以传达文电代替学习培训的现象，切实加强行车干部职工业务素质。

④ 严格施工安全管理。一是严格施工组织方案审批。各车务站段对车站（车间）上报的施工运输组织方案要认真审核，及时纠正存在的问题，对操作性不强和措施不具体的安全防范措施进行补强，确保正确、全面和实用。二是要严格执行施工运输组织方案中明确的道岔单锁、揭挂安全帽（牌）等防范措施，确保关键环节有序可控。三是盯控人员要按规定时间上岗，严格按照车务系统干部盯岗办法要求逐项卡控施工关键，切实为安全生产增加一道防线。

⑤ 严格现场作业控制。一是加大现场监督检查力度。各级管理岗位要严格按照规定完成关键时段、关键岗位和关键作业的盯控指标，加大现场监督检查力度，及时发现和纠正各类违章违纪现象。二是切实发挥设备保安功能。要积极利用视频监控、微机监测回放和录音电话等设备手段，加强对现场作业标准的监督检查，准确掌握职工日常作业动态，对作业纪律松弛、业务技能不强的职工进行重点帮扶，规避生产作业流程中存在的安全短板，强化运输生产控制力与手段。（来源：全路车务系统事故案例分析）

复习思考题

1. 什么是风险？构成要素有哪些？

2. 简述风险的特征。

3. 什么是风险管理？如何开展风险管理工作？

4. 简要说明风险管理的作用。

5. 什么是铁路安全风险管理？铁路推行安全风险管理的意义何在？

6. 铁路安全风险管理的主要内容有哪些?

7. 铁路安全风险管理与传统安全管理的区别是什么?

8. 如何有效推进铁路安全风险管理?

9. 什么是风险识别? 如何理解风险识别的概念?

10. 风险识别的方法有哪些?

11. 什么是风险评价?

12. 什么是风险控制?

第六章　安全系统工程

◆学习目标

1. 了解铁路运输中安全的重要性以及铁路运输安全的现状；
2. 掌握安全系统工程的基本概念、特征和观点；
3. 掌握事故树分析原理和方法；
4. 熟练掌握事故树的编制和定性分析。

【引例】

未准备好进路错发行车凭证

2016 年 5 月 6 日 20 时 28 分，成都局重庆枢纽重庆西站管内珞璜站至小南海站区间雨量达到"封锁"值，路局行调安排小南海接触网工区 1402210 号作业车担任巡查作业车。20 时 38 分行调下达调度命令，准许小南海站开 57701 次列车，进入小南海站至珞璜站间封锁区间巡查线路。21 时 03 分，小南海站在没有准备好发车进路的情况下，向作业车司机递交了作为进入区间凭证的调度命令。21 时 04 分 57701 次司机开车，21 时 08 分挤坏小南海站 23 号道岔停车，构成铁路交通一般 C8 类事故。（来源：安全管理网）

第一节　安全系统工程

一、安全系统工程的基本概念

（一）安全系统工程的由来和发展

多少年来，安全工作者总想找到一个办法，能够预测事故发生的可能性，掌握事故发生的规律，作出定性和定量的评价，以便能在设计、施工、运行、管理中向有关人员预先警告事故的危险性，并且能够根据评价结果，提出相应的安全措施。为了达到这个目的，需要一门新兴的安全管理科学——安全系统工程学。

安全系统工程学是一门独立的安全管理科学，它是在现代技术和现代生产条件下产生的。

1947 年，英国数学家布尔发表了《逻辑的数学分析》，1954 年又发表了《思维规律》。夏农发明了开关代数。它们同古典的集合代数，殊途同归，最后合并成逻辑代数，使事故树分析有了数学基础。二次世界大战之后，系统科学有了迅速的发展，给安全系统分析以启发，使安全系统工程有了系统的观点和概念，为安全系统工程的出现提供了理论条件。电子技术、概率统计数学有了用武之地，为安全系统的评价提供了手段。就这样根据需要和可能，安全系统工程学便应运而生了。同任何科学一样，安全系统工程学也有一个产生和发展的过程。1957 年前苏联发射了第一颗地球人造卫星之后，美国为了占据空间优势，匆忙地进行导弹技术的开发，由于对系统的可靠性和安全性研究不足，在一年半的时间内连续发生四次重大事故，造成了数以百万美元的损失，最后不得不全部报废。后来美国空军用系统工程的方法研究导弹系统的可靠性和安全性，于 1962 年第一次提出了"导弹火箭安全系统工程学"，继而制定了"武器系统安全标准"，1966 年美国国防部采用了空军的安全标准，1969 年 7 月发表了安全系统工程程序标准，在这项标准中，首次奠定了安全系统工程的概念。我国从 1982 年开始在研究单位进行这门科学的介绍和研究，随即在一些工业企业进行推广试点。1986 年，我国铁路系统引进了事故树分析方法，在广州、成都、上海、哈尔滨、沈阳等铁路局开始推行，收到了一定的效果。

（二）系统与系统工程

1. 系统与系统分析

1）系统

所谓系统是指由许多相互依赖、相互区别和相互作用的要素组成，处于一定的环境之中，为达到整体目的而存在的有机集合体。

我们可以把一个大的铁路枢纽看成一个系统，而它的组成部分——车站、货场、中间站以及所有联络线路等等都是它的子系统。每个子系统还可以再分为若干组成部分，同时，整个枢纽自身又是从属于全国铁路运输部门这个大系统的一个子系统。

尽管系统存在的形式与形态是多种多样的，但它们一般都有以下基本特征。

（1）集合性：即把具有某种属性的一些现象看做一个整体，便形成一个集合。

（2）相关性：系统都由两个以上要素所组成，组成系统的要素是相互联系、相互作用的。

（3）目的性：人造系统具有目的性，而且往往不止一个目的。建造一个系统必须具有明确的目的，没有目的的系统是不应当存在的。

（4）整体性：具有独立功能的系统要素以及要素间的相互联系，只能逻辑地统一和协调于系统整体之中，为系统的整体功能而存在。

（5）环境适应性：任何一个系统都存在于一定的物质环境之中，必须要与外界环境产生物质的、能量的和信息的交换。

2）系统分析

研究系统的功能与功能相关的系统因素、因素之间、因素与功能之间的关系系统，构成选择系统最优的因素组合，以使系统功能为最优的分析方法叫系统分析。

安全系统分析，首先选出顶上事件作为功能，然后找出与该事故有关的因素，建立因素之间的逻辑关系，把它们画在逻辑树上，求出割集，把割集和重要因素排序，找出安全体系要素。针对这些要素改进管理，使事故发生的概率最小，这个过程是安全系统分析。

2. 系统工程

根据系统的概念，无论是一项复杂的工程或者是一个大的企业单位，甚至企业内部一项大的活动，我们都可以把它看做是一个系统。那么什么是系统工程呢？系统工程是对系统的分析、设计、规划、实施、评价和使用的科学方法。系统分析是系统工程的一部分。

系统工程的任务是为设计制造或经营运用某个系统提供规划、安排计划、进行设计、选择方案、制定决策的思想、理论、技术和方法。目的是实现最优设计、最优管理、最佳经济效益。可以说它是一门"软件"科学。

系统工程的基本观点可以归纳以下几个方面。

（1）整体最优化的观点。

系统工程的任务就是从系统的整体出发，而不能从系统的某个局部出发去探索最好的途径或方法，以便用最少的人力、物力、财力在最短的时间先去完成预定的任务。这种整体最优化的思想，是系统工程的基本思想。

（2）发展变化的观点。

一切事物都是发展变化的。我们在进行规划、设计和经营管理的时候，都必须综合研究系统的过去、现在和未来的状况与可能出现的情况，不仅在当前要合理地运用好现有的人力、物力、财力资源，而且还要合理地筹划未来，把目前和未来结合起来考虑，以求找出一个在较长时间内都是合理的方案。

（3）协调配合的观点。

任何一个系统都是由许多环节组成，各个环节之间彼此紧密相连，相互依赖，相互制约。因此，要使整个系统有效地运转起来，就必须使各个环节之间在空间和时间上紧密协调配合。

（4）适应环境的观点。

任何系统都处在一定的环境之中，不能脱离环境孤立存在。系统要运转，就要不断从环境中取得各种输入并不断向环境做出各种输出。然而系统从环境取得的只能是环境所能给予的和必然给予的输入，系统向环境输出的又必须是环境需要的或环境所能容许的输出。这就是说，系统必须适应环境。否则系统就不能正常运转，甚至无法存在下去，所以，了解环境和研究环境，就成为系统工程的一个重要课题。

（5）人是企业主体的观点。

人在企业系统中的地位是非常明确的，那就是职工是企业的主人，应当充分调动和发挥他们的积极性和创造性，为提高企业的经济效益，保质保量地完成各项任务而不断努力。

三、安全系统工程

安全系统工程是属于系统科学的一个分支科学。它也是跨学科、跨行业的边缘科学。

所谓安全系统工程是采用系统工程的方法，分析、评价并控制系统中的事故，通过调整工艺、设备、操作、管理、生产周期和费用投资等因素，使系统发生的事故减少到最低限度并达到最佳安全状态。

安全系统工程的内容主要包括以下三个方面。

（1）安全系统分析。安全系统分析在安全系统工程中占有十分重要的地位。为了充分认识系统中存在的危险性，就要对系统进行认真细致的分析。只有分析的准确，才能在安全评价中得到正确的答案。可以根据需要把分析进行到不同的深度，可以是初步的或详细的，定性的或是定量的，每种深度都可得出相应的答案，满足不同项目、不同情况的要求。

（2）安全评价。系统安全分析的目的就是为了进行安全评价。通过分析了解系统中存在的潜在危险性和薄弱环节，发生事故的概率和可能的严重程度等，这些都是评价的依据。

（3）采取安全措施。根据评价的结果，可以对系统进行调整，对薄弱环节加以修正或加强。安全措施主要可采取预防事故发生或控制损失扩展两种方法。前者是在事故发生之前，尽可能抑制事故的发生，后者是在事故已经发生之后，尽量使事故损失控制在最低限度。

第二节　铁路运输企业事故树的编制

事故树分析是安全系统工程的主要分析方法。一般来讲，安全系统工程的发展也是以事故树分析为主要标志的。事故树分析一般用于分析重大恶性事故的因果关系，用它可以进行系统的危险性评价、事故预测、事故调查和沟通事故情报，也可以用于系统的安全性设计等等，这是搞好安全工作的有力武器。

一、事故树的概念

事故树（以下简称树）的分析技术，属于系统工程的图论范畴。通俗地说：图是由点和线构成的系统。它是由只有一个始点、多个终点的有向图。形状如树，因此得名事故树。

事故树就是由输入符号（事件符号）和关系符号（逻辑符号）所组成，描述事故因果关系有方向的树。利用事故树对某一系统的危险性进行分析叫做事故树分析，也叫逻辑分析。

二、事故树的符号及其代表的意义

事故树由各种事件符号和与其连接的逻辑符号组成。现将在关符号及代表的意义介绍如下。

（一）事件符号

事件符号是事故树的节点。

1. 矩形符号

矩形符号如图 6-1（a）所示。它是用来表示顶上事件和中间事件，凡是还可以继续分析的事件都要用矩形符号表示。

顶上事件，就是系统的总功能事件，也就是说该事故树所要分析的事件。把事故的名称写在矩形符号内，在事故树示意图中用"T"表示，顶上事件是有向树的始点。

（a）矩形符号　　　（b）圆形符号　　　（c）屋形符号　　　（d）菱形符号

图 6-1　事件符号

2. 圆形符号

圆形符号如图 6-1（b）所示，表示底事件，是树图的终点，也叫做基本原因事件。

3. 屋形符号

屋形符号表示正常事件，如图 6-1（c）所示。它是在系统正常情况下发生的正常事件。

4. 菱形符号

它表示省略事件，如图 6-1（d）所示。省略事件是不需要分析的事件。

（二）逻辑符号

逻辑符号是连接各个事件之间逻辑关系的符号。

1. 与门符号

它表示 B_1、B_2 事件同时发生，A 才发生，如图 6-2 所示。用逻辑式表示：

$$A = B_1 \cap B_2 \cap \cdots \cap B_n = B_1 \cdot B_2 \cdots B_n$$

例如：没下道避车；"没看见来车""防护没起作用"中有一个不发生"没下道避车"就不会发生。如图 6-3 所示。

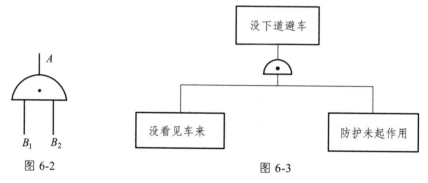

图 6-2　　　　　　　　　　　　　　　　图 6-3

2. 或门符号

它表示 B_1、B_2 任何一个事件发生，A 都可以发生的。用逻辑式表示为：

$$A = B_1 \cup B_2 \cup \cdots \cup B_n = B_1 + B_2 + \cdots + B_n,$$

如图 6-4 所示。

3. 条件与门符号

在与门符号加上条件 α，在 α 条件下，即使 B_1、B_2 发生，如果 α 不发生，A 也不会发生，如图 6-5 所示。用逻辑式表示为：

$$A = B_1 \cap B_2 \cap \cdots \cap B_n \cap \alpha = B_1 \cdot B_2 \cdots B_n\alpha$$

图 6-4

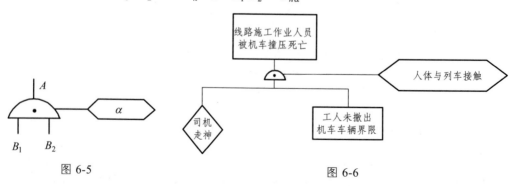

图 6-5　　　　　　　　　　　　　　　图 6-6

例如图 6-6 中"人体与列车接触"不发生，则顶上事件就不会发生。

4. 条件或门符号

在或门符号边上加上 β 条件，它表明 B_1、B_2 发生，只有在条件 β 发生时，A 才会发生，如图 6-7 所示。用逻辑式表示为：

$$A = （B_1 \cup B_2 \cup \cdots \cup B_n）\cap \beta = （B_1 + B_2 + \cdots + B_n）\cdot \beta$$

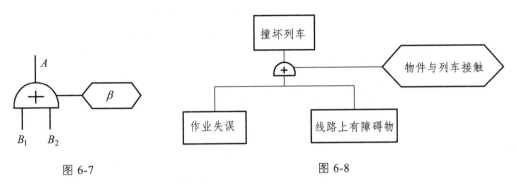

图 6-7　　　　　　　　　　　　　　　　　　　图 6-8

例如图 6-8 中"物件与列车接触"不发生，顶上事件"撞坏列车"就不会发生。

三、铁路运输企业事故树分析的程序

（一）熟悉系统

要确实了解和掌握铁路运输系统情况，必要时画出系统的生产流程图和布置图。

（二）调查事故

在对过去铁路运输系统事故实例和事故统计的基础上，尽可能地调查能够预想到的事故，即调查已发生的和可能发生的事故。

（三）确定顶上事件

所谓顶上事件，就是这个事故树所要分析的对象事件。在调查事故时，要分析事故的严重程度和发生频度，从中找出后果严重的事故，将其作为事故树分析的顶上事件。

（四）确定目标值

根据以往的事故经验和同类事故的资料，进行统计分析，求出事故发生的概率（或频率）。然后，根据这一事故的严重程度，确定所要控制和事故发生概率的目标值，使它小于某一个给定值。

（五）调查原因事件

调查与事故有关的所有原因事件和各种因素。包括机械故障、设备故障、操作者的失误、管理和指挥失误、环境因素等，尽量详细查清原因。

（六）画出事故树

根据上述资料，从顶上事件分析，一级一级找出所有直接原因事件，直到达到所要分析的深度，然后按逻辑关系画出事故树。

（七）定性分析

按事故树结构，进行化简，求出最小割集和最小径集，确定各基本事件的结构重要度，并排列出结构重要度顺序。

（八）求出事故发生概率

先根据所调查的情况和资料，确定所有底事件的发生概率；然后再求出顶上事件发生的概率。

（九）进行比较

对可维修系统把求出的概率与通过统计分析得出的概率进行比较，分析系统是否还有可能进行改进。

（十）定量分析

当顶上事件发生概率超过预定的目标值时，要研究降低事故发生概率的所有可能性，找出根除或降低事故的可能性。最后计算出各底事件的概率重要度系数和临界重要度系数。

四、铁路运输企业事故树的编制过程

（一）将顶上事件扼要地写在矩形框内

编制事故树，首先应写出该事故树要分析的事故，即顶上事件。选择顶上事件一定要在详细充分了解事故发生所在系统的情况、有关事故发生的情况和发生可能，以及事故的严重程度和发生概率（或频率）的情况下进行。而且事前要仔细寻找造成事故的直接原因和间接原因。然后根据事故的严重程度和发生概率确定要分析的顶上事件，将其扼要地写在矩形方框内。

（二）将造成顶上事件的直接原因列在第二层，两层间用适当的逻辑门符号连接

在顶上事件下面的一层并列写出造成顶上事件发生的直接原因事件，它们可以是机械故障、人为因素或环境原因，上下层之间用适当的逻辑符号连接。

（三）将构成第二层事件的直接原因列在第三层，……直到最基本的底事件

接下去把构成第二层各事件的直接原因写在第三层，并用与第二层事件相适应的逻辑符号连接……，这样层层向下，直到最基本的原因事件，就构成了一个事故树。例如"火车与汽车相撞，挤伤调车人员致死"事故树（见图6-9）。

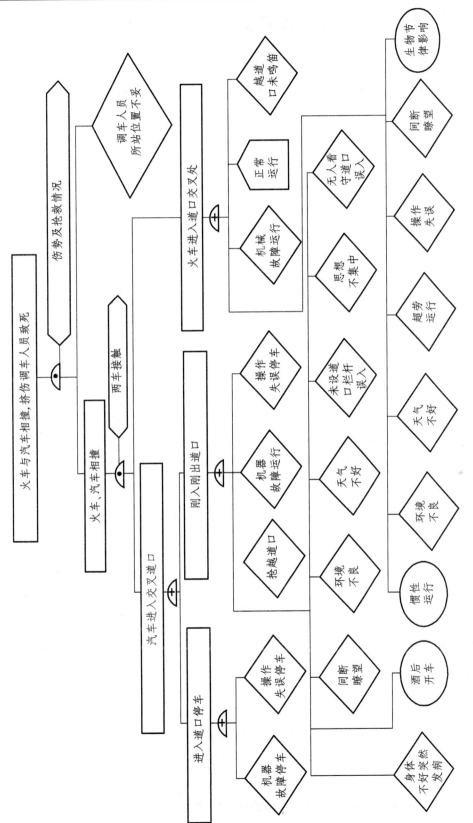

图 6-9　火车与汽车相撞，挤伤调车人员致死事故树分析图

第三节　铁路运输企业事故树的定性分析

事故树编制完成后，就要对事故树进行定性和定量分析。这里主要介绍定性分析，定性分析的目的是分析研究造成顶上事件发生都有哪些事件？这些事件是如何组合的？其作用大小从结构上是怎样排序的？

一、布尔代数

（一）集合

集合是指具有某种共同属性的事物全体，组成集合的个体称为元素。集合的种类有如下几种：

1. 子集

设 A、B 是两个集合，若 A 的每一个元素都是 B 的元素，则称 A 是 B 的子集。记作 $A \subseteq B$（或 $B \supseteq A$），读作 A 包含于 B（或 B 包含 A）

2. 交集

设 A、B 是两个集合，由所有属于 A 且属于 B 的元素组成的集合，称为 A 与 B 的交集，记作 $A \cap B$。

3. 并集

设 A、B 两个集合，由属于 A 或属于 B 的所有元素组成的集合，称作 A 与 B 的并集，记作 $A \cup B$。

4. 补集

设 I 为全集，A 为 I 的一个子集，即 $A \subseteq I$，那么 I 中所有不属于 A 的元素组成的集合叫做集合 A 的补集，记作 $\overline{A}$。

（二）布尔代数运算法则

1. $A + A = A$
2. $A \cdot A = A$
3. $A + A \cdot B = A$

例：$(A+B) \cdot [A + (A+B)] = (A+B) \cdot A = A$

$A \cdot A + A \cdot B + A \cdot B \cdot C \cdot D = A$

$y \cdot x \cdot y + x \cdot y + x \cdot x \cdot y = x \cdot y$

$x \cdot y \cdot x \cdot z + x \cdot y = x \cdot y$

二、用布尔代数化简事故树

事故树编制完成后，需要进行化简，特别是在事故树的不同位置存在同一基本事件时，必须用布尔代数进行整理，然后才能计算顶上事件的概率。

例图 6-10 所示事故树示意图，用布尔代数化简事故树。顶上事件为 T。

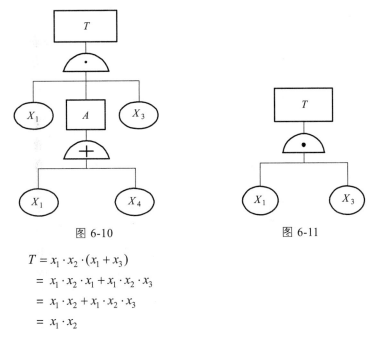

图 6-10　　　　　　　　　　　　　　图 6-11

$$T = x_1 \cdot x_2 \cdot (x_1 + x_3)$$
$$= x_1 \cdot x_2 \cdot x_1 + x_1 \cdot x_2 \cdot x_3$$
$$= x_1 \cdot x_2 + x_1 \cdot x_2 \cdot x_3$$
$$= x_1 \cdot x_2$$

这样，原来事故树化简后的等效事故树就是一个由两个事件组成的，通过与门和顶上事件连接的新事故树示意图（如图 6-11 所示叫原事故树的等效图），从图 6-11 中看出 T 事件的发生就是当 x_1、x_2 同时发生时才发生，只要控制两个中的一个不发生，T 事件就不会发生。

三、最小割集及其求法

割集，也叫截止集，它是导致顶上事件发生的基本事件的集合，也就是说，事故树中，一组基本事件的发生，能够导致顶上事件的发生，这组基本事件就叫割集。

所谓最小割集，就是引起顶上事件发生的最起码的基本事件的集合。一般用布尔代数求最小割集，也就是化简事故树。在上例中 $x_1 \cdot x_2$ 就是顶上事件 T 的最小割集。

【例 6-1】　用布尔代数求事故树示意图 6-12 中顶上事件 T 的最小割集。

$$T = A_1 + A_2$$
$$= x_1 \cdot A_3 \cdot x_2 + x_4 \cdot A_4$$
$$= x_1 \cdot (x_1 + x_3) \cdot x_2 + x_4 \cdot A_5 + x_6)$$
$$= x_1 \cdot x_1 \cdot x_2 + x_1 \cdot x_3 \cdot x_2 + x_4 \cdot (x_4 \cdot x_5 + x_6)$$
$$= x_1 \cdot x_1 \cdot x_2 + x_1 \cdot x_3 \cdot x_2 + x_4 \cdot x_4 \cdot x_5 + x_4 \cdot x_6$$
$$= x_1 \cdot x_1 \cdot x_2 + x_1 \cdot x_3 \cdot x_2 + x_4 \cdot x_5 + x_4 \cdot x_6$$
$$= x_1 \cdot x_2 + x_4 \cdot x_5 + x_4 \cdot x_6$$

所得三个最小割集为：$\{x_1 \cdot x_2\}$、$\{x_4 \cdot x_5\}$、$\{x_4 \cdot x_6\}$；

画出事故树的等效图如图 6-13 所示。

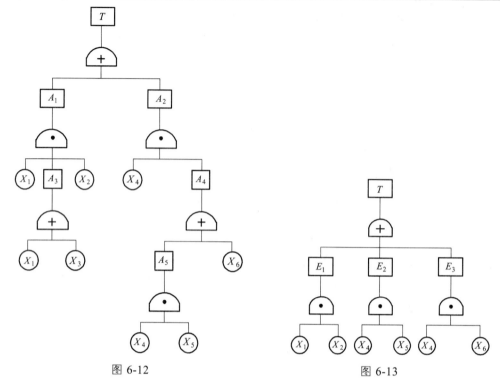

图 6-12　　　　　　　　　　　　　　　　图 6-13

对于顶上事件 T 三个基本事件的组合中的任何一个组合发生，顶上事件 T 就会发生。

四、最小径集及其求法

径集，也叫通集。如果事故树中某些基本事件不发生，顶上事件就不发生，那么这些基本事件的集合称为径集。所谓最小径集，就是保证顶上事件不发生的最起码的基本事件的集合。

求最小径集是利用它与最小割集的对偶性，首先做出与事故树对偶的成功树，就是把原来事故树的"与门"换成"或门"，"或门"换成"与门"，各类事件的发生换成不发生。然后，用求出成功树的最小割集就是事故树的最小径集。

例 5-1 中，与事故树对偶的成功树是图 6-14。用 T'、A_1'、A_2'、A_3'、A_4'、A_5'、x_1'、x_2'、x_3'、x_4'、x_5'、x_6' 表示各事件 T、A_1、A_2、A_3、A_4、A_5、x_1、x_2、x_3、x_4、x_5、x_6 不发生。

我们用布尔代数化简法求成功树的最小割集：

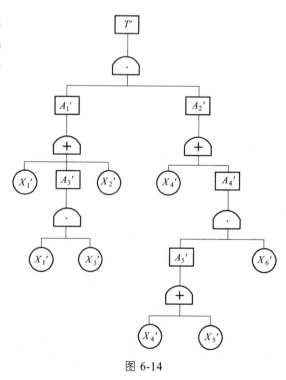

图 6-14

$T = A_1' \cdot A_2' = (x_1' + A_3' + x_2') \cdot (x_4' + A_4') \cdot$

$= (x_1' + x_1' \cdot x_3' + x_2') \cdot (x_4' + A_5' \cdot x_6')$

$= (x_1' + x_1' \cdot x_3' + x_2') \cdot (x_4' + (x_4' + x_5') \cdot x_6')$

$= (x_1' + x_2') \cdot (x_4' + x_5' \cdot x_6')$

$= x_1' \cdot x_4' + x_1' \cdot x_5' \cdot x_6' + x_2' \cdot x_4' + x_2' \cdot x_5' \cdot x_6'$

这样我们得到的成功树四个最小割集，就是事故树的四个最小径集。即：$\{x_1' \cdot x_4'\}$、$\{x_1' \cdot x_5' \cdot x_6'\}$、$\{x_2' \cdot x_4'\}$、$\{x_2' \cdot x_5' \cdot x_6'\}$

同样我们可以用最小径集表示事故树的等效图。如图 6-15 所示。

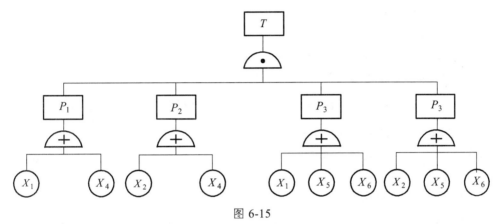

图 6-15

五、最小割集、最小径集的在运输生产中的作用

1. 最小割集表示铁路运输系统的危险性。求出最小割集可以掌握事故发生的各种可能性，为事故调查和事故预防提供方便

最小割集表示顶上事件发生的每一种可能，即表示发生哪些故障和因素发生时顶上事件发生。事故树中共有几种基本事件的组合会导致顶上事件的发生。

例 6-1 中事故树的最小割集为：$\{x_1 \cdot x_2\}$、$\{x_4 \cdot x_5\}$、$\{x_4 \cdot x_6\}$；它直观地告诉我们造成顶上事件发生的途径有三种。即 x_1、x_2 同时发生、x_4、x_5 同时发生、x_4、x_6 同时发生顶上事件 T 就会发生。这对事故的预防提供了非常重要的信息。

2. 最小径集表示系统的安全性，求出最小径集可以知道要使顶上事件不发生，有几种可能的方案

例：我们从图 6-15 中可以看出有四个最小径集，即：$\{x_1' \cdot x_4'\}$、$\{x_1' \cdot x_5' \cdot x_6'\}$、$\{x_2' \cdot x_4'\}$、$\{x_2' \cdot x_5' \cdot x_6'\}$只要控制一个组合不发生，顶上事件就不会发生。因此最小径集告诉我们改进系统的可能性，消除事故隐患应从哪里入手。

3. 最小割集能直观地、概略地告诉我们哪种事故模式最危险、哪种稍次、哪种可以忽略不考虑

例如某事故树有以下三个最小割集：$\{x_1\}$、$\{x_2 \cdot x_3\}$、$\{x_4 \cdot x_5 \cdot x_6\}$，一般来说一个事件的割集比两个事件的割集容易发生，两个事件的割集比三个事件的割容易发生……（如果不考虑基本

原因事件的概率值时）。因此，$\{x_1\}$最危险、$\{x_2 \cdot x_3\}$稍次、$\{x_4 \cdot x_5 \cdot x_6\}$相对而言比较安全。

4. 最小径集可以经济地、有效地选择消灭事故的方案

从表 6-15 看出，要使顶上事件 T 不发生，可以有四条途径，即：$\{x_1' \cdot x_4'\}$、$\{x_1' \cdot x_5' \cdot x_6'\}$、$\{x_2' \cdot x_4'\}$、$\{x_2' \cdot x_5' \cdot x_6'\}$四个最小径集中任何一个径集不发生，顶上事件就不会发生。但究竟选择哪条途径最省事、最经济呢？从直观角度看，一般以消灭基本原因事件个数少的比多的要经济。因此最小径集可以经济地、有效地选择消灭事故的方案。

5. 利用最小割集和最小径集可以直接排列出基本事件的结构重要度顺序

这种排列方法的基本原则是：

（1）当最小割集中基本事件的个数不等时，个数少的比个数多的基本原因事件结构重要度大。例如：某事故树的最小割集为：$\{x_1\}$，$\{x_2 \cdot x_3\}$，$\{x_4 \cdot x_5 \cdot x_6\}$，$\{x_7 \cdot x_8 \cdot x_9 \cdot x_{10}\}$。我们可以排列出结构重要度顺序。即：

$$I(1) > I(2) = I(3) > I(4) = I(5) = I(6) > I(7) = I(8) = I(9) = I(10)$$

（2）当最小割集中基本事件的个数相等时，重复次数多的比重复次数少的基本原因事件结构重要度大。例如：某事故树有 8 个最小割集：$\{x_1 \cdot x_5 \cdot x_7 \cdot x_8\}$、$\{x_1 \cdot x_6 \cdot x_7 \cdot x_8\}$、$\{x_2 \cdot x_5 \cdot x_7 \cdot x_8\}$、$\{x_2 \cdot x_6 \cdot x_7 \cdot x_8\}$、$\{x_3 \cdot x_5 \cdot x_7 \cdot x_8\}$、$\{x_3 \cdot x_6 \cdot x_7 \cdot x_8\}$、$\{x_4 \cdot x_5 \cdot x_7 \cdot x_8\}$、$\{x_4 \cdot x_6 \cdot x_7 \cdot x_8\}$；按上面原则其结构重要度顺序为：

$$I(7) = I(8) > I(5) = I(6) > I(1) = I(2) = I(3) = I(4)$$

（3）基本事件少的与重复次数多的比较，一般前者大于后者。例如，某事故树的最小割集为：$\{x_1\}$、$\{x_2 \cdot x_3\}$、$\{x_2 \cdot x_4\}$、$\{x_2 \cdot x_5\}$其结构重要度顺序为：

$$I(1) > I(2) > I(3) = I(4) = I(5)$$

【案例 1】

2012 年月日时分，哈尔滨铁路局配属的次客车车底，在哈尔滨客技站检修作业完毕后，在库内 K4 道停留时，8 号车厢号 9 号包房内起火，在该车休息的 8 名人员中有 6 人撤离火灾现场，有 2 人来不及撤离、因中毒窒息死亡。事故主要原因：K57/58 次列车保洁员在 8 号车厢 9 号包房吸烟，将未熄灭的烟头遗留在 35 号铺上，引燃卧铺上的可燃物引起火灾。（来源：铁路典型事故案例）

【案例 2】

（1）事故概况：2015 年 7 月 7 日 14 时 23 分，X41059 次货物列车到达兰州铁路局银川南站 10 道，计划在银川南站（银川车站管辖）机次补轴 9 辆，尾部甩车 10 辆。16 时 43 分，银川南站组织 X41059 次开车。16 时 45 分，调车区长王涛发现 X41059 次列车未按计划对尾部 10 辆车拉口甩车，通知车站值班员杨捷后，将 X41059 次列车喊停于银川南站 K537+300 处（已出清 10 道，未越出站界），并组织列车退行。17 时 17 分，列车退回站内 10 道。17 时 57 分，X41059 次再次开车，构成铁路交通一般 D 类事故。

（2）事故原因及教训：

① 基本作业标准不落实。一是车站调度员联系确认环节未落实。车站调度员未将 X41059

次列车的拉口作业通知车站值班员，也没有对 X41059 次列车是否已拉口作业完毕进行核实并通知车站值班员。违反《站细》57 条"密切与局调度员、车站值班员联系，努力提高运输效率，确保生产安全"及《站细》49 条"车列编成后车站调度员（调车区长）通知车站值班员列车编组完毕"之规定。二是外勤车号员未按规定核对现车。外勤车号员未整列核对现车，违反《站细》24 条"负责终到、始发、有摘挂作业的列车的现车与列车编组顺序表的核对"之规定。三是拉口、列车退行作业均为一名人员参与作业，不符合《技规》第 291 条"调车人员不足 2 人，不准进行调车作业"之规定。四是列尾作业员严重简化作业程序。列尾作业员接到车站值班员关于 X41059 次列车挂机车、安装列尾主机的通知后，忘记了内勤车号员告知的 X41059 次列车尾部拉口甩车并确定列车尾部车号的事项，在列车尾部安装列尾主机后，未执行《银川车站关于防错挂列尾主机安全卡控措施的通知》（2015 第 186 号）中"列尾作业员返回作业室后，立即在接发列车作业过程控制系统中输入尾部车号和列尾主机号，向车站值班员、内勤车号员报告"之规定。

② 作业互控形同虚设。一是车站值班员发车前未确认发车条件。车站值班员未得到内勤车号员核对尾部车辆车号及列尾作业员核对列尾主机方向正确的汇报，盲目指示助理值班员发车。违反《银川车站关于防错挂列尾主机安全卡控措施的通知》（2015 第 186 号）中"车站值班员在得到内勤车号员尾部车辆车号、列尾主机方向核对正确的报告后方准开放出站信号机并指示助理值班员发车之"规定。二是内勤车号员核对把关缺失。内勤车号员未通过接发列车作业过程控制系统核对尾部车号和列尾主机号并向车站值班员报告。违反《银川车站关于防错挂列尾主机安全卡控措施的通知》（2015 第 186 号）"内勤车号员按接发列车作业过程控制系统中尾部车号和列尾主机号分别与列车编组及各方向列尾主机号码进行核对，核对无误后向车站值班员报告"之规定。三是调车区长不执行汇报制度。调车区长列车编成后未向车站值班员汇报。违反《站细》49 条"车列编成后车站调度员（调车区长）通知车站值班员列车编组完毕"之规定。

③ 应急处置不到位。车站值班员不清楚如列车退行控速不当侵入退行方向端接发列车进路可能引发的严重后果，盲目指派列尾作业员在列车尾部按列车方式指挥列车退行，而未采取调车方式组织退行，险未造成后果。作业层面暴露出的应急处置不到位的问题，反映出车站、车间对列车退行安全风险预控不到位，未针对性地制定列车退行的应急预案及处置流程，使现场执行无据可依。

④ 班组长严重失职。车站调度员、车站值班员未执行关键作业、关键环节的卡控制度，联系脱节，带头违章作业，安全关键卡控失效。值班站长日常注重对固定调车机作业的监控，对列尾作业员担当临时拉口调车作业盯控不到位，对班组存在的结合部问题没有采取任何措施。（来源：铁路典型事故案例）

复习思考题

1. 什么叫系统、系统工程？系统工程的基本观点是什么？
2. 什么叫安全系统工程？安全系统工程的内容有哪些？
3. 什么叫事故树？
4. 事故树分析程序包括哪些？
5. 简要说明事故树的编制过程。

第七章　铁路运输企业财务管理

◆学习目标

1. 掌握铁路运输企业财务管理的含义、内容及方法；
2. 了解资金时间价值、现金流量的含义及内容；
3. 掌握复利、年金及风险价值的计算；
4. 了解资产管理的内容；
5. 掌握存货管理及固定资产管理的计算；
6. 掌握铁路运输成本的含义及特点；
7. 了解铁路运输成本核算的内容及方法；
8. 掌握铁路运输企业成本控制的内容及成本考核与分析的方法。

【引例】

格林柯尔系资本运作及并购重组的路径反思

2005 年 8 月 1 日，新华社记者从有关部门证实，科龙电器董事长顾雏军因涉嫌经济问题被依法审查。

顾雏军是国内 A 股市场和香港股市上赫赫有名的资本运作"高手"，其 2001 年通过香港上市公司格林柯尔进入广东科龙电器公司而广为人们所知，进而相继控制了国内 4 家上市公司，在市场上号称"格林柯尔系"。

数年间，顾雏军动用据称有 40 余亿元的资金，相继参与和收购了吉诺尔、美菱电器、亚星客车、襄阳轴承等公司，涉及众多国有企业，麾下掌控制冷剂、冰箱和客车三大产业。

格林柯尔的大肆收购兼并可以从两个层面来理解。第一个层面：通过控制下游产业，扩大其上游原材料市场；第二个层面：通过制冷剂整合冰箱制造业，形成完整的产业链。

但是，仅凭 4.45 亿港元和一项核心原材料，尚不足以令格林柯尔进入风险极大的游戏。它的另一个主要动力源自于近年来国际市场重大兼并重组、中国经济转型时期的巨大机遇和空间、无数中国民营企业产业扩张案例的启发。除此之外，在西方浸淫多年的顾雏军目睹国际间大重组大并购，而这些并购重组的难度都远远大于中国企业间重组并购，诸如时代华纳、通用电气，等等。而这些巨头的成长经历也是通过并购重组，使资产成倍增长，取得了所在领域举足轻重的地位。

这是一扇令人向往的欲望之门——利用资本的杠杆，利用很小的力量去撬动一个庞大的物体，而且成功者不少。

但事与愿违，结果与初衷大相径庭。重病缠身的"格林柯尔系"大病之时，与"德隆系"坍塌十分相似——金融机构联袂断粮，脆弱的资金链迅速崩溃，诸侯分崩离析各自为阵。一个被经营和积累多年的庞大体系，仅两个月便土崩瓦解。

格林柯尔为什么走上了不归路？它的财务状况为何恶化？格林柯尔资本运作失败的原因到

底是什么？这是每一个财务管理人员都要思考的问题。（来源：新浪财经·财经纵横·证券时报）

第一节　财务管理概述

一、财务管理的内容

（一）财务管理的含义及内容

企业财务管理是企业管理的一个组成部分，是根据财经法规制度，按照财务管理的原则，理顺企业资金流转程序，确保生产经营畅通，处理各种经济关系，确保各方面的利益得到满足而实施的一系列管理活动。具体来说，企业财务管理的内容可以归纳为以下四个方面：

1. 筹资管理

筹资活动是企业生产经营活动的起点，是企业财务活动的重要方面。企业可以通过发行股票、发行债券、取得借款、赊购、租赁等方式筹集资金。其主要内容包括：根据企业未来发展规划、目前财务情况、基本市场的变化等方面，合理预测企业未来资金需要量，确定筹资规模，并在此基础上进行资本结构的决策，使企业在可以承受的风险范围内，尽可能降低筹资费用和资金的使用费用，增加企业受益。

2. 投资管理

企业将筹集到的资金投入生产经营过程中以获取利益的活动称之为投资活动。投资按其方向可分为对内投资和对外投资两种。企业把筹集到的资金用于购买固定资产、流动资产等，便形成企业对内投资；企业把筹集到的资金用于购买其他企业的股票、债券或与其他企业联营进行投资，便形成企业的对外投资。不同的投资项目具有不同的风险和收益水平。因此，投资管理主要根据企业未来发展规划，确定合理的投资规模，选择有发展前景的投资方向，对各种备选的投资项目进行财务评价，分析其收益性和风险性，选择最佳投资方案。

3. 营运资金管理

企业日常的生产、经营活动能否正常运行直接关系到企业营运资金的周转和偿债能力。有效地保持企业资金的收支平衡和企业现金流量的顺畅，是企业日常财务管理的操作性目标。因此营运资金管理就是根据企业生产经营的需要，确定合理的营运资金规模；通过各种途径，加速营运资金的周转；加强管理，节约使用营运资金，提高资金使用的效果。

4. 收益分配管理

企业在生产经营过程中会产生利润，也可能会因对外投资而分得利润，企业的利润要按规定和程序进行分配。因此，收益分配管理的内容主要包括以下几个方面：首先，要依法纳税；其次，要用来弥补亏损、提取公积金、公益金；最后，要向投资者分配利润。总之，必须注意按劳动分配与按权益分配的统一，注意利润分配和维护生产发展潜力的协调。

以上四个方面是企业经营管理活动的主要组成部分，他们相互联系、相互依存，共同构成了企业财务管理的基本内容。

（二）企业的财务关系

企业财务关系是企业法人作为财务主体,在进行财务活动中所形成的各种经济利益关系。财务关系的内容和本质特征是由经济体制所决定的,市场经济条件下,企业的财务关系主要包括以下几个方面。

1. 企业与投资者之间的财务关系

企业与投资者之间的财务关系是指企业的所有者向企业投入资金,企业向所有者支付投资报酬所形成的经济关系。这是各种财务关系中最根本的财务关系,具体表现为:投资者按约定向企业投入资金,形成企业的权益资本,拥有企业的资产权。企业拥有包括国家在内的投资者投资所形成的法人财产权,并以其全部法人财产,依法自主经营,自负盈亏,依法纳税,对投资者承担资产保值增值责任。投资者以其所拥有的资产权,享受收益分配权和授予财产分配权,对企业债务承担以投资额为限的有限责任。企业与投资者之间的财务关系反映了所有权与经营权的关系。

2. 企业与债权人之间的财务关系

企业与债权人之间的财务关系是指企业向债权人借入资金,按借款合同的规定按时支付利息和归还本金所形成的经济关系。具体表现为:企业在筹建与经营期间,按照合同、协议向债权人借入资金,并按规定支付利息和归还本金。债权人包括向企业贷款的银行和非银行金融机构、企业债券持有者以及其他向企业拆借资金的单位或个人。企业与债权人之间的财务关系体现的是债权与债务的关系。

3. 企业与国家之间的财务关系

企业与国家之间的财务关系主要是指企业要依法向国家缴纳税金,具体表现为:企业与国家财政、税务部门之间发生的按照国家财政法规和税法规定申报纳税、缴款付费等。它体现了国家以政府管理者身份参与企业资金分配的关系。

4. 企业与其他单位之间的财务关系

企业与其他单位之间的财务关系反映三方面内容:一是在市场经济条件下,企业与其他单位发生经济往来,相互提供产品或劳务,并按等价交换的原则,以货币资金支付货款和劳务费用而形成的货币结算关系;二是企业与其他单位之间采用分期付款或延期付款销售商品、劳务而形成的短期资金融通关系;三是企业之间相互投资形成的权益关系。在社会主义市场经济条件下,它体现了企业之间分工协作和经济利益关系。

5. 企业内部各单位之间的财务关系

企业内部各单位之间的财务关系主要是指:在实行企业内部经济核算条件下,企业内部各部门之间,在生产经营各环节中相互提供产品或劳务,进行计价结算所形成的资金结算关系,它体现了企业内部各单位之间的利益关系。

6. 企业与职工之间的财务关系

企业与职工之间的财务关系主要是指:企业按照按劳分配原则,向职工支付劳动报酬形成的财务关系。它体现了职工参与企业劳动成果的分配关系。

以上各种财务关系都是企业在日常财务活动中表现出来的，在市场竞争日趋激烈的形势下，要使企业的再生产得以顺利进行，财务部门必须积极主动地去争取一个良好的经济环境，处理好企业的各种财务关系。

（三）财务管理的特点

在社会化大生产中，各企业的生产经营活动复杂多样，财务管理与其他管理工作相互配合，密切联系，并具有自身的特点。

1. 涉及面广

企业内部各个部门使用的资金由财务部门负责供应；各个部门要合理使用资金，提高经济效益，必须接受财务部门指导，还要受财务管理制度的约束。

2. 综合性强

财务管理是一种价值管理，是对企业生产经营过程的价值方面 —— 资金运动进行的管理。企业生产经营过程的各个方面以及企业其他管理工作的质量、效益、存在的问题，绝大部分都可以用价值形式 —— 货币综合反映出来。

3. 灵敏度高

企业生产经营管理各方面的效益和问题都会通过不同的财务指标及时反映出来。财务部门通过对财务指标的经常性的计算、整理、分析，就能掌握企业各方面的信息。

（四）财务管理的目标

企业财务管理作为企业管理的一部分，其目标离不开企业的总目标，并且受到财务管理本身特点的制约。企业管理的目标可以概括为生存、获利和发展。由于国家不同时期的经济政策不同，在体现上述目标时财务管理目标又有不同的表现形式，比较典型的有以下三种。

1. 总产值最大化

在社会主义建设初期，企业的主要任务是执行国家下达的总产值指标，企业领导人的职位的升迁，职工个人利益的多少，均由完成的产值指标的程度来决定。因此，人们便把总产值最大化当作财务管理的基本目标。但随着时间的推移，人们逐渐认识到这一目标存在着一定的缺陷：第一，只讲产值，不讲效益；第二，只求数量，不求质量；第三，只抓生产，不抓销售；第四，只重投入，不重挖潜。

2. 利润最大化

在 20 世纪 80 年代至 90 年代的经济体制改革过程中，国家把利润作为考核企业经营情况的重要指标，把企业职工的经济利益同企业实现利润的多少紧密地联系在一起，这也使得利润最大化逐步成为企业财务管理的目标。为实现此目标，企业加强经济管理，改进技术，提高劳动生产率，降低产品成本，从而有利于经济资源的合理配置，有利于经济效益的提高。但该目标也存在一些缺点：第一，没有考虑利润取得的时间，没有考虑货币的时间价值。第二，没有考虑所获利润和投入资本额的关系。第三，没有考虑获取利润和承担风险的大小。

3. 股东财富最大化

现阶段，建立现代企业制度要求产权明晰，投资者都以股东的身份出现。股东创办企业的目的是扩大财富，他们是企业的所有者，企业价值最大化就是股东财富最大化。因而，财务管理也转向以股东财富最大化为目标。

二、财务管理的原则

财务管理的原则是企业财务管理工作必须遵循的准则，它是从企业理财实践中抽象出来的并在实践中被证明是正确的行为规范，它反映着理财活动的内在要求。企业财务管理的原则一般包括如下几项。

（一）成本效益原则

成本效益原则是市场经济条件下通行于世界各国企业管理和财务管理的一项基本原则，因而也是我国市场经济条件下现代企业财务管理应遵循的首要原则。成本效益原则是投入产出原则的价值体现，它要求企业耗用一定的成本应取得尽可能大的效益，或者在效益一定的条件下最大限度地降低成本。成本效益原则的确定，有助于现代企业在符合市场需求的前提下，独立地作出有关决策，建立明确的财务目标，并通过市场竞争得以实现。

（二）风险与收益均衡原则

在现代市场经济条件下，企业的任何一项经营活动都面临着许多不确定的因素，都客观地存在着风险与收益均衡的问题。风险与收益均衡原则的核心是要求企业不能承担超过收益限度的风险，在收益既定的条件下，应最大限度地降低风险。企业在进行投资时必须认真分析影响投资的各种可能因素，科学的进行投资项目的可行性研究，作出详细的风险报酬决策分析，确定项目的报酬对于其风险来说是否恰当。

（三）合理配置资源原则

资源通常是指经济资源，即现代企业所拥有的各项资产。一般来说，企业的资源是有限的，往往与企业现在的和未来的发展需要发生冲突。资源合理配置原则要求企业的相关财务项目在数额上和结构上相互配套与协调，以保证人尽其才、物尽其用、财尽所能，使其拥有的有限资源得到最优化的合理配置，避免某些环节的资源过剩和浪费，以及某些环节的资源供应不足而影响企业的整体效益。

（四）利益关系协调原则

企业财务管理涉及到方方面面的关系，包括企业与国家、投资人、债权人和内部员工之间的关系，这些关系实质上体现了利益关系。利益关系协调原则要求现代企业在收益分配中，既要保证国家的利益，也要保证企业自身和员工的利益；既要保证投资人的利益，也要保证债权人的利益；既要保证所有者的利益，也要保证经营者的利益。

三、财务管理的组织

（一）企业理财环境

企业理财环境，是指对企业财务活动产生影响作用的企业外部条件。它们是企业财务决策难以改变的外部约束条件，更多的是要适应它们的要求和变化。财务管理的环境涉及的范围很广，其中最重要的是法律环境、金融市场环境和经济环境。

1. 法律环境

财务管理的法律环境是指企业和外部发生经济关系时所应遵守的各种法律、法规和规章。法律环境既为企业生产经营规定了行为准则及限制条件，又为企业合法经营提供了保障。法律法规包括的内容十分广泛，除国家基本法、宪法以外，还包括与企业有关的法律、法规，如企业组织法规、税务法规、财务法规。除上述法规外，与企业财务管理有关的其他经济法规还有许多，如各种证券法规、结算法规、合同法规等。

2. 市场环境

建立社会主义市场经济体制就是要使市场在国家宏观调控下，对资源的配置起基础性作用。这里的市场包括商品市场、资金市场、劳动力市场、技术市场、信息市场、产权交易市场等。在对外开放的条件下，企业还会面临竞争激烈、复杂多变的各类国际市场。各种市场对企业生产经营活动、理财活动和理财结构会产生程度不同的影响。因此，企业实施财务管理必须熟悉市场环境，使企业通过竞争，求得生存并不断发展。

3. 经济环境

这里所说的经济环境是指企业进行财务活动的宏观经济状况，它包括的内容十分广泛，例如，国民经济发展的总体状况、国家的经济政策、通货膨胀、利息率波动、行业之间的竞争等，都对企业的理财活动产生重大影响。

（二）企业财务管理的组织形式

在市场经济条件下面对新的理财环境，企业应该单独设置财务管理组织机构，作为与其他职能管理机构相对独立、相互平行的重要职能管理部门。根据企业财务管理的主要目标和任务，一个较为理想的财务部门可分为三个部门，即财务筹资部门、财务投资部门和资金结算部门。各个部门的主要职能如下。

1. 财务筹资部门

第一，在企业财务主管人员的领导下，会同其他分部拟定各种可行性筹资方案，并根据审批的最优方案，编制财务筹资计划；第二，具体负责财务筹资计划的执行，以最小的筹资代价满足企业生产经营对资金的需要；第三，研究资金市场的现状及其变动趋势并经常与投资部联系，提出各种有利的投资机会。

2. 财务投资部门

第一，在企业财务主管或直接在总经理领导下，会同其他职能部门拟定各种可行的投资方案，并根据审批的最优方案编制财务投资计划；第二，具体组织财务投资计划的执行，及时控制计划执行过程中的不利偏差，保证实现预期的投资收益；第三，从资金的投放方面合理协调企业内部各部门、各生产单位之间的经济关系，通过科学调整投资方向、时间、数量及其结构，达到企业内部财力资源合理配置的目的。

3. 资金结算部门

第一，办理企业内部各部门、各生产经营单位以及企业与外部单位之间的一切款项结算，包括收款、付款、借款、税款交纳、内部转账等；第二，编制货币资金的收支日报、周报、旬报、月报、年报，核算有关财务考核指标；第三，根据企业管理层或董事会决定的分配原则，制定具体的分配方案，提交管理层或董事会审批。

四、财务管理的方法

财务管理方法是为了实现财务管理目标，完成财务管理任务，在进行理财活动时所采用的各种技术和手段。

（一）财务预测方法

财务预测是财务人员根据企业财务活动的历史资料，结合企业面临的和即将面临的各种微观和宏观变化因素，运用统计和数学的定量分析方法以及预测人员的主观判断，对企业未来的财务活动和财务成果所作出的科学预计和测算。

1. 定性预测法

定性预测法主要是利用直观材料，依靠个人经验的主观判断和综合分析能力，对事物未来的状况和趋势作出预测的一种方法。

2. 定量预测法

定量预测法是根据变量之间存在的数量关系（如时间关系、因果关系）建立数学模型来进行预测的方法。定量预测法又可分为趋势预测法和因果预测法。

（二）财务决策方法

财务决策是指财务人员从财务目标出发，对经过预测确定的若干方案进行评价和选择，选出最优方案的过程。

1. 对比法

对比法是把各种不同方案排列在一起，按其经济效益的好坏进行优选对比，进而做出决策的方法。对比法是财务决策的基本方法。

2. 数学微分法

数学微分法是根据边际分析原理，运用数学上的微分方法，对具有曲线联系的极值问题进行求解，进而确定最优方案的一种决策方法。在财务决策中，最优资本结构决策、现金最佳余额决策、存货的经济批量决策都要用到数学微分法。

3. 线性规划法

线性规划法是根据运筹学原理，对具有线性联系的极值问题进行求解，进而确定最优方案的一种方法。在有若干个约束条件的情况下，这种方法能帮助管理者对合理组织人力、物力、财力等做出最优决策。

4. 概率决策法

这是进行风险决策的一种主要方法。现代财务决策都会或多或少地具有风险性，因而在决策时，必须用概率法来计算各个方案的期望值和标准离差。

5. 损益决策法

这是在不确定情况下进行决策的一种方法。所谓不确定性决策，是指在未来情况不明了的情况下，只能预测有关因素可能出现的状况，但其概率是不可预知的决策。在这种情况下，决策是十分困难的。财务管理中常采用最大最小收益值法或最小最大后悔值法来进行决策，统称为损益决策法。

（三）财务预算方法

财务预算是企业全面预算的重要组成部分，是在一定的计划期内以货币形式反映生产经营活动所需要的资金及其来源、财务收入和支出、财务成果及其分配的计划。

1. 固定预算

固定预算就是根据未来既定业务量水平，不考虑预算期内生产经营活动可能发生的变动而编制的预算。一般适用于经济业务比较稳定的企业或部门。

2. 弹性预算

随着企业内部和外部经营环境的不断变化，企业的业务量也会因此发生变化。为了更好地控制企业的经济业务和财务活动，就需要根据预计的各种业务量，编制不同水平的预算，这种方法就称为弹性预算。

3. 零基预算

零基预算就是指不受过去预算收支实际情况的约束，而是一切从零开始重新编制计划和预算的方法。

4. 滚动预算

滚动预算又称连续预算或永续预算。其主要特点是：预算期是连续不断的，始终保持一定的期限。以一年预算期为例，每经过一个月，就根据新情况进行修订和调整头几个月的预算，并在原来的预算期末随即补充一个月的预算，使预算期始终维持在 12 个月。这种预算要求一年中，头几个月的预算要尽可能地详细完整，后几个月的预算可略粗一些，随着时间的推移，原来较粗的预算逐渐由粗变细，后面又随之补充较粗的预算，以此往复，不断滚动。

（四）财务控制方法

财务控制是指在财务管理过程中，利用有关信息和特定手段，对企业的财务活动施加影响或加以调节，以实现预定的财务目标。

1. 防护性控制

防护性控制是指在财务活动发生前，就制定一系列制度和规定，把可能产生的差异予以排除的一种控制方法。例如，为了节约各种费用开支可事先规定开支标准等。

2. 反馈性控制

反馈性控制是指对财务活动的实际情况在认真分析的基础上，发现实际与计划之间的差异，确定差异产生的原因，采取切实有效的措施，调整实际财务活动或财务预算，使差异得以消除或避免今后出现类似差异的一种控制方法。

（五）财务分析方法

财务分析是根据有关信息资料，运用特定方法，对企业财务活动过程及其结果进行分析和评价的一项工作。财务分析的主要方法有以下几种：

1. 对比分析法

对比分析法是通过把有关指标进行对比来分析企业财务情况的一种方法。对比分析法要对同一指标的不同方面进行比较，从数量上确定差异，为进一步查找差异原因提供依据。在运用对比分析法时，必须注意各种指标之间是否可比。

2. 比率分析法

比率分析法是把有关指标进行对比，用比率来反映它们之间的财务关系，以揭示企业财务状况的一种分析方法。最主要的比率有：相关指标比率、构成比率、动态比率。通过各种比率的计算和对比，基本上能反映出一个企业的偿债能力、盈利能力、资产周转状况和盈余分配情况。

3. 综合分析法

综合分析法是把有关财务指标和影响企业财务状况的各种因素都有序地排列在一起，综合地分析企业财务状况和经营成果的一种方法。在进行综合分析时，可采用财务比率综合分析法、因素综合分析法和杜邦体系分析法等。综合分析法是一种重要的分析方法，它对全面、系统、综合地评价企业财务状况具有十分重要的意义。

第二节　影响财务管理的基本因素

一、资金的时间价值

（一）资金时间价值的定义

资金时间价值是经济活动中的一个重要概念，也是企业财务管理必须考虑的重要因素。所谓资金时间价值是指资金经历一定时间的投资和再投资所增加的价值。资金时间价值是商品经济和借贷关系高度发展的产物，是资金所有者和使用者分离的结果。财务管理中对资金时间价值的研究，主要是对资金的筹集、投放、使用和收回等从量上进行分析，以便于找出适用于分析方案的数学模型，改善财务决策的质量。

（二）资金时间价值的计算

在财务决策分析中，应用资金时间价值，首先应弄清楚终值和现值两个概念。所谓终值又称将来值，是指一定量货币按规定利率计算的未来价值，也称本利和，通常用 F 表示。现值是指一定量未来的货币按规定利率折算的现在的价值，也成本金，通常用 P 来表示。

现值和终值是一定量资金在前后两个不同时点上对应的价值，其差额即为货币的时间价值。

资金时间价值从量的规定性来看，是没有风险和没有通货膨胀条件下的社会平均资金利润率，它可以用两种方法表示：一种是绝对数值，即用投入资金在再生产过程中的增加价值表示；另一种是用相对数，即用增加价值占投入资金的百分数表示。后一种方法便于比较，所以是实践中常用的表示方法。

由于资金的增值额在一般情况下作为追加资本继续留在企业使用，所以资金时间价值的计算方法一般采用复利方法。而复利又是在单利基础上产生的，为此要了解复利计算方法，首先必须了解单利计算法。

（三）单利

单利又称为单利计息，是指只对本金计算利息，利息不再生息的一种计算方法。通常情况下，仅适用于短期借款和短期投资。

单利终值的计算公式为：

$$F = P + I = P + P \times n \times i = P(1 + n \times i)$$

其中 I 代表利息；F 代表终值；P 代表现值；i 代表利率；n 代表计算利息的期数。

【例 7-1】　甲将 1 000 元存入银行，年利率为 3.6%，求 3 年后的单利终值。

解答： $F = P (1 + n \times i) = 1\,000 \times (1 + 3 \times 3.6\%) \approx 1\,108$（元）

由终值计算现值的过程称为"折现"，单利现值为单利终值的逆运算，则单利现值的计算公式为：

$$P = \frac{F}{1 + n \times i} = F(1 + n \times i)^{-1}$$

其中，$(1 + n \times i)^{-1}$ 为单利现值系数。

【例 7-2】　甲预计五年后从银行取出 10 000 元，在年利率为 3.6%，单利计息的情况下，目前应向银行存入多少元？

解答： $P = F (1 + n \times i)^{-1} = 10\,000 \times (1 + 5 \times 3.6\%)^{-1} \approx 8\,474.58$（元）

（四）复利

在复利方式下，利息的计算与单利不同，按照这种方法，每经过一个计息期，要将所生利息加入本金再计利息，逐年滚算，俗称"利滚利"。这里所说的计息期，是指相邻两次计息的时间间隔，如年、月、日等。除非特别指明，计息期为一年。

反映资金时间价值的复利指标有下面几种。

1. 复利终值

终值是指资金的未来价值，即一定数额的资金经过若干期后的本金和利息总和，亦称为本利和或到期值。其计算公式为：

$$F = P \times (1+i)^n$$

其中，$(1+i)^n$ 被称为复利终值系数或 1 元复利终值系数，记作（F/P，i，n），表示利率为 i，终值为 n 的中值系数，可直接查阅"复利终值系数表"获得其大小。

【例 7-3】 甲将 1 000 元存入银行，年利率为 4%，几年后甲可以从银行取出 1 800 元？

解答：$F = P \times (1+i)^n$

即 $1\ 800 = 1\ 000 \times$（F/P，4%，n）

（F/P，4%，n）$= 1.8$

查"复利终值系数表"，在利率为 $i = 4\%$ 下，最接近的值为：

（F/P，4%，14）$= 1.7317$ 和（F/P，4%，15）$= 1.8009$

利用插值法，$\dfrac{n-14}{15-14} = \dfrac{1.8-1.731\ 7}{1.800\ 9-1.731\ 7}$

计算得：$n = 14.99$

所以，14.99 年后甲可从银行取出 1 800 元。

2. 复利现值

现值是指资金的现在价值，即未来某一时期一定数额的资金折合成现在的价值。复利现值的计算公式为：

$$P = \frac{F}{(1+i)^n} = F(1+i)^{-1}$$

3. 年金

年金是指在一定期间内，定期收入或支付的款项。折旧、利息、租金等通常表现为年金形式。

年金有不同的种类，如按每期收付款项是否相等，可以分为等额年金和不等额年金；如果按款项收付时间在期初或期末，年金又可分为先付年金和后付年金。先付年金又称为期初年金，后付年金又称为普通年金。在现实经济活动中，年金一般指等额年金、后付年金。

（1）普通年金终值。普通年金终值是指一定期间内每期期末等额收付款项的复利终值之和。计算公式为：

$$F = A \times \frac{(1+i)^n - 1}{i} = A \times (F/A, i, n)$$

其中，A 表示各期收付款的金额，$\dfrac{(1+i)^n - 1}{i}$ 被称为"年金终值系数"，记作（F/A，i，n），

是指普通年金为 1 元、利率为 i、经过 n 期的年金终值，可以查阅"年金终值系数表"。

【例 7-4】　某公司进行一项投资，每年年末投入资金 5 万元，预计该项目 5 年后建成。该项目投资款均来自银行存款，贷款利率为 7%，该项投资的投资总额是多少？

解答：$F = A \times \dfrac{(1+i)^n - 1}{i} = 5 \times (F/A, 7\%, 5) = 28.7538$（万元）

（2）普通年金现值。普通年金现值是指为在每期期末取得相等金额的款项，现在需要投入的金额。计算公式为：

$$P = A \times \frac{1 - (1+i)^n}{i} = A \times (P/A, i, n)$$

【例 7-5】　某投资项目从今年起每年年末可带来 50 000 元现金净流入，按年利率 5%，计算预期五年的收益现值。

解答：$P = A \times (P/A, i, n) = 50\,000 \times (F/A, 5\%, 5) = 216\,475$（万元）

如果年金为定期等额收付，期限为无穷大，则称为永续年金。永续年金没有终止的时间，也就没有终值。

二、现金流量

（一）现金流量的概念

现金流量是企业在进行项目投资时涉及的基础概念，它是指企业在进行实物性项目投资时，从项目筹建、设计、施工、完工交付使用直至项目报废清理为止整个期间的现金支出和现金收入的数量。

现金流量中所指的现金是指广义的现金，它不仅包括各种货币资金，还包括与投资项目有关的各种非货币资产。现金流量包括现金流入量、现金流出量和现金净流量三个具体概念。一个投资项目的现金流入量是指该项目引起的现金收入的增加额；现金流出量是指该项目引起的现金支出的增加额；现金净流量是指在一定期间内，现金流入量与现金流出量的差额。这里所说的"一定期间"，有时是指一年间，有时是指投资项目持续的整个年限内。流入量大于流出量时，净流量为正值；反之，净流量为负值。

（二）现金流量的构成

1. 初始现金流量

初始现金流量，指开始投资时发生的现金流量，一般表现为现金流出量，以负数表示，包括以下内容。

（1）固定资产投资。它包括房屋、建筑物的建造价、机器设备的购进价、运杂费、安装费及途中保险费等。它可能是一次性支出，也可能是分几次支出。

（2）净流动资金垫支。它包括项目建成前为开工准备的流动资产购置费，项目建设过程中发生的应收款项、应付款项等。因此，净流动资金是指流动资金增加额和流动负债增加额的差额，该差额一般表现为负值，故通常称为净流动资金垫支。

（3）各种机会成本。在投资方案的选择中，如果选择了一个投资方案，则必然放弃投资于其他途径的机会，其他投资机会可能取得的收益，是实行本方案的一种代价，称之为这项投资方案的机会成本。

（4）原有固定资产的变价收入。这主要是指固定资产更新时原有固定资产变卖所得的现金收入。

（5）其他投资费用。这是与项目建设关系不大的费用支出。如筹建经费、职工培训费等。

2. 营业现金流量

营业现金流量，指投资项目完成后，在整个寿命期内，正常生产经营过程中的现金流量。它包括如下内容。

（1）营业现金收入。这是指项目投产扩大了企业的生产能力，使企业的销售收入增加所引起的现金收入。

（2）付现成本。这是指项目投产后，需要支付现金的生产成本和期间费用。由于折旧费一般都计入生产成本和有关期间费用，提取折旧费又不涉及现金的收付。所以，付现成本可用下式来估算：

$$付现成本=生产成本+期间费用-折旧费$$

营业现金流量则可以用以下公式估算：

$$营业现金流量=销售收入-付现成本$$
$$=销售收入-（生产成本+期间费用-折旧费）$$
$$=销售收入-生产成本-期间费用+折旧费$$
$$=营业利润+折旧费$$

通过以上计算可以看出，在营业期间，企业每年现金流量的结果，表现为现金流入量，一般以正数表示。它一部分来自于利润造成的货币增值，另一部分是以货币形式收回折旧。

3. 终结现金流量

终结现金流量指项目经济寿命终结时发生的现金流量。一般表现为现金的流入量，包括以下两项内容：固定资产变价收入或支出、原垫支的净流动资金回收额。

（三）现金流量的估计

估计投资项目所需的资本支出，以及该方案每年能产生的现金净流量，会涉及很多变量，并且需要企业有关部门的参与。各部门在确定投资项目的现金流量时，应遵循其基本原则，即：只有增量现金流量才是与项目相关的现金流量。所谓增量现金流量，是指接受或拒绝某个投资方案后，企业总现金流量因此发生的变动额。只有那些由于采纳某个项目引起的现金流入增加额，才是该项目的现金流入。

现金流量的估计一般采用编制"现金流量计算表"的方式进行。

【例 7-6】 某公司计划新建一固定资产，建设投资需 500 万元，3 年后建成，价款分 5 年付给承包商，建成使用期为 5 年，该公司采用直线法折旧，预计残值为 10%；另外，需在第一年投入流动产 100 万元。建成投产后，预计每年生产、销售产品 450 万元，营业利润为 200 万元。根据上述材料计算如下：

初始现金流量 = （ - 500) + (- 100) = - 600

固定资产折旧费 = 500 × (1 - 10%) ÷ 5 = 90

营业现金流量 = 200 + 90 = 290

终结现金流量 = 100 + 500 × 10% = 150

现金净流量 = - 600 + 290 × 5 + 150 = 1 000

该项固定资产投资现金流量计算表见表 7-1。

表 7-1 某项目现金流量计算表

时间	第一年	第二年	第三年	第四年	第五年	第六年	第七年	第八年	合计
初始现金流量	- 200	- 100	- 100	- 100	- 100				- 600
营业现金流量				290	290	290	290	290	1 450
终结现金流量								150	150
现金流量合计	- 200	- 100	- 100	190	190	290	290	440	1 000

三、风险与报酬率

（一）风险和风险报酬的概念

风险是客观存在的，企业的财务管理工作，几乎都是在风险和不确定的情况下进行的，离开了风险因素，就不可能搞好财务管理工作。

风险是指在特定的条件和时期，某一事项产生的实际结果与预期结果之间的变动程度。风险可能给投资人带来超出意料的收益，也可能带来超出意料的损失。一般来说，投资人对意外损失的关注比对意外收益要强烈得多，因此人们研究风险时侧重减少损失，主要从不利的方面来考虑风险，经常把风险看成是不利事件发生的可能性。从财务管理的度来说，风险是指无法达到预期报酬的可能性。

投资者都讨厌风险，并力求回避风险。那么，为什么还有人进行风险投资呢？这是因为风险投资可得到额外报酬。投资者因冒风险进行投资而获得的超过时间价值的那部分额外报酬，就称为风险报酬。风险报酬在一般情况下用风险报酬率（风险报酬额与投资总额的比率）表示。在财务决策中，要取得报酬就会有风险，要求的报酬越高，风险就越大。因此，如果风险已确定，则应尽可能选择报酬率高的方案；如果报酬率已定，则要选择风险小的方案，使损失降到最低限度。

（二）风险的计算

风险的计算，需要使用概率和统计方法，一般有如下步骤。

1. 确定概率分布

一件事件的概率是指该项事件可能发生的机会。通常把必然发生的事件的概率定为 1，把不可能发生的事件的概率定为 0，而一般事件的概率是介于 0 与 1 之间的一个数，概率越大就表示该事件发生的可能性越大。一个事件所有可能结果的概率和应等于 1。

【例 7-7】某企业投资生产的某种新产品，在不同市场情况下，各种可能收益及概率如下表：

表 7-2

市场情况	年收益（万元）	概率 P_i
繁荣	200	0.3
正常	100	0.5
疲软	50	0.2

表中概率 Pi 表示每种市场情况出现的可能性，同时也是预期收益出现的可能性。例如，未来市场情况出现繁荣的可能性为 0.3，这种可能会给企业带来 200 万元的年收入。上表中可看出所有的 P_i 均在 0 和 1 之间，且 $P_1+P_2+P_3 = 0.3+0.5+0.2 = 1$。

2. 计算期望报酬率

期望报酬率是各个方案按其可能的报酬率和不同的概率计算出来的加权平均报酬率，计算公式为：

$$\bar{K} = \sum_{i=1}^{n} P_i K_i$$

式中，$\bar{K}$ 表示期望报酬率，K_i 表示第 i 种可能结果的报酬率，P_i 表示第 i 种可能结果的概率，n 表示可能结果的个数。

【例 7-8】 甲公司有闲置资金 10 万元，预期这 10 万元在一年内不会被动用。为充分利用资金，该公司有两种方案可供选择，第一个方案购买 A 公司股票，第二个方案购买 B 公司股票，两种方案的报酬率及其概率分布情况如表 7-3，试计算两种方案的期望报酬率。

表 7-3

经济情况	该种经济情况发生的概率		报酬率	
	A 方案	B 方案	A 方案	B 方案
繁荣	0.2	0.2	15%	20%
一般	0.6	0.5	9%	8%
衰退	0.2	0.3	5%	3%

解答： A 方案的期望报酬率：

$$\bar{K} = K_1 P_1 + K_2 P_2 + K_3 P_3 = 15\% \times 0.2 + 9\% \times 0.6 + 5\% \times 0.2 = 9.4\%$$

B 方案的期望报酬率：

$$\bar{K} = K_1 P_1 + K_2 P_2 + K_3 P_3 = 20\% \times 0.2 + 8\% \times 0.5 + 3\% \times 0.3 = 8.9\%$$

3. 计算标准离差

标准离差是各种可能的报酬率偏离期望报酬率的综合差异，是反映离散程度的指标，其计算公式为：

$$\sigma = \sqrt{\sum_{i=1}^{n} (K_i - \bar{K})^2 \times P_i}$$

式中，σ 表示期望报酬率标准离差。

标准离差越小，说明风险程度越小，风险也就越小。

【例 7-9】 利用表 7-3 中的资料，计算 A 方案、B 方案的标准离差。

A 方案的标准离差：

$$\sigma = \sqrt{(15\% - 9.4\%)^2 \times 0.2 + (9\% - 9.4\%)^2 \times 0.6 + (5\% - 9.4\%)^2 \times 0.2} = 3.2\%$$

B 方案的标准离差：

$$\sigma = \sqrt{(20\% - 8.9\%)^2 \times 0.2 + (8\% - 8.9\%)^2 \times 0.5 + (8\% - 8.9\%)^2 \times 0.3} = 5.96\%$$

结论：从绝对数角度看，本例中 A 方案比 B 方案风险要小。

4. 标准离差率

标准离差率是标准离差与期望报酬率的比率，是用相对数来比较离散程度即风险的指标。标准离差也是反映离散程度的指标，但它具有局限性，它只能对相同的期望报酬率的各种投资方案进行比较，而不能用来比较期望报酬率不同的各项投资的风险程度，标准离差率则对其起着补充作用。标准离差率的计算公式为：

$$V = \frac{\sigma}{\bar{K}} \times 100\%$$

式中，V 表示标准离差率，V 越小，则风险越小。

【例 7-10】 利用表 7-3 中的资料计算两种方案的标准离差率。

A 方案的标准离差率：

$$V = \frac{\sigma}{\bar{K}} \times 100\% = 3.2\%/9.4\% = 0.34$$

B 方案的标准离差率：

$$V = \frac{\sigma}{\bar{K}} \times 100\% = 5.96\%/8.9\% = 0.67$$

结论：从相对数角度看，A 方案的风险小于 B 方案的风险。

（三）风险报酬率和风险报酬的计算

风险和报酬的基本关系是风险越大要求的报酬率越高。企业拿了投资人的钱去做生意，承担风险的最终是投资人，因此他们要求期望的报酬率与其风险相适应。风险和期望投资报酬率的关系如下：

期望投资报酬率＝无风险报酬率＋风险报酬率

上式中，无风险报酬率是最低的社会平均报酬率。在财务管理中，通常把国库券的报酬率作为无风险报酬率来确定。

上述计算的标准离差率只反映风险的程度，要计算风险报酬率，还要在此基础上，乘上风险报酬系数，即：

$$风险报酬率 = 风险报酬系数 \times 风险程度$$

用 K 表示期望投资报酬率，R_f 表示无风险报酬率，R_r 表示风险报酬率，b 表示风险报酬系数，则：

$$K = R_f + R_r = R_f + bV$$

风险报酬系数的确定，可根据本行业历史资料或同行业同类项目的数据求得。如果企业缺乏比较完整的历史资料，也可以聘请专家来自行测算风险报酬系数，当然，该系数的测定与企业决策者对风险的态度密切相关。此外，还可以由国家有关部门组织专家根据某些行业的特征定期提供有关数据作为测算该系数的依据，供投资者参考。

风险报酬率求出后，再计算风险报酬额就很简单，只要将各项目的投资额乘上风险报酬率即可，计算公式为：

$$风险报酬额 = 投资额 \times 风险报酬率$$

四、资金市场

（一）资金市场的概念

资金市场是资金供应者和需求者双方通过某种方式融通资金、达成交易的场所。其主要功能是聚集社会剩余资金，有条件地供应给需求者，促进资金的合理流通，提高使用效益。资金市场中资金的供应者和需求者主要是各种金融机构和工商企业。

（二）资金市场的使用与分类

1. 按交易的期限划分为短期资金市场和长期资金市场

短期资金市场是办理一年以内的短期资金借贷业务的市场，由于短期资金易于变成货币或作为货币使用，所以也叫货币市场。

长期资金市场是指办理一年以上的长期资金借贷业务的市场，由于长期资金主要用于固定资产等资本货物的购置，所以也叫资本市场。

2. 按交割的时间划分为现货市场和期货市场

现货市场是指买卖双方成交后，当场或几天之内进行交割的资金市场。

期货市场是指买卖双方成交以后，在双方约定的未来某一特定的时间才交割的资金市场。

（三）从事资金融通的中介机构

目前，从事资金融通的金融中介机构基本上可以分为银行和非银行金融机构两类。

1. 银　行

银行，指通过存款、贷款、汇兑、储蓄等业务承担信用中介的信用机构。它包括中国人民银行、国有商业银行、国家政策性银行及其他银行。

2. 非银行金融机构

非银行金融机构也是从事资金融通的中介机构，包括保险公司、信托投资公司、证券公司、信用合作社、邮政储蓄机构、租赁公司、集团财务公司等。

（四）利息率

1. 利息率的概念和种类

利息率简称利率，是一定时期内利息额与借贷资本金（本金）的比率。利率是国家对经济实施宏观调控的重要杠杆，也是影响企业财务活动和财务决策的重要因素。利率按照不同的标准，可分为实际利率和名义利率、官方利率和市场利率、基准利率和套算利率。

2. 利率的确定因素

在金融市场上，利率的构成因素包括纯粹利率、通货膨胀溢酬、违约风险报酬、变现力溢酬和到期风险溢酬。也就是说，市场利率会随社会政治经济前景、投资者所冒风险的大小、借款企业信誉及借款时间长短而变化。其中：纯粹利率是指在资金市场中预期通货膨胀率为零时的无风险证券的平均利率；通货膨胀溢酬是指在通货膨胀条件下，资金供应者要求的实际报酬率超出纯粹利率的部分，目的是补偿因通货膨胀、货币贬值使货币实际购买力降低而带来的损失；违约风险报酬是指资金供应者所要求的、由于借款人到期偿付不了本金和利息的风险而增加的额外报酬；变现力溢酬是指投资者在投资于变现力较低的证券时所要求的额外报酬，目的是补偿证券到期不能及时变现所遭受的损失；到期风险溢酬，指因到期期间长短不同而形成的利率变动的风险报酬。

由此看出，在资金市场中，即使是同样性质的借贷资金的利率也会因时、因地、因人、因条件的不同而有所差别。

3. 利率对企业财务活动的影响

（1）利率对企业筹资和投资决策的影响。由于利息是企业使用资金必须支付的代价，而这种资金使用费也同样要用企业收入进行补偿，所以，利率越高说明企业所要支付的使用资金的代价越高，要用企业收入补偿的数额也就越大。另外，企业筹集借贷资金的目的是用于投资，如果投资收益不足以抵偿利率，则该项投资就无利可图，只有当利率小于投资收益率，投资才是可取的。所以，利率高低也是企业进行筹资、投资决策必须考虑的重要因素。

（2）利率高低对证券价格的影响。利率水平的高低，对上市公司发行的股票、债券价格将产生双重影响。一方面，利率是公司使用资金的代价，它将直接影响企业财务费用，进而影响利润。而上市公司利润的升降将会对股价产生直接影响。另一方面，如果在证券市场上，债券利率上升，投资者就会把投资于股票的资金转向债券，以取得较高的投资报酬，这样就会造成股价下跌；相反，如果债券利率下降，投资者就会转向购买股票，股票价格就会上升。另外，利率与证券收益的相关程度极高，一般来说，银行利率上升，证券价格就会下跌。

（五）通货膨胀

通货膨胀是指一个时期的物价普遍上涨，货币购买力下降，相同数量的货币只能购买较少的商品。其对企业财务活动的影响主要体现在以下几个方面：

（1）通货膨胀对财务信息资料的影响。由于通货膨胀必然导致物价变动，但会计核算一般维持成本计价原则，导致资产负债表所反映的资产价值低估，不能反映企业的真实财务状况；由于资产低估，又会造成产品成本中原材料、折旧费等低估，而收入又按现时价格计算，使企业收益情况不真实；由于固定资产价值低估，造成提取折旧不足，造成实物资产和生产能力的减损；由于收入高估、成本费用低估使利润虚增，税负增加，资本流失，再加上资产不实，使投资者无法确定资本的保全情况。

（2）对现金流量的影响。由于通货膨胀率上升，企业原材料价格上升，保持存货所需的现金增加，职工和其他费用的现金支付增加，售价提高使应收账款占用的资金也增加。企业唯一的希望是利润也增加，否则现金会越来越紧张。提高利润，不外是增收节支。增加收入，受到市场竞争的限制，企业若不降低成本，就难以对付通货膨胀造成的财务困难。

除此以外，通货膨胀会使预测、决策及预算不实，将使财务控制失去意义。如果企业持有债券，则债券价格将随通货膨胀、市场利率的提高而下降，使企业遭受损失。

（六）金融资产

金融资产是指以价值形态存在的各种资产，包括现金、银行存款凭证、保险凭证、股票债券等表示所有权和债权的凭证。

从市场角度分类，金融资产可分为：非上市金融资产，包括现金、银行存款等；货币市场金融资产，包括短期融资债券、短期国库券、信用卡、票据（本票、汇票和支票）等；资本市场金融资产，包括国库券、金融证券、公司债券、普通股股票、优先股股票等；其他金融资产，包括期权证等。

金融资产是相对于实物资产而言的，一般来说，它不具有实物形态，仅表现为债权或所有权，其主要特征表现为偿还性、流动性、安全性、收益性、风险性。

第三节　铁路运输企业资产管理

一、现金管理

（一）现金管理的目的和内容

现金是立即可以投入流通的交换媒介。它的首要特点是普遍的可接受性，即可以有效地立即用来购买商品、货物、劳务或偿还债务。现金是企业资产中流动性最强的资产，拥有足够的现金对降低企业财务风险、增加企业资金的流动性具有十分重要的意义。

属于现金内容的项目，包括企业的库存现金、各种形式的银行存款和银行本票、银行汇票。企业持有现金，主要是满足交易性需要、预防性需要和投机性需要。因此铁路运输企业置存现金除了应付日常业务的交易活动外，也为防发生意外的支付或用于一些不寻常的购买机会。企业缺乏必要的现金，将不能应付业务开支，使企业蒙受损失。但是，如果企业置存过量的现金，又会因这些现金不能投入周转无法取得盈利而遭受另一些损失。因此，企业现金管理的目的，就是要在资产的流通性和盈利能力之间作出抉择，以获取最大的长期利润。

现金管理的内容是指企业在一定现金管理目的的指导下，所要实施的具体管理事项，主要包括：确定最佳现金持有量，编制现金预算，对日常的现金收支进行控制。

（二）最佳现金持有量的确定

最佳现金持有量是指在正常情况下，能保证企业生产经营的最低限度所需要的现金持有量。确定最佳现金持有量的方法很多，这里仅介绍成本分析模式。

成本分析模式是通过分析现金的成本，寻找使持有成本最低的现金持有量。企业持有现金成本有机会成本、短缺成本和管理成本三种。

1. 机会成本

现金作为企业的一种资金占用，是有代价的，这种代价就是它放弃投资的机会成本，一般可用有价证券的利息率来表示。现金持有额越大，机会成本越高。企业为了经营业务，需要拥有一定的现金，付出相应的机会成本是必要的，但现金拥有量过多，机会成本代价大幅度上升。

2. 管理成本

企业拥有现金，会发生管理费用，如管理人员工资、安全措施费等，这些费用是现金的管理成本。它一般与企业现金持有量并没有明显的关系，故被视为固定成本。

3. 短缺成本

现金的短缺成本，是指企业因缺乏必要的现金，不能应付业务开支所需，而使企业蒙受的损失或为此付出的代价。现金的短缺成本随现金持有量的增加而下降，随现金持有量的减少而上升。

持有现金总成本的计算公式为：

$$持有现金总成本 = 机会成本 + 管理成本 + 短缺成本$$

最佳现金持有量的成本分析模式，就是针对多种现金持有方案，分别计算出各个方案的总成本，再从中选出总成本最低的方案，相应的现金持有量就是最佳现金持有量。

（三）现金预算

现金预算是对企业预算期全部现金收入和现金支出所作的安排，是控制现金收支的主要依据。在正常情况下，现金预算是按月来编制的，即在每个月的月末编制下个月的现金预算。

现金预算的编制方法有现金收支法、调整净收益法和估计资产负债表法三种。企业通常采用现金收支法来编制现金预算。

现金收支法，也称现金预算的"直接编制法"。它是指以各项经济业务实际发生的现金收付为依据，分别列为预算期内现金收入量和现金支出量的一种预算编制方法。它具有直观、简便、便于控制和分析现金预算执行情况等特点。在具体运用此法时首先要根据本期销售预算等资料，确定本期营业现金收入和其他现金收入；然后再根据本期各项费用预算资料，确定本期营业现金流出；最后确定本期现金结余的最低存量，以此推算出本期现金的不足或多余额，不足现金应设法筹资弥补，多余现金可用于归还借款或进行投资等。

（四）现金的日常控制

为了保证现金预算顺利完成，必须对现金进行日常控制，主要包括如下内容。

1. 加强对库存现金的管理

按照现行制度，国家有关部门对企业库存现金订有管理规定，目前仍是企业所应遵守的。这些规定主要有：现金的使用范围、库存现金的限额、现金收支的职责分工与实行内部牵制制度。

2. 加强对银行存款的管理

根据现金管理规定，企业收付的大部分款项通过银行，由银行统一管理。为此，每个企业都应按规定在银行开立账户。企业应加强对银行存款的管理，做到：不坐支现金；不出租、出借银行账户；不签发空头支票和远期支票；不套用银行信用；不保存账外公款，包括不得将公款以个人名义存入银行和保存账外现钞等各种形式的账外公款。除此以外，企业还应由专人及时、正确地记载与银行的往来业务，按期核对项目，保证银行存款的安全完整。

3. 做好转账结算工作

根据我国有关规定，各单位之间的一切经济往来，除结算起点以下的零星开支外，都应通过银行进行转账结算。银行转账结算的方式很多，主要有：银行汇票、商业汇票、支票、汇兑、委托收款、托收承付等。企业应根据各种结算方式的特点，选用适当的结算方式，以加快账款回收，提高资金利用效益。

4. 现金日常管理的策略

现金日常管理的目的在于提高现金使用效率，为达到这一目的，可运用力争现金流量同步、使用现金浮游量、加速收款、推迟应付款的支付等策略，除此之外，企业还可以采用将暂时多余的现金进行短期投资，以持有有价证券来代替持有现金的方法。

二、应收账款的管理

（一）应收账款管理的目标

这里所说的应收账款是指企业因对外赊销产品、材料、供应劳务及其他原因，应向购货单位或接受劳务的单位及其他单位收取的款项，包括应收销货款、其他应收款、应收票据等。

企业发生应收账款主要基于两种原因：一是市场竞争，这是发生应收账款的主要原因。竞争机制的作用迫使企业以各种手段扩大销售，除了依靠产品本身质量和售后服务手段外，赊销也是扩大销售的手段之一，于是就产生了应收账款。由竞争引起的应收账款，是一种商业信用。二是销售和收款的时间差距。商品成交的时间和收到货款的时间常不一致，这也导致了应收账款。

应收账款具有扩大销售、提高企业竞争力的作用，但企业持有应收账款，也要付出一定的代价，包括应收账款的机会成本、管理成本和坏账损失成本。所以，应收账款管理的目的，是要制订科学合理的应收账款信用政策，只有当应收账款所增加的盈利超过所增加的成本时，才应当实施应收账款赊销；如果应收账款赊销有着良好的盈利前景，就应当放宽信用条件增加赊销量。

（二）信用政策的确定

应收账款赊销的效果好坏，依赖于企业实行的信用政策。信用政策是企业基于对客户资信情况的认定，而对客户给予先行交货而后收款的结算优惠。信用政策包括：信用期间、信用标准和现金折扣政策。

1. 信用期间

信用期间是企业允许顾客从购货到付款之间的时间，或者说是企业给予顾客的付款时间。信用期过短，不足以吸引顾客，在竞争中会使销售额下降；信用期放长，对销售额增加固然有利，但只顾及销售增长而盲目放宽信用期，所得的利益有时会被增长的费用抵销，甚至造成利润减少。因此，企业必须慎重研究，规定出恰当的信用期。

2. 信用标准

信用标准，是指顾客获得企业的商业信用所应具备的最低标准。如果顾客达不到信用标准，便不能享受企业的信用或只能享受较低的信用优惠。

企业在设定某一顾客的信用标准时，往往先要评估它的信用品质。这可以通过"五 C"系统来进行。即评估顾客信用品质的五个方面，包括品质、能力、资本、抵押品和条件。

信用标准通常常用预期的坏账损失率来表示，允许的坏账损失率越低，表明企业的信用标准越严。如果企业的信用标准较严，只对信誉很好、坏账损失率很低的顾客给予赊销，则会减少坏账损失和应收账款的机会成本，但可能导致销售量较少；反之则相反。企业应根据具体情况进行权衡，确定企业向客户提供商业信用的合理标准。

3. 现金折扣政策

现金折扣是企业对顾客在商品价格上所作的扣减。向顾客提供这种价格上的优惠，主要目的在于吸引顾客为享受优惠而提前付款，缩短企业的平均收款期。另外，现金折扣也能招揽一些视折扣为减价出售的顾客前来购物，借此扩大销售量。

现金折扣的表示常采用如 5/10, 3/20, N/30 这样一些符号。企业采用什么程度的现金折扣，要与信用期间结合起来考虑。不管是信用期间还是现金折扣，都可能给企业带来收益，也会增加成本。当企业给顾客某种现金折扣时，应当考虑折扣所带来的收益与成本孰高孰低，权衡利弊，择优决断。

（三）应收账款的日常管理

应收账款发生后，企业应采取各种措施，尽量按期收回款项，否则会因拖欠时间过长而发生坏账，使企业遭受损失。这些措施包括对应收账款回收情况的监督，对坏账损失的事先准备和制定适当的收账政策。

1. 应收账款的监督

企业可以通过账龄分析表来了解有多少欠款尚在信用期内，占多大比例；有多少欠款超过了信用期限，超过各时间段的款项各占多大比例；有多少欠款可能会因为时间关系而成为坏账。最终根据客户拖欠应收账款的原因，分别采取不同的收账政策，加速货款的回收。

2. 收账政策的制定

企业对不同过期账款的收账方式，包括准备为此付出的代价，就是它的收账政策。比如，对过期较短的顾客，不宜过多地打扰，以免将来失去这一市场；对过期稍长的顾客，可措词婉转地写信催款；对过期较长的顾客，频繁地信件催款并电话催询；对过期很长的顾客，可在催款时措辞严厉，必要时提请有关部门仲裁或提请诉讼，等等。而催收账款又要发生费用，某些催款方式的费用还会很高（如诉讼费）。因此制定收账政策，要在收账费用和所减少的坏账损失之间作出权衡。本着收账款总成本最小化的原则，对各收账方案成本的大小加以选择。

三、存货管理

（一）存货管理的目的

存货是指企业在生产经营过程中为销售或者耗用而储备的物资，包括：材料、燃料、低值易耗品、在产品、半成品、产成品、协作件、商品等。

在企业的生产经营过程中，存货具有不可替代的作用。企业进行存货管理，就要尽力在各种存货成本与存货效益之间作出权衡，达到两者的最佳结合，这也就是存货管理的目标。

（二）存货决策方法

存货决策就是选择存货总成本最低点的过程。存货的决策涉及四项内容：决定进货项目、选择供应单位、决定进货时间和决定进货批量。决定进货项目和选择供应单位，是销售部门、采购部门和生产部门的职责。财务部门要做的，是决定进货时间和进货批量，使存货的总成本最低。这个批量叫作经济订货量或经济批量。有了经济订货量，可以很容易地找出最适宜的进货时间。

影响存货总成本的因素很多，为了解决比较复杂的问题有必要简化或舍弃一些变量，这就需要设立一些假设，在此基础上建立经济订货量的基本模型。这些假设条件是：① 企业能够及时补充存货，即需要订货时便可立即取得存货；② 能集中到货，而不是陆续入库；③ 不允许缺货，即无缺货成本；④ 需求量确定且能确定；⑤ 存货单价不变，不考虑现金折扣；⑥ 企业现金充足，不会因现金短缺而影响进货；⑦ 所需存货市场供应充足，不会因买不到需要的存货而影响其他。

设立了上述假设后，计算经济订货量时需要考虑的成本因素就只有每次订货业务所发生的订货成本和随着存货量的变动而变动的平均储存成本，存货总成本的公式可以简化为：

存货总成本 ＝ 全年订货成本 ＋ 全年平均储存成本
＝ 每次订货成本 × 订货次数 ＋ 单位存货的全年平均储存成本 × 平均库存量

设 D 为全年需要量，Q 为每次订货量，P 为每次订货成本，C 为单位存货的全年平均储存成本，T 为存货总成本，则

$$T = P \times \frac{D}{Q} + C \times \frac{Q}{2}$$

当 D、P、C 为常数时，T 的大小取决于 Q。为了求出 T 的极小值，对其进行求导演算，可得出下列公式：

$$Q = \sqrt{2DP/C}$$

这一公式成为经济订货量基本模型，求出的每次订货批量可使 T 达到最小值。

这个基本模型还可以演变出其他形式。

每年最佳订货次数公式：$\dfrac{D}{Q} = \sqrt{DC/2P}$

存货成本公式：$T^* = \sqrt{2DPC}$

（三）存货控制

存货控制包括对材料的控制、自制半成品、在制品的控制和产成品的控制。其控制方法有分级分口控制、经济批量控制、ABC 控制、挂签控制等。这里主要介绍 ABC 控制法。

ABC 法是先将存货按事先测定好的标准分为 A、B、C 三大类，A 类存货的品种数量占全部存货品种数量的比重较小，但所需资金占全部存货资金的比重较大；B 类存货的品种数量占全部存货较大的比重，而所需资金也占全部存货资金的较大比重；C 类存货的品种数量占全部存货的最大比重，而所需资金却占全部资金的最小比重。把存货划分为 A、B、C 三大类后，对 A 类存货要集中主要力量管理，对其经济批量要进行认真规划，对收入、发出要进行严格控制。有效地控制了 A 类存货，就能基本保证存货资金有效的管理。C 类存货因占用资金不多，不必耗费大量人力、物力、财力去管，这类存货的经济批量可凭经验确定，不必花费大量时间和精力去进行规划和控制。B 类存货介于 A 类和 C 类之间，企业应按照自身的实际情况去进行控制。这样，既能抓住存货控制的重点，又能兼顾全面，提高仓库管理的工作效率，降低存货总成本。

四、固定资产管理

（一）固定资产管理的目的

固定资产是指使用期限超过一年的房屋、建筑物、机器、机械、运输工具，以及其他与生产经营有关的设备、器具、工具等。不属于生产经营主要设备的物品，单位价值在 2 000 元以上，并且使用期限超过两年的，也应当作为固定资产。

要合理有效地管理好企业的固定资产，就必须了解固定资产的资金运动特点。与其他资产相比，固定资产资金运动的特点是：循环周期长；资金的投放是一次性的，而其资金的收回却是分期的；价值补偿和实物更新在时间上是分离的。

固定资产管理的目的，主要表现在维持固定资产的再生产能力，提高固定资产的利用效益，加强固定资产的投资决策，提高投资效益。

（二）固定资产需用量的预测

铁路运输企业的固定资产需用量预测是指根据企业计划生产任务、生产方向和扩大产品销售量的可能性等因素，对企业计划期间各类固定资产的合理需要数所进行的测算和分析工作。预测固定资产需要量的主要内容是预测生产设备的需要量，因为生产设备是决定企业生产能力的最基本因素，是决定产品产量和质量的关键，而且它在整个固定资产用量中的比重较大，且品种繁多，构成复杂。

预测生产设备需要量的方法是以计划生产任务和生产能力相比较，即在测定企业生产能力的基础上，求得与生产任务相平衡的固定资产需要量。其计算公式为：

$$某项生产设备需要量=\frac{计划生产任务（实物量或台时数）}{单台设备生产能力（实物量或台时数）}$$

在上述测算公式中，关键是要正确测定企业预测期内的生产任务和单位设备的生产能力。

（三）固定资产的折旧

铁路运输企业的固定资产在生产过程中发生有形或无形的损耗，这种因损耗而转移到产品中去的那部分价值，就称为固定资产折旧，它通过产品销售转化为货币资金加以回收和积累，以达到对固定资产损耗补偿和更新的目的。

固定资产年折旧额的多少、折旧率的高低，主要受固定资产原始价值、固定资产残值、固定资产清理费用和固定资产使用年限的影响。固定资产折旧的计算方法很多，现将常用的基本方法分述如下。

1. 平均年限法

这是将应计折旧总额按固定资产预计使用年限，按年平均提取折旧的方法，其计算公式为：

$$年折旧额=\frac{原始价值-预计净残值}{折旧年限}$$

这种方法主要适用于在使用年限内，不论是否使用都会发生损耗的固定资产，以及常年均衡使用或基本均衡使用的固定资产。

2. 工作量法

这是将应计折旧总额按固定资产预计可生产产量或加工工时总量等工作量来计提折旧的方法，其计算公式为：

$$单位工作量折旧额=\frac{国家资产原值\times（1-预计净残值率）}{预计总工作量}$$

这种方法主要适用于能估计生产总量或总工时、损耗程度又与产量和工时密切相关的固定资产。

3. 双倍余额递减法

这是一种加速折旧法，是根据固定资产原值减去已提折旧后的固定资产净值，按照平均年限法的折旧率加倍计算的折旧率来计算折旧额的方法，计算公式为：

$$年折旧率=\frac{2}{折旧年限}$$

年折旧额=国家资产账面净值×年折旧率

此方法折旧率不变，而固定资产的账面净值却逐年递减，故折旧额逐年减少。使用此方法时，在折旧年限终止前两年内，将固定资产账面净值扣除预计净残值后的净额平均摊销。这种折旧方法主要适用于技术发展较快、更新周期短的固定资产。

4. 年数总和法

这是将应计折旧总额乘上尚余固定资产使用年限与可使用年限所有数字总和之比来计提折旧的方法。它也是加速折旧法的一种。其计算公式为：

$$年折旧率=\frac{折旧年限-已使用年限}{折旧年限×（折旧年限+1）/2}$$

年折旧额=（固定资产原值-预计净残值)×该年折旧率

（四）固定资产的日常管理

企业固定资产种类繁多，使用地点又很分散，要加强固定资产的管理，就必须实行归口分级管理责任制。

固定资产的归口分级管理责任制，就是在单位主管的统一领导下，按照固定资产的责任，由职能部门负责归口管理，然后，根据固定资产的使用情况，由各级使用单位具体负责，进一步落实到班组、个人。

五、无形资产和其他资产的管理

（一）无形资产的管理

无形资产是指企业长期使用但没有实物形态的资产，它通常表现为企业所拥有的、受法律承认和保护的权利，如专利权、土地使用权等。无形资产同固定资产等有形资产相比，具有不存在物质实体，企业有偿取得，能在较长时期内为企业提供经济效益以及所能提供的未来经济效益有很大的不确定性等特点，因此对其管理应遵循以下原则。

（1）正确评估无形资产的价值。在对无形资产进行价值评估时，要以成本计价原则为基础，即按照取得时的实际成本计价，同时还要考虑无形资产的经济效益、社会影响效果、技术寿命等因素的影响。

（2）不断提高无形资产的利用效果。为了提高企业的经济效益，企业必须管好用好现有的无形资产，充分发挥其效能，不断提高无形资产的利用效果。

（3）按照规定在其有效使用期内平均摊销已使用的无形资产。企业取得的无形资产投入使用后可使企业长期受益，因此，按照配比原则，企业应将已使用的无形资产在其有效期限内进行平均摊销，不能一次计入当期成本费用。这样，可以保证各期分摊的无形资产成本均衡合理。

（4）加强无形资产转让和投资管理。无形资产转让的方式有转让所有权和转让使用权两种。在财务处理上，不论是转让其所有权，还是转让其使用权，所取得的收入都应作为企业的其他销售收入处理。

企业如用无形资产对外投资也有两种形式：一种是利用无形资产的所有权进行投资；另一种是出让无形资产的使用权。

（二）递延资产与其他资产的管理

1. 递延资产的管理

递延资产是指不能全部计入当年损益，应当在以后年度内分期摊销的各项费用，包括开办费、以经营租赁方式租入的固定资产的改良工程支出等。

2. 开办费的管理

开办费是指企业在筹建期间发生的费用，包括筹建期间人员的工资、办公费、培训费、差旅费、印刷费、注册登记费以及不计入固定资产和无形资产购建成本的汇兑损益、利息支出等。按照财务制度规定，开办费从企业开始生产经营月份的次月起，按照不短于 5 年的期限分期摊入管理费用。

3. 以经营租赁方式租入的固定资产改良工程支出的管理

以经营租赁方式租入的固定资产改良工程支出是指承租人根据其需要，对以经营租赁方式租入的固定资产进行增加其效用或延长其使用寿命的改装、翻新、改建等发生的支出，在租赁期内分期摊入制造费用或管理费用，不能作为当期费用处理。

（二）其他资产的管理

其他资产是指不包括在流动资产、固定资产、无形资产、递延资产中的资产，它具体包括特准储备物资、银行冻结存款、冻结物资、涉及诉讼中的财产等。企业应按国家有关规定进行财务处理。

第四节　铁路运输成本管理

一、铁路运输成本概述

（一）铁路运输成本的概念和特点

铁路运输成本是铁路运输业在生产经营过程中所耗费的活劳动和物化劳动的货币表现，它反映企业劳动消耗的综合成本，是制定运价的重要依据。

铁路运输成本费用具有如下特点：

（1）铁路运输成本计算对象不是产品，而是旅客和货物的周转量。旅客和货物的位置转移不但与数量（人次、吨）有关，还与距离（公里）有关，因此采用运送数量与距离相结合的人公里、吨公里和换算吨公里作为运输成本计算单位。

（2）在运输成本的构成中，没有形成产品实体的原材料和主要材料，而与运输工具的使用有关的费用，如燃料、折旧、修理等费用的比重都很大。

（3）运输业的生产过程也就是它的销售过程，其成本不能区分为生产成本和销售成本。

（4）运输生产周期与工业生产相比要短得多，在成本计算期末没有或很少有未完成运输工作量，一般不存在将营运费用划分为当期营运成本和下期营运成本的问题，也没有在产品成本。

（5）运输生产过程中的消耗，主要取决于运行距离的长短，而不是取决于完成周转量的多少。在运输生产过程中必然要发生空驶，它不产生成果，其费用要由完成的生产成果——旅客和货物的周转量来分担，而减少空驶的关键在于合理组织运输，提高运输工具的载重利用率。

（6）运输生产受自然地理环境的影响较大。比如地处山区的铁路，由于坡道陡、弯道多，机车牵引列车数、行车速度等都要受到限制，致使燃料（电力）消耗、检修费等各项支出相应增高。

（7）与其他运输方式不同。铁路运输作业是由铁路线上数以千计的站、段基层单位相互协作、共同完成的。这些基层单位主要有车站、车务段、客运段、货运中心、机务段、车辆段、工务段、电务段、供电段、房屋水电段、物资供应段等。铁路运输费用绝大部分是发生在这些基层单位，因而给成本计算、分析等带来了一定的复杂性。

铁路运输成本费用管理是企业经营管理的重要组成部分，其基本任务是：保证简单再生产所必需的资金，精打细算，降低消耗，通过成本费用预测、计划、核算、控制、分析和考核，挖掘潜力，提高效益，为企业经营决策提供可靠依据。

（二）运输成本和费用范围

铁路运输企业生产经营过程中的各种耗费按其经济用途和性质划分为营运成本、管理费用、财务费用。营运成本、管理费用、财务费用构成营业支出，营业支出与营业外收支净额构成运输总支出。

1. 营运成本

营运成本是指铁路运输企业营运生产过程中实际发生的与营运生产直接有关的各项支出。其主要内容包括：

（1）运输企业直接从事营运生产活动人员的工资、奖金、津贴、补贴和批准的结算工资收入与实际工资支出的差额；

（2）按规定提取的职工福利费；

（3）生产经营过程中运输设备运用所消耗的材料、燃料、电力和其他费用；

（4）生产经营过程中运输设备养护修理所耗费的材料、配件、燃料、电力、工具备品及其他费用；

（5）固定资产折旧费；

（6）合理化建议及技术改进奖；

（7）运输生产经营过程中发生的季节性、修理期间的停工损失，事故净损失；

（8）按照国家有关规定可以在成本中列支的其他费用，如生产部门的办公差旅费、劳动保护等支出。

2. 管理费用

管理费用是指企业行政管理部门为管理和组织运输生产所发生的各项费用以及管理费用

性质的支出。其主要内容包括：

（1）铁路局（公司）机关（以下简称机关）人员工资、奖金、津贴、补贴；

（2）机关办公差旅费、劳动保护费、职工制服补贴、折旧费、修理费、物料消耗、低值易耗品摊销及其他管理费用；

（3）按规定计提的职工福利费、工会经费、职工教育经费、职工待业保险金、劳动保险费、税金、土地使用费、土地损失补偿费、技术转让费、技术开发费、业务招待费、咨询费、审计费、诉讼费、排污费、绿化费、广告费、展览费、董事会费、防疫经费；

（4）无形资产和递延资产摊销、坏账损失、存货盘亏（减盘盈）、毁损和报废；

（5）上交上级管理费，指服务于各铁路局（公司）的有关费用，如统一印发全路各项规章制度的费用等。

3. 财务费用

财务费用是指企业为筹集资金而发生的各项费用。其主要内容包括：企业营运期间发生的利息支出（减利息收入），汇兑净损益，调剂外汇手续费，金融机构手续费以及筹资发生的其他财务费用。

4. 营业外收支净额

营业外收支净额是指与企业运输生产经营活动没有直接关系的各项收入减去各项支出后的余额。营业外支出的主要内容包括：

（1）营业外各部门人员工资，按规定计提的职工福利费、职工教育经费、工会经费、职工待业保险金、劳动保险费；

（2）铁路职工培训机构经费，铁路公、检、法部门经费，疗养院经费；

（3）非常损失，包括自然灾害损失和流动资产非常损失，非季节性和非修理期间的停工损失；

（4）固定资产盘亏、报废、毁损和出售的净损失；

（5）公益救济性捐赠、赔偿金、违约金等其他支出。

营运成本、管理费用、财务费用、营业外支出（收入）的具体项目和内容按《铁路运输企业成本费用科目》执行。

（三）运输成本的分类

企业在运输生产经营各个阶段所发生的耗费是多种多样的，为了满足成本管理和成本核算的不同要求，以便有效地进行成本控制、成本分析和成本决策，必须将这些不同的耗费进行科学的分类。铁路运输成本除了按其经济用途划分为营运成本、管理费用和财务费用外，还可以进行以下分类。

1. 根据运输成本的性质分类

（1）工资，指运输各类人员的标准工资、计件工资、职务工资、附加工资、加班加点工资、各种奖金、津贴、补贴和其他工资及按批准的工资结算收入与实际工资支出的差额。

（2）材料，指运输生产经营过程中所耗费的材料、配件、油脂、工具备品、劳动保护用品等有实物形态的物品。

（3）燃料，指运输设备运用、养护和修理以及生产过程中所发生的固体、液体、气体等燃料支出。

（4）电力，指铁路运输设备运用、修理、动力、照明及其他用电。

（5）折旧，指列入营业支出的按规定计提的固定资产折旧费。

（6）其他，指不属于以上各要素的支出，如按预算管理的支出项目，集中费、差旅费、福利费、职工教育费、工会经费、职工福利保险金、损失性费用等。

2. 根据运输成本与运输量的关系分类

（1）变动成本是随着运量的增减成正比例变化的那部分成本，如运输生产中消耗的直接燃料、材料和人工等。在一定范围内，单位变动成本保持不变。

（2）固定成本是指当运量在一定幅度内变动时，并不随之增减而基本上保持不变的那部分成本，如行政管理人员的工资、固定资产的折旧费等等。在一定运量内，单位固定成本随运量的增加而减少。

（3）半变动成本是指同时具有变动成本和固定成本两种性态的那部分成本，如固定资产的维修费等等。对于此类成本，为有利于核算和控制，应经过分析后采用一定的方法将其划分为固定成本与变动成本两部分。

3. 根据不同的运输业务部门分类

可根据不同的运输业务部门将成本分为运输部门支出、机务部门支出、车辆部门支出、工务部门支出、电务部门支出、房建部门支出和其他部门支出。

二、运输成本核算

（一）运输成本核算的内容

成本核算是指对生产经营中所消耗的各种费用，按照一定的对象和标准进行归集和分配，以计算确定各对象的总成本和单位成本。铁路运输成本核算以客、货运输业务作为成本计算对象。客货运输换算成本的计算单位是千换算吨公里，客运成本的计算单位是千人公里，货运成本的计算单位是千吨公里。

铁路运输成本一般按年或按季进行。因为铁路运输作业是由许多基层单位分工协作、共同完成的，按月计算成本有一定的困难。

铁路运输成本核算要遵循权责发生制原则，凡应由本期负担的支出要全部进入本期成本，如实反映核算期内完成全部运输产品的实际耗费。如按计划成本、标准成本、材料目录价格核算的，应按规定的成本核算期及时调整为实际成本。

铁路运输总成本的核算应按支出科目，分要素分别进行核算，两者总额必须相符。

（二）铁路运输单位成本的核算方法

1. 换算吨公里成本的计算方法

换算吨公里是客货运输量的综合指标，即将旅客人公里数按一定的换算比率折合成吨公里，再和货物计费吨公里数相加而得。我国铁路目前采用的换算比率为1∶1。

即：　　　　　　　　换算吨公里数＝旅客人公里数+货物计费吨公里数

以换算吨公里数除运输支出总额，即得换算吨公里成本。

即：

$$换算吨公里成本 = \frac{运输支出总额}{换算吨公里总数}$$

$$= \frac{运输支出总额}{旅客人公里+货物计费吨公里}$$

2. 旅客及货物运输成本的计算方法

客运和货运是铁路运输的两种不同性质的业务。为了考核客运和货运的各自成本水平，为制定票价和运价提供依据，有必要分别计算旅客人公里成本和货物吨公里成本。

为了计算旅客运输成本和货物运输成本，必须先将运输支出划分为客运支出和货运支出两部分。即将每个支出科目，按照下列原则进行划分：完全与旅客运输有关的费用，全部列入客运支出；完全与货物运输有关的费用，全部列入货运支出；与客、货运输都有关的混合费用，按照适当的指标分配到客运和货运支出。

将运输支出划分为客运支出和货运支出两部分后，分别除以旅客人公里和货物计费吨公里，即得客货运成本。其计算公式为：

$$旅客人公里成本 = \frac{客运支出总额}{旅客人公里}$$

$$货物计费吨公里成本 = \frac{货运支出总额}{货物计费吨公里}$$

三、运输成本预测和决策

（一）运输成本预测的内容和方法

1. 成本预测的内容

成本预测由成本计划部门或人员负责，组织有关部门或人员提供资料、具体落实；成本预测要遵循客观经济规律，实事求是，合理可靠，掌握成本费用的发展趋势。成本预测的主要内容如下：

（1）预测计划实现程度，即运输总支出、单位成本（支出）及相关经济指标。

（2）预测政策、价格、运量等因素变化对成本费用的影响。

（3）预测采用新技术、新工艺、新材料、新设备和改变总体布局、新线投入、旧线改造等对成本费用的影响。

（4）预测运输发展规划在今后若干年内对成本费用的影响。

2. 成本预测的方法

成本预测的方法可以分为定性方法和定量方法两种。本书前面章节已经进行了详细介绍，本节主要介绍铁路运输企业常用的支出率法和本量利计算法。

（1）支出率法是采用各项运营指标和支出率计算分析运输成本的方法。采用支出率法计算成本，首先要将运输支出划分为与运量有关支出和与运量无关支出两部分，然后把每项支出归纳到与其关系最密切的指标内，把同一指标的支出加总去除以指标总数，得出每一指标的支出率。

当计算一定周转量的人公里或吨公里成本时，可根据运输周转量需要消耗的各项运营工作指标数乘以相应的支出率，将乘积加总，即得与运量有关成本（即变动成本）；再加上应分摊的与运量无关成本（即固定成本），就可得出一定周转量的全部运输成本。在用支出率法实际计算运输成本时，固定成本一般按变动成本的一定比例求得。计算公式为：

$$TC = AC + FC$$
$$= (1+a)AC$$
$$= (1+a)U \cdot S$$

式中　TC —— 总成本；

　　　AC —— 变动成本；

　　　FC —— 固定成本；

　　　a —— 固定成本比率；

　　　U —— 支出率；

　　　S —— 运营成本。

当计算单位周转量的成本时，我们既可以先求出总成本然后用周转量除总成本得单位成本；也可以采用另一种方法即先求出单位周转量消耗的运营指标值，然后代入上述公式可直接求出单位周转量的成本。

支出率法是计算非定期铁路运输成本的一种国际通用方法。它以计算简便、精确取胜，在计算不同品类、不同运距的货物运输成本、分牵引机型的运输成本、分席别的客运成本和区段成本时具有独到优势。

（2）量本利分析法是根据成本与运量的关系将其划分为固定成本和变动成本，而变动成本总额加上固定成本总额便构成产品总成本，它可用公式表示如下：

$$y = a + bx$$

式中　y —— 总成本；

　　　a —— 固定成本总额；

　　　b —— 单位变动成本；

　　　x —— 业务量。

然后采用高低点法或最小二乘法求出 a 与 b 的值并将其代入方程式，就可以从这个直线方程式中预测出任何运量下的总成本。

这里要注意的是，作为预测根据的历史资料所选用的时间不能太长，也不能太短，通常以最近 3 ~ 5 年的历史资料为宜。另外，某些金额较大的偶然性费用在引用时应予剔除。

（二）运输成本决策的途径与方法

1. 运输成本决策的途径

成本决策是指按照既定总目标，在成本预测的基础上，拟定出各种降低成本的可行性方案，并对方案进行分析、评估，选取最优方案，使目标成本最优化的一系列过程。

降低成本的手段有两方面，一是事先的成本决策，二是事中的成本控制。成本决策是产品成本发生前的决策，铁路运输业的成本决策在降低产品成本上，主要有三条途径。

（1）在产品的设计阶段，铁路应当同货主一起促进运输的合理化，消灭迂回运输、重复运输、过远运输、对流运输及未充分利用轻载方向等不合理运输，降低运输成本。

（2）在生产设备选择中，一般来说，购置一般的设备，则投资比较少，但生产率比较低；而购置先进的设备，则投资较大，但生产率较高。如果规模不很大，则生产能力不能充分利用，总的成本也较高。所以，必须根据不同的生产规模选择最恰当的生产设备进行生产，以使产品的营运成本达到最低。

（3）在产品的生产组织中，既要充分满足旅客和货主对运输产品的质量要求，做到安全、及时、经济、便利，又要使现有的生产能力和人力资源得到充分利用，在这种情况下，则要合理安排生产工序，既不影响客源和货源，又能达到降低成本的目的。

2. 运输成本决策的方法

成本决策的方法可以分为定性分析法和定量分析法两大类。

定性和定量分析法相辅相成、并不互相排斥。在成本决策时，将两类方法结合起来加以运用，可能收到较满意的效果。下面主要介绍定量分析法中的差量分析法。

差量分析法是指根据不同备选方案差量收入和差量成本的分析比较，再确定最优方案的方法。

差量收入是指某一备选方案的预期收入与另一备选方案的预期收入之间的差异额。差量成本是指某一备选方案预期成本与另一备选方案预期成本之间的差异额。

差量分析法的运用可分为三步：①收集有关决策用资料；②编制差量分析表，进行分析计算；③比较差量收入和差量成本，依据差量损益，作出最后决策。

四、运输成本计划与控制

（一）运输成本计划

成本计划是根据成本决策所确定的目标，具体规定在一定时期内为完成生产任务所需生产费用，确定各种产品的成本水平，并提出保证成本计划顺利实现所应采取的措施。做好成本计划工作对于提高企业领导和群众降低产品成本的自觉性，控制生产费用，挖掘降低成本的潜力，具有重要意义。

1. 成本费用计划编制依据

（1）运输生产、机构人员、设备配置、物价等变化情况。

（2）按照职责分工，由有关业务部门及时提供旅客和货物运输、机车车辆运用、设备检修计划统计等资料。

（3）有关消耗定额、开支标准和范围。

（4）与成本费用有关的政策和要求。

2. 成本费用计划主要内容

（1）与成本费用有关的各项运量指标，机车车辆运用指标，设备运用、检修工作量。

（2）按规定编制成本费用计划，计算单位成本（支出）。

（3）编制计划说明书，着重说明特殊项目变化原因。

3. 成本费用计划编制程序及方法

（1）基层站段、铁路局根据运量、设备、成本费用等变化情况，逐级编报成本费用计划建议，说明变化因素。

（2）逐级下达成本费用计划。

（3）根据上级下达的成本费用计划指标，按生产项目分配安排，编制成本费用计划，逐级汇总上报。

（4）在编制成本费用计划后，要提出目标成本，逐级下达，落实到车间、班组及个人，实行目标成本管理。

（5）年度计划确定后，如客观因素变化较大，需要调整计划时，按成本分级管理责任制逐级上报批复。

（6）铁路（集团）公司、股份制运输企业和其他根据有关规定可自主管理运输企业的成本费用计划。

（二）运输成本控制

成本控制就是在企业的生产经营活动中，对影响成本的各种因素加强管理，及时发现与预定目标成本之间的差异，保证完成预定的目标成本，尽可能以最少的耗费，取得最大的成果。

成本控制包括事前、事中、事后控制三个阶段。事前控制就是在设计阶段的成本控制，即根据企业的总目标和全盘计划，划定目标成本，建立标准成本和预算，并将指标层层分解到各责任单位；事中控制也就是在执行过程中的控制，要有专人进行实地观察，根据分解的指标，记录有关的差异，及时进行信息的反馈；事后控制是指成本计划执行以后，将实际成本与目标成本之间的差异加以分析，查找原因和责任的归属，以利工作的改进。

在进行成本控制时，不仅要注意数量因素，还要注意非数量因素，如企业职工的工作积极性、生产工作条件、设备损耗情况等，有时非数量因素比数量因素对成本的影响更大。

五、运输成本考核与分析

（一）成本考核

成本考核是评价各责任中心特别是成本中心业绩的主要手段。通过考核，促进责任中心控制和降低各种耗费，并借以控制和降低运输产品成本。成本考核应贯彻实事求是、严格纪律、严肃认真的原则，按规定进行节奖超罚。

1. 成本考核的内容

铁路总公司对各铁路局、路局对站段实行分级考核制度，其基本内容包括：

（1）执行《铁路运输企业成本费用管理核算规程》的情况；

（2）考核成本费用计划的执行情况；

（3）对违纪行为调查核实，根据实际情况提出处理意见和改进措施并监督实施；

（4）考核与成本费用有关的其他事项。

2. 成本考核的指标

成本考核的指标主要集中于目标成本完成情况，包括目标成本节约额和目标成本节约率两个指标。

（1）目标成本节约额。目标成本节约额是一个绝对数指标，它以绝对数形式反映目标成本的完成情况。这一指标的计算公式如下：

$$目标成本节约额 = 预算成本 - 实际成本$$

（2）目标成本节约率。目标成本节约率是一个相对数指，它以相对数形式反映目标成本的完成情况，这一指标的计算公式如下：

$$目标成本节约率 = \frac{目标成本节约额}{目标成本} \times 100\%$$

目标成本节约额和目标成本节约率两指标相辅相成，因此评价一个责任中心的经营业绩时必须综合考核两个指标的结果。但在实际工作中，还应考虑一些具体情况，例如几种产品耗用的材料是否相同；标准成本前次修订时间的长短，因为如果标准成本很久没修订的话，就很难适应环境的变化，这样以过时的标准来衡量现在的工作业绩，就会失之偏颇；以及有无特殊情况或不可预计或不可控情况的发生。只有综合考核了各个方面的因素，业绩评价才能做到公正、合理，才能收到良好的效果。

（二）成本分析

成分本析是按照一定的原则，采用一定的方法，利用成本计划、成本核算和其他有关资料，控制实际成本的支出，揭示成本计划完成情况，查明成本升降的原因，寻求降低成本的途径和方法，以达到用最少的劳动消耗取得最大的经济效益的目的。

成本费用分析分为日常、定期、专题、动态等多种形式。日常分析主要用于控制支出进度；定期分析是较全面的分析，为下一步改进管理提供信息资料；专题分析是针对成本费用中突出问题进行调查、分析研究，及时扭转偏差；动态分析是分析运量、任务等因素变化对成本费用的影响，表明变动趋势。各业务部门应按照分工，提供有关分析资料和说明。

1. 运输成本分析的方法

在成本分析中，采用的技术方法是多种多样的，它可以采用会计的方法、统计的方法和数学的方法。具体采用哪一种方法，要根据分析的要求和掌握资料的情况来决定。一般来说，分析中经常用到的有下列几种方法。

（1）对比分析法。对比分析法是通过成本指标在不同时期或不同情况的数据对比，来揭露矛盾的一种方法，如本期与上期对比、实际与计划对比、本企业与同行业的其他企业对比等等。成本指标的对比必须注意指标的可比性，如指标的计算口径、计价基础是否一致等等。

（2）因素分析法。一个经济指标完成的好坏，往往是由于多种因素造成的，只有把这种综合性的结果分解为它的构成因素，才能了解指标完成好坏的真正原因。这种把综合性指标分解为各个因素的方法，称为因素分析法。由于各因素之间相互关系的复杂程度不同，因素分析法又可分为简单的二因素分析法和复杂的多因素分析法。

（3）相关分析法。企业的各种经济指标，存在相互依存关系，一个指标变了，就会影响到其他经济指标，在这种情况下，我们可以利用数学方法进行相关分析，就能找出经济指标之间规律性的联系。

【案例】

戴尔计算机公司实施作业成本法（ABC）

坐落于美国德克萨斯州奥斯汀市的戴尔公司是美国根据定单制造个人计算机的鼻祖。根据戴尔公司后勤服务的董事负责人 Ken Hashman 回忆说："公司运作在 1994 年撞上了墙（hit a wall）。"戴尔公司 1994 的销售收入达到 29 亿美元，但是税后利润却是 3 600 万美元净损失。公司上下清楚地知道公司正在面临着巨大的增长，但管理层却不确定应该推出哪种产品，针对哪个市场公司才有可能实现最大赢利。公司管理层需要迫切地了解哪个产品线可以给企业带来最大收益。

所以，公司管理层决定在全公司实施作业成本核算系统，尽管很少有人真正明白作业成本法，但很少有人会去拒绝或抵触。作为一个执行低成本战略的竞争者，戴尔公司必须明确了解每个产品的成本并将各种成本分解并明细到 ABC 可以解决的方面。Ken Hashman 回忆说为了在短期内实现有效的成本分析，公司管理层决定先不全面实施 ABC，而是让所有经理将精力放在至关重要的少数几个方面 （the critical few）以期在短期内收到最大效益，为公司扭亏为赢。

ABC 实施的第一步是在公司组建跨部门的团队，具体研究公司管理层确定的 10 个成本活动方面。这 10 个方面包括生产的物流、采购和运输、收货、计算机部件保险、组装、装载、配送和保证服务（logical flow of production, starting with inbound freight and duty, receiving, parts issuance, assembly, shipping, outbound distribution, and warranty）。组装部分又根据产品线分成了小的项目。

当涉及估计总的间接成本时，公司的项目团队需要重新收集数据。然后项目团队需要确定成本活动的成本动因（cost drivers）。举例而言，公司的采购活动支持整个公司所有产品上百种计算机零部件的采购。一个零部件无论价值是 1 美元或 100 美元，其采购成本都基本是一样的。所以每个生产线计算机零部件的采购种类就成为一个重要的成本动因。在实施 ABC 以前，公司采购部门的成本只作为公司管理费用（overhead）的一部分并没有具体分配到各个产品线上面去。

根据成本动因进行的成本数据全部汇总到公司的内部信息系统中。在实施 ABC 的初期，公司应用 EXCEL 电子表格进行 ABC 数据的收集和建立 ABC 模型。EXCEL 的电子表格使成本的计算非常方便，便于建立成本数据和成本动因之间的关系，使公司可以计算出各个成本动因的成本数量。电子表格还可以将成本在各个成本对象之间进行分配，譬如各个产品线之间的成本分配。随着公司规模的不断增长，公司建立了关于 ABC 的成本核算信息系统使成本核算系统化，制度化。ABC 成本核算系统的建立使公司可以更加有效的执行低成本的竞争战略。

5 年过去了，从 1994 年开始实施的 ABC 系统终于得到了巨大的报答。1998 年销售收入达到 123 亿美元，比 1994 年增长了 329%。公司税后纯收入 1998 年达到 9.44 亿美元。但更为重要的是公司的所有管理者现在可以自信地指出公司在那些业务上盈利，在那些业务上亏损。John Jones 公司副总裁和戴尔公司北美公司运营总监说："ABC 真正地使戴尔公司的管理更上一层楼。公司对各个产品的赢利有了更加透彻的了解，这将直接帮助公司制定竞争战略。"ABC 的实施完成了戴尔公司的转型，由一个粗放经营的高速发展的企业转变为一个高速发展但同时管理精细化的成熟企业。（来源：ABC 作业成本法培训）

复习思考题

1. 什么是财务管理？它包含哪些方面的内容？
2. 企业财务管理的基本原则有哪些？
3. 什么是现金流量？它包含哪些内容？
4. 什么是风险？什么是风险报酬？
5. 什么是资金市场？我国资金市场是如何划分的？
6. 存货管理的目的是什么？如何确定存货资金的需求量？
7. 如何运用 ABC 控制法来加强存货控制？
8. 什么是铁路运输成本，包括哪些范围和计算方法？
9. 简述铁路运输企业成本考核的两个指标内容以及成本分析的方法？

第八章　行为科学

◆学习目标

1. 了解行为科学的概念及研究对象；
2. 了解霍桑试验的内容；
3. 掌握激励的概念与作用；
4. 掌握激励的理论与方法。

【引例】

保险公司的奖金激励效果

北京某保险公司旗下的员工业务员比率最高。由于公司强调业务导向、业绩挂帅，组织内许多决策都以业绩作为最主要的考虑因素。公司也为业务员设计一套完全保底的制度，也就是有业绩有奖金，没业绩则没奖金。奖金制度的设计可以节省公司的固定人员费用，同时也为鼓励业务人员能取得高业绩。除了薪资制度外，公司还举办季度竞赛来奖励那些销售成绩优异的人员。

激励制度实施的开始，的确改变了原来销售不佳的窘境，为组织带来效益，但是一段时间后，公司主管开始发现新的问题。首先，由于公司奖金计算方式是以当期新奖金额累计为基础，业务员想尽办法让客户买完保险之后，对于后续客户的问题处理与售后服务就变得不是那么积极，许多客户经常打电话来投诉，长此以往有损公司的品牌形象。其次，业务员之间的竞争开始激化，而且对业绩不佳的员工也会施加许多压力，造成员工的不安全感，导致办公室气氛紧张。最后，这些凡是以业务挂帅的人员只对如何提升业绩感兴趣，对于公司其他政策的配合度意愿不高，致使公司许多政策得不到良好的贯彻。仔细研究这些保险业务员的来源动机，大部分是临时找份工作过活，再就是通过关系进公司，想多赚点奖金，谁也没想到要在公司里面一直待下去。(来源：《管理学》)

第一节　概　述

一、行为科学的定义

行为科学是运用心理学、社会学、人类社会学等学科的理论与方法，来研究工作环境中个人和群体行为的一门综合性学科。

这个定义指明了人的行为的产生实际是个体人对外部环境所作出的反应，也就是说行为是个体心理特征和外部环境的函数。用一般的数学模式来表示如下：

$$B = f(P_{a,b,c} * E_{m,n,o})$$

$$f（行为） = （个体） * （环境）$$

二、行为科学的研究对象

行为科学的研究对象主要包括有：个体行为、群体行为、领导行为和组织行为等四个方面。

（一）个体行为

个体行为主要是对人的行为进行微观的考察和研究。它是从个体的层次上考虑影响人的行为的各种心理因素，即人对于周围环境的知觉与理解。包括人的思维方法、归因过程、动机、个性、态度、情感、能力、价值观等方面。所有这些又与实际活动中的需要、兴趣、达到目标的行为有着密切的关系。

（二）群体行为

群体行为主要研究的是群体行为的特征、作用、意义、群体内部的心理与行为、群体之间的心理与行为、群体中的人际关系、信息传递方式、群体对个体的影响，个人与组织的相互作用等。

（三）领导行为

领导行为包括领导职责与领导素质论、领导行为理论、领导权变理论。特别注意把领导者、被领导者及周围环境作为一个整体进行研究。

（四）组织行为

组织行为研究组织变革的策略与原则，变革的力量及其成就衡量方法等，对变革进行目标管理。此外，工作生活质量，工作的扩大化与丰富化，人机和环境诸因素的合理安排，各种行为的测评方法，现代计算机在管理行为中的应用等方面，也都在组织行为研究范围之内。

三、行为科学的产生

行为科学产生于 20 世纪 20 ~ 30 年代。它正式被命名为行为科学，是在 1949 年美国芝加哥的一次跨学科的科学会议上。

行为科学创立的动因，要归功于人，因为有关人的因素始终困扰着人们的思维，由此，对于人的研究就显得越来越必要。

1924 年，美国科学院的全国科学研究委员会决定在美国西方电气公司的霍桑工厂进行一项研究，探讨工作环境、工作条件对工人工作效率的影响，这项研究被称为"霍桑实验"，领导并完成这项实验的是美国哈佛大学的梅奥教授。霍桑试验的结论是人际关系学说的基本要点，也是行为科学在以后发展的理论基础，并对以后的管理思想发展起着重大的影响。

（一）霍桑试验的主要内容

霍桑试验是从 1924 年到 1932 年，在美国芝加哥城郊的西方电器公司所属的霍桑工厂中进行的一系列试验。霍桑工厂是一家拥有 25 000 名工人的生产电话机和电器设备的工厂。它设备完善，福利优越，具有良好的娱乐设施、医疗制度和养老金制度。但是工人仍有强烈的不满情绪，生产效率也很不理想。为了探究其中的原因，在 1924 年美国国家研究委员会组织了一个包括各方面的专家在内的研究小组对该厂的工作条件和生产效率的关系进行了全面地考察和多种试验。试验的主要内容包括：

（1）车间照明试验。

试验目的是研究照明情况对生产效率的影响。试验把 12 名女工分成"试验组"和"控制组"，研究工作者对两个组的工作情况做了仔细的观察和精确的记录。开始时，两个组的照明度一样。以后逐步把试验组的照明度降低。但试验组同控制组一样，产量都是一直上升的。由此得出结论：车间照明只是影响员工产量的因素之一，而且是不太重要的因素；由于牵涉的因素太多，难以控制，无法测出照明对产量的影响。

（2）电话继电器装配试验。

试验目的是了解各种工作条件的变动对小组生产效率的影响，以便能够更有效地控制影响工作效率的因素。他们先后选择了工资报酬、工间休息、每日工作长度、每周工作天数等因素作为实验的对象。发现无论哪个因素变化，产量都是增加的。对于这种情况没有人能够解释。有人设想，这主要是由于参加实验的女工，受到人们越来越多的注意，并形成一种参与实验计划的感觉，因而情绪高昂、精神振奋。试验的结论：梅奥等人从新的角度来考察工人的劳动生产效率的提高问题。他们认为：工人是从社会的角度被激励和控制的。效率的增进和士气的提高，主要是由于工人的社会条件以及人与人之间关系的改善，而不是由于物质条件或物质条件的改善。工作条件、休息时间以至于工资报酬等方面的改变，都不是影响劳动生产率的第一位的因素，最重要的因素是企业管理当局同工人之间，以及工人相互之间的社会关系。

（3）访谈计划试验。

试验目的为了解职工对现有管理方式的意见，为改进管理方式提供依据。实验人员对 2 万名左右的职工进行了访谈，了解和研究职工对公司领导、保险计划、升级、工资报酬等方面的意见和态度。工人们不是按照研究者事先拟好的提问表来回答问题，而是谈些他们认为更重要的问题。谈话以后，虽然工作条件还没有改变，工资率也维持原状，但心理却觉得各种情况都改善了。这是由于他们把心中的不满"发泄"了出来，心情更为舒畅的结果。访谈计划试验的结果，企业管理当局认识到必须对工厂管理人员进行训练，使他们能更好地倾听和了解工人的个人情绪和实际问题。同工人接触时避免用说教的方式，找出妨碍工人提高生产率的原因，并想出恰当的办法来消除这些原因。访谈计划虽然取得了相当的成绩，但也有不足之处。这就是难以反映企业中非正式组织的情况。试验的结论：任何一位员工的工作成绩，都要受到周围环境的影响。罗特利斯伯格因而指出，对某些抱怨者的不满，不能就事论事地来处理，必须把他们表现出来的"不满"看作是需要进一步深入探讨的个人情况或社会情况的征兆或指示器。

（4）电话线圈装配工试验。

试验的目的是为了研究非正式组织的行为、规范及其奖惩对工人生产率的影响而设计出来的一组实验。试验的过程是选了 14 名男工在一间单独的观察室中进行。其中绕线工和焊工分成 3 组，每个小组由 3 名绕线工和 1 名焊工组成。两名检验工则分担检验工作。工人的工资报酬是按小组刺激工资制计算的。通过试验，研究人员首先注意到的是，工人们对"合理的日工作量"有明确的概念，而这个"合理的日工作量"低于企业管理当局拟定的产量标准。他们制定了非正式的产量定额，并运用团体压力使每个工人遵守这个定额。试验的结论，研究人员归纳出三点：第一，非正式组织不顾企业管理当局关于产量的规定而另外规定了自己的产量限额；第二，工人们使上报的产量显得平衡均匀，以免露出生产得太快或太慢的迹象；第三，非正式组织制定了一套措施来使不遵守非正式组织定额的人就范。对电话线圈装配工中社会关系分析的结果表明，在正式组织中存在着非正式组织。

（二）霍桑试验的结论

关于霍桑试验，许多管理学者发表了大量的著作。其中主要的是梅奥和罗特利斯伯格等人的。他们依据霍桑试验的材料，得出以下三点主要的结论：

第一，职工是"社会人"；

第二，企业中存在着"非正式组织"；

第三，新的企业领导能力在于通过提高职工的满足度来提高其士气。

这三条可以说是人际关系学说的基本要点，也是行为科学在以后发展的理论基础，并对以后的管理思想发展起着重大的影响。

霍桑试验和梅奥提出的"社会人""士气""非正式组织"的概念，开创了管理学中的一个新的领域，即强调人际关系整合对生产效率的影响。霍桑实验以后，大批的研究者和实践者继续从心理学、社会学、人类学以及管理学的角度对人际关系进行综合研究，从而建立了关于人的行为及其调控的一般理论。1949 年，美国一些从事人际关系研究的管理学者正式采用"行为科学"一词，并且成立了"行为科学高级研究中心"，进一步开展对人的行为规律、社会环境和人际关系与提高工作效率关系的研究。此后相当长一段时间，行为科学作为一种新的管理学说替代了科学管理理论而风行一时。

四、行为科学与管理技能

现代化大生产，对管理技能，特别是处理人际关系的能力提出了更高的要求。由于技术的进步，生产社会化程度的不断提高，许多机器设备已由计算机自动控制了，但企业中人的因素的作用也越来越突出。

早在 1955 年，美国管理学家开兹在《管理者的技能》一文中就提出：一个有效的管理者应具备三方面的技能"业务技能、人文技能、统筹决策技能"。

1. 业务技能（技术技能）

业务技能即使用由经验、教育、训练所得到的知识、方法、技能去完成特定任务的能力，这主要体现在把专业知识、专业技术应用到管理中去的能力。

2. 人文技能（处理人际关系的技能）

人文技能主要是指管理者善于通过各种激励措施对下属进行有效的领导，调动下属人员的积极性，完成组织目标的能力，也就是把行为科学的知识运用到管理中去的能力。

3．统筹决策技能

统筹决策技能即管理者了解整个组织及自己在组织中的地位及作用的能力。这种认识可以使一个管理者随时都可能按照整个组织的目标行事，而不是只从本身所在的部门的目标、利益出发，这就要求管理者（特别是高层管理者）对整个组织有战略眼光和全局观念，有较高的决策能力。

开兹认为：对不同层次的管理者，上述三种技能的结构比重是不同的，如图 8-1 所示。

图 8-1 表示企业组织的不同管理阶层所需的管理技能有不同的结构。对基层（操作层）管理者来说，需要有更多的业务技能以满足指挥生产的需要；对高层管理者来说，较多的任务是进行统筹规划，因而需要较强的创新技能。这三种技能的不同组合是随着管理者从低层跃升到高层而变化的。不同阶层的领导者，由于领导地位不同，管理范围不同，工作任务不同，因而有不同的能力要求。当一个管理者从较低的管理阶层上升到较高的管理阶层时，他所需要的技术技能相对地减少，而所需要的创新与决策技能则相对地增加。但要注意的是，人文技能对每一类管理阶层都具有同样的重要性。

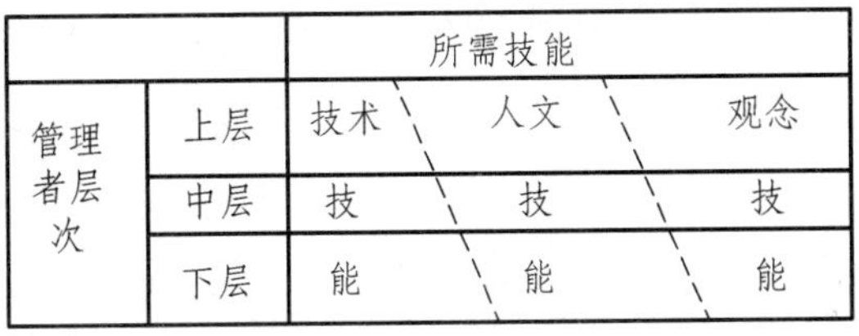

管理者层次		所需技能		
	上层	技术	人文	观念
	中层	技	技	技
	下层	能	能	能

图 8-1　管理技能模型

第二节　激励与激励理论

一、激　励

激励是行为科学的核心问题。每个人都需要激励，需要自我激励；需要来自同事、群体、领导和组织方面的激励；同事之间相互激励也是不可缺少的；作为一个群体、领导者和组织，为了实现既定目标，就更加需要激励全体的成员。

（一）激励的概念与作用

1．激励的概念

激励一词是外来语，译自英文单词 Motivation，它含有激发动机、鼓励行为、形成动力的意思。行为学家一般认为，所有人类行为都具有一定的动机性，也就是说，不存在无目标导向的人类行为。而人的动机多起源于人的需求欲望，一种没有得到满足的需求是激发动机的起点，也是引起行为的关键，因为未得到满足的需求会造成个人的内心紧张，从而导致个人采取某种行为来满足需求以解除或减轻其紧张程度。一个激励的过程，实际上就是人的需求满足的过程，它以未能得到满足的需求开始，以得到满足的需求而告终。因为人的需求是多种多样、无穷无尽的，所以激励的过程也是循环往复、持续不断的。当人的一种需求得到满足之后，新的需求将会反馈到下一个激励循环过程中去。

在行为学中的激励含义，主要是指激发人的动机，使人有一股内在的动力，朝向所期望的目标前进的心理活动过程。激励的对象是人；激励是手段，是为实现组织目标服务的；激励是心理过程，因人、因时而异；激励应产生自觉行动，不论在什么条件下，它都表现为"我要做"而非"要我做"。

人类有目的的行为都是出于对某种需要的追求。未得到的满足是激励的起点，进而导致某种行为，激励是组织中人的行为的动力，要通过激励促成组织中人的行为的产生，取决于某一行动的效价和期望值。效价是指个人达到某种预期成果的偏爱程度，或某种预期成果可能给行为者带来的满足程度；期望值是指某一具体行动可带来某种预期成果的概率，即行为者采取某种行动，获得某种成果从而带来某种心理或生理上满足的可能性。

2. 激励的特点

（1）从推动力到自动力。

在一般情况下，激励表现为外界所施加的吸引力与推动力。即通过多种形式对个体的需求予以不同程度的满足或限制。而激励的实质是个体内部的心理状态，即激发自身的动机，变组织目标为个人目标，这种过程可以概括为：外界推动力（要我做）——激发——内部自动力（我要做）。

个体的行为必然会受到外界推动力的影响，这种推动力，只有被个体自身消化和吸收，才会产生出一种自动力，才能使个体由消极的"要我做"转化为积极的"我要做"，而这种转化正是激励的本质所在。

（2）个体自身因素的影响。

由推动力所激发出的自动力与个体行为的积极程度是成正比关系的，而自动力的大小，固然与推动力的强度有关，但也离不开个体自身因素的影响。同样强度的推动力，对于不同的人可能产生强弱悬殊的自动力，从而对其行为产生极为不同的影响。正如树上没有两片完全相同的树叶一样，世界上也不存在两个完全相同的人，这种复杂的差异赋予激励以更大的弹性。

（3）自动力是一个内在的变量。

由激励所激发的自动力是一个内在的变量，虽然这种心理状态是一种看不见、摸不着的东西，无法通过精确的计算来进行预测、控制与调节，但可以通过在其作用下的行为表现来加以观察。例如，在能力相当的前提下，员工甲的工作效率始终高于员工乙的工作效率，我们就可以推断出甲的工作自动力高于乙。

3. 激励的作用

（1）激励能有效地开发人力资源。

现代管理的核心是人的问题，人是管理中最基本的、最活跃的要素。为了有效地组织并充分利用人力资源，人们通过各种方法对其加以研究，包括人的内在潜力的开发问题。充分调动每个人的积极性，促使他们为实现组织目标而努力工作。

"明察秋毫而不见车薪，是不为也，非不能也。"就是说，一个人如果眼睛能发现细微的毫毛，却坚持说他看不见一车柴薪，是因为他不想这么干，并不是因为他没有这个能力。一个人能力再高，如果激励水平很低，缺乏足够的自动力，也必然不会有好的工作效绩；反之，一个人能力一般，如果受到充分的激励，发挥出巨大的热情，也必然会有出色的表现。由此可见，激励对工作人员积极性的调动有着极为重要的影响。

行为学家通过大量的调查发现，绝大多数组织在激发工作人员动机方面都具有很大为潜力。哈佛大学的威廉·詹姆土（William James）教授就曾发现，部门员工一般仅需发挥出20%~30%的个人能力，就足以保住饭碗而不被解雇；如果受到充分的激励，其工作能力能发挥出 80%~90%，其中 50%~60%的差距是激励的作用所致。这一定量的分析不能不使人们感到吃惊，因为，大多数部门的领导人，每当出现困难情况影响工作任务完成时，总是首先考虑现有设备和环境条件的改进，殊不知，在他们身边还有如此大的潜力未被开发，如果他们能把自己的注意力集中在运用激励手段鼓舞员工积极性上，那么即使在同样的设备和环境条件下，也会取得难以想象的巨大效果。

（2）激励可以引导、规范员工的行为，提高员工的个人素质。

从人的素质构成来看，虽然它具有两重性，既有先天的因素，又有后天的影响，但从根本意义上讲，主要还是决定于后天的学习和实践。通过学习和实践，人的素质才能得到提高，人的社会化过程才能完成。人的行为与其他受本能支配的动物行为不同，是完全可以改变的，是具有可塑性的。个体为了谋求目标的达到，不但能改变其手段，而且通过学习能改变其行为的内容。这种改变也意味着人的素质从一种水平发展到更高的水平。当然，学习和实践的方式与途径是多种多样的，但激励是其中最能发挥效用的一种。通过激励来控制和调节人的行为趋向，会给学习和实践带来巨大的动力，从而会导致个人素质的不断提高。比如，对坚持不懈、努力学习科学文化知识的员工进行大力的表彰，对安于现状、得过且过、不思进取、吃饱了混天黑的员工给予必要的惩戒，无疑有助于形成良好的学习风气，提高全体员工的知识素养，开阔他们的精神境界。对忠于职守、业务熟练、工作中有突出贡献的员工进行一定的奖励，对不懂业务又不肯钻研、工作中有重大失误的员工给予适当的惩罚，无疑能发挥奖一励百、惩一儆百的作用，有助于全体员工业务素质的提高。

（3）激励能有效地统一组织目标与个人目标。

一般地说，组织员工本人的价值观与组织倡导的价值观并不总是一致的。个人目标是内在的、个性化的、主观的；组织目标是外在的、非个性化的、客观的。两种目标之间常常表现出不可避免的矛盾。它直接影响到组织中成员的行为方式，包括管理者和被管理者的行为模式。对组织的员工而言，在组织目标与个人目标之间发生矛盾时，需要管理者通过激励，正确引导员工自觉地把个人目标统一于组织目标，有效地协调它们的关系，最大限度地在行动上保持一致。对管理者而言，把握好外部条件，充分利用外部条件，使员工能正确地认识自我、评价自我、信任自我，努力把组织目标与个人目标有效地统一起来，其关键就是管理者要通过对员工个性的把握，设计出合理的激励机制来，解决对员工的激励问题。

（4）激励能有效地协调利益分配中的矛盾。

不论是在物质利益还是精神利益分配中，管理者要从社会的整体利益、长远利益、根本利益出发，采取不同的激励手段，合理地分配利益。被管理者也要从不同的途径，采用不同的方式，向管理者表达利益需求。把物质奖励与精神奖励紧密结合起来，既是产生与持久的激励作用的需要，也是正确处理物质利益与精神利益分配关系的需要。

（二）激励的过程模式

1. 激励的实质过程

从心理学角度看，激励过程就是在外界刺激变量（各种管理手段与环境因素）的作用下，使内在变量（需要、动机）产生不断的兴奋，从而引起主体（被管理者）积极的行为反应（为动机所驱使的、实现目标的努力）。

2. 激励的过程模式

激励的具体过程表现为：在各种管理手段与环境因素的刺激（诱因）下，被管理者产生了未被满足的需要（驱力），从而造成心理与生理紧张，寻找能满足需要的目标，并产生要实现目标的动机，由动机驱使，被管理者采取努力实现上述目标的行为。目标实现，需要满足，紧张心理消除和激励过程完结。当一种需要得到满足后，人们会随之产生新的需要，作为未被满足的需要，又开始了新的激励过程。这一过程如图8-2所示。

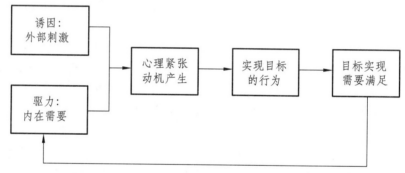

图 8-2   激励过程模式

（三）激励的方法与措施

领导者的工作效率和效果在很大程度上取决于他们的领导艺术。领导艺术是一门博大精深的学问，而采用有效的激励方法是领导者的重要工作之一。有效的激励，必须通过适当的激励方式与手段来实现。按照激励中诱因的内容和性质可将激励的方式与手段大致划分为五类：工作激励、环境激励、物资激励、精神激励和培训教育激励。

1. 工作激励

（1）委以恰当工作，激发员工内在的工作热情。管理者对员工委以恰当的工作，以求激发其工作热情，主要包括两方面的内容：①工作的分配要尽量考虑到员工的特长，用人所长，并尽量考虑其兴趣和爱好；②要使工作的要求和目标既富有挑战性，又能为员工所接受。

（2）适度地分权，使工作有自主性。一般人在正常情况下，不但能承担而且追求承担责任，具有解决各种问题的想象力和创造力，追求最大限度地发挥自己的潜能，追求自我价值的实现。对这样的人，如果依然采取严格的命令约束，不给他任何自由发挥的余地，他就会产生不满，就会情绪低落，就会跳槽到他认为可以发挥自己才能的地方。因此，在这种情况下，管理者明智的做法是，通过适度地分权，使其拥有一定职权，承担相应的责任。

（3）让员工参与管理，给人一种成就感。参与管理是指在不同程度上让下级和员工参加组织决策和各级管理工作的研究与讨论。处于平等地位来商讨组织中的重大问题，可使下级和员工感到上级主管的信任，从而体会出自己的利益同组织的利益和组织的发展密切相关，从而产生强烈的责任感。同时，主管人员与下属商讨问题，对双方来说，都提供了一个获得他人重视的机会，从而给人一种成就感。

（4）丰富工作内容，以提高员工的工作兴趣。丰富工作内容是指把更高的挑战性和成就感体现在工作之中，管理者通过开展工作设计研究，增加工作的丰富性、趣味性，克服单调乏味和简单重复，以提高员工的工作兴趣。工作设计的方式有工作扩大化和工作丰富化两种。工作扩大化是从横向扩大工作的内容，通过增加员工工作的种类，令其同时承担几项或周期更长的工作，消除单调乏味状况。其具体形式有：兼职作业，即同时承担几种或几个工种的任务；工作延伸，即前向、后向地接管其他环节的工作；工作轮换，即不同工种或工作岗位上进行轮换。这样，既有利于增加员工对工作的兴趣，又有利于促使员工全面发展，是重要的工作激励手段。工作丰富化是从纵向扩大工作内容，把员工分成作业小组或小团体。其具体形式包括：将部分管理工作交给员工，吸收员工参与决策和计划，对员工进行业务培训，让员工承担一些较高技术的工作；让员工自己决定生产指标、生产方式、生产计划、作业程序、作业标准，让他们自己评价工作成绩和控制成本。

2. 环境激励

环境主要是指工作与生活环境，包括组织中的行为规范、人际关系、工作与生活条件等方面的内容。环境激励包括以下措施：

（1）建立健全规章制度。组织的各项规章制度的基本作用是使人们的行为规范化。一方面，规章制度往往与物质利益联系在一起，对员工的消极行为有约束作用；另一方面，规章制度为员工提供行为规范，提供社会评价标准。员工遵守规章制度的情况与自我肯定、社会舆论等精神需要相联系，因此，其激励作用是综合的。

（2）创造良好的人际关系。良好的人际关系能激发员工的工作热情和工作积极性与创造性。管理活动中的人际关系主要包括三个方面的内容：领导者与被领导者的关系、被领导者之间的关系和个体与团体之间的关系。

创造良好的人际关系环境，首先要求上级主管人员要尊重、关心和信任下属；其次是要保持工作团体内人际关系融洽，及时调解各种矛盾。创造良好人际关系的基本方法就是沟通。通过沟通，能加深领导者之间、上下级之间，以及下级之间的相互了解，交流感情，避免各种误会、矛盾乃至冲突等。

（3）提供良好的工作条件。良好的工作条件、清洁美化的工作环境，能使员工安心工作，心情舒畅、精神饱满。因此工作环境激励也是一项十分重要的激励手段。

3. 物质激励

物质激励是指以物质利益为诱因，通过调节被管理者的物质利益来刺激其物质需要的方式与手段，主要包括以下具体形式：

（1）报酬激励。报酬包括工资、奖金、各种形式的津贴及实物奖励等。由于我国相当一部分人收人水平较低，因此工资、奖金仍是重要的激励因素。

在进行报酬激励时，应注意处理好三个问题：

① 报酬与贡献挂钩。设计报酬机制应为实现工作目标服务，这是报酬能否发挥激励作用

及其作用大小最重要的问题。报酬与贡献直接挂钩，管理者应引导下属为多得报酬而多干工作，从而通过利益驱动实现组织目标。离开目标与贡献来发放报酬，就不会产生激励作用，甚至会南辕北辙，起负作用。

② 要确定适当的报酬。报酬的表现有两类：报酬的绝对量和报酬的相对量，前者是指工资、奖金的数量大小；后者是指工资、奖金同一时期不同人的差别以及同一个人不同时期的差别。根据公平理论可以知道，报酬激励作用主要取决于相对量，即同一时期不同人之间的奖酬差别以及个人不同时期报酬升降的幅度。在实践工作中，管理者应根据工作完成情况、人的贡献、总体奖酬水平，公平合理地确定奖酬的增长水平和人们之间的差别。

③ 防止金钱万能化倾向。报酬的作用是重要的，但也不能搞金钱万能，必须注意辅以必要的思想工作及其他激励形式，尽可能限制物质刺激的副作用。

（2）福利照顾。福利是指组织为员工提供的除工资与资金之外的一切物质待遇。对员工而言，福利没有工资、奖金一样明显而直接产生激励作用，但它的积极作用虽然间接而隐约，却是巨大而深远的。全面而完善的福利制度，使员工因受到周到的照顾而体会到组织这个大家庭的温暖，产生了一种强烈的归属感，增强了认同忠诚、责任心与义务感。这是一种很宝贵的持久而令人温暖的激励力量，与某次单项奖励的作用相比，更具有根本性与内在性。

（3）经济处罚。在经济上对员工进行处罚，是一种管理上的负强化，属于一种特殊形式的激励。管理者运用这种方式时要注意：必须有可靠的事实根据和政策依据，令其心服口服；处罚的方式与处罚数量要适当，既要起到必要的教育与震慑作用，又不要激化矛盾；同时要与深入细致的思想工作相结合，注意疏导，化消极为积极，真正起到激励作用。

4. 精神激励

精神激励是指通过满足员工的社交、自尊、自我发展和自我实现的需要，在较高的层次上调动员工的工作积极性，其激励深度大，维持时间长，主要包括以下一些具体形式：

（1）目标激励。企业应该将自己的长远目标、近期目标大张旗鼓地进行宣传，让全体员工深刻认识到自己工作的意义和前途，从而激发大家强烈的事业心和使命感。

（2）内在激励。日本著名的企业家稻山嘉宽在回答"工作的报酬是什么"时指出："工作的报酬就是工作本身。"这句话深刻地指出了内在激励的无比重要性。特别是在今天，企业在解决了员工的温饱问题后，员工更为关注的是工作本身是否具有乐趣、意义、挑战性、创新性、成就感、自我价值的体现等。要满足员工的这些深层次的需要，就必须加强内在激励。

（3）尊重激励。尊重激励是指管理者利用各种机会信任、鼓励、支持下级，努力满足其尊重的需要，以激励其工作积极性。随着人类文明的发展，人们越来越重视尊重的需要。尊重激励的开展应从三个方面着手进行：①尊重下级的人格。上下级只是管理层次和职权的差别，彼此之间在人格上是平等的。管理者应尊重自己的下级，特别是尊重其人格使下级始终获得受到尊重的体验。②尽力满足下级的成就感。管理者应创造条件鼓励和支持下级实现自己的工作目标，追求事业的成功，以满足其成就感，并通过授予荣誉，满足员工自尊的需要。③支持下级自我管理，自我控制。管理者通过授权于下级，充分信任他们，放手让下级实行自我管理，自我控制，以满足其自主心理。

（4）形象激励。一个人通过视觉感受到的信息，占全部信息量的80%。因此，充分利用视觉形象的作用，激发员工的荣誉感、成就感与自豪感，也是一种行之有效的激励方法。常用的方法有：照片、资料张榜公布，借以表彰企业的标兵、模范。有条件的企业，还可以通过闭路电视系统传播企业的经营信息，宣传企业内部涌现出来的新人、优秀员工、劳动模范等。

（5）兴趣激励。兴趣对人的工作态度、创新精神的影响是巨大的。国内外有些企业允许甚至鼓励员工在企业内部"双向选择，合理流动"，帮助员工找到自己最感兴趣的工作。业余文化活动是员工兴趣得以施展的另一个舞台。许多企业有摄影、戏曲、书画、体育等兴趣小组，使员工的业余爱好得到满足，增进了员工之间的感情交流，同时也增强了员工的归属感，有效地提高了企业的凝聚力。

（6）参与激励。领导者真正地把员工摆在主人的位置上，就是激发员工的主人翁精神，尊重、信任他们，建立科学、可行的员工参与管理的制度、结构、程序和方法，让他们在不同的层次和程度上参与企业的经营决策。在管理中有目标管理、参与管理，鼓励全员参与。现在国内外企业普遍采用的"奖励职工合理化建议"制度，是一种行之有效的职工参与形式。

（7）感情激励。感情激励是指加强与员工的感情沟通，尊重员工、关心员工，与员工之间建立平等和亲切的感情，让员工感受到领导者的关心和企业的温暖，组织开展各种健康、丰富多彩的组织文化活动，营造愉悦的团体氛围，使每个成员因置身于这一团体而感到满意和自豪，造就一种高质量的社会生活，从而实现有效激励。

（8）榜样激励。模仿和学习也是一种普遍存在的需要，其实质是完善自己的需要，这种需要对年轻的员工尤为强烈，最典型的表现是"明星效应"。榜样激励是通过满足员工的模仿和学习的需要，管理者应身先士卒，率先垂范，以影响、带动下级，引导员工的行为到组织目标所期望的方向。方法是树立企业内的模范人物的形象，号召和引导，模仿学习。

5. 培训教育激励

培训教育的作用是多方面的：一方面，培训教育可以使员工丰富知识，增强素质，提高业务技能，从而取得更多的晋升机会，为承担更大责任，承担更富有挑战性的工作创造条件；另一方面，可以提高员工在参与企业活动中的工作热情和劳动积极性。一般来说，自身素质好的人，进取精神强，对高层次追求较多，对自我实现的要求较高，因此，比较容易自我激励，能够表现出高昂的士气和工作热情。所以通过培训和教育，提高员工的素质，增强其自我激励能力是十分重要的。

员工的素质从总体上讲包括思想水平和业务技能两大方面。因此，教育和培训也就包括思想水平和业务技能两大方面，这两者是相互促进的。良好的思想素质，强烈的进取心，会促使员工努力掌握新的业务知识和工作技能，从而实现个人素质的完善。反过来，良好的业务素质能使其在事业上获得更多的成功机会，由成功带来的心理满足的体验又将促使员工在事业上追求更大的成功。

二、激励理论

激励理论是关于如何满足人的各种需要、调动人的积极性的原则和方法的概括总结。激励理论主要研究动机激发的因素、机制与途径等问题。激励的目的在于激发人的正确行为动机，调动人的积极性和创造性，以充分发挥人的智力效应，做出最大成绩。自从21世纪二三十年代以来，国外许多心理学家和管理学家进行了大量研究，形成了一些著名理论。这些理论大致可划分为三类：

内容型激励理论。该理论重点研究激发动机的诱因，主要包括：马斯洛的"需要层序论"、赫兹伯格的"双因素论"、麦可莱兰的"成就需要激励理论"等。

过程型激励理论。该理论重点研究从动机的产生到采取行动的心理过程，主要包括：弗鲁姆的"期望理论"、波特和劳勤的"期望模式"、亚当斯的"公平理论"等。

行为改造理论。该理论重点研究激励的目的（即改造、修正行为），主要包括：斯金纳的"操作条件反射论"、海利的"归因理论"等。

下面选择有代表性的理论作简要介绍。

（一）马斯洛的"需要层次理论"

美国人本主义心理学家马斯洛（A.Maslow）在 1943 年出版的《人类动机的理论》一书中，初次提出了"需要层次理论"，到 1954 年在他的《激励与个性》（1970 年该书又出版了修订本）著作中，又对该理论和个性问题做了进一步阐述。马斯洛的"需要层次理论"在西方各国广为流传，成为激励理论的主要理论之一。

1. 需要层次

马斯洛的"需要层次理论"把人的需要分为生理的需要、安全的需要、友爱和归属需要、尊重的需要和自我实现的需要这五个层次（见图 8-3）。

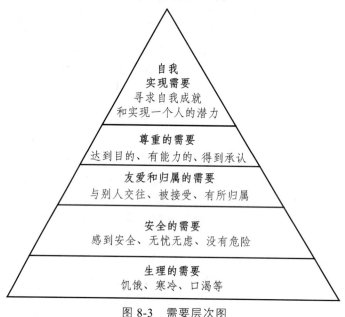

图 8-3　需要层次图

马斯洛的激励理论认为，在某一种需要得到相对的满足之后，这种需要就失去对于这种行为的动力作用，或失去成为主要动力的作用；这时另一种需要就会产生，于是人们又继续采取新的行为来满足新的需要。这样人的需要就可以按照由低到高的顺序分为七个层次，见图 8-3。

（1）生理的需要。

生理的需要是人们最基本的需要。每个人都要衣、食、住、行，而且这也是其首先考虑的。如果这些需要得不到满足，人类将难以生存下去。当然这些需要不可能直接从工作上得到满足，但可以通过完成工作获得金钱，用金钱来购买他们需要的衣、食、住、行等物质条件。一旦这些需要得到相对满足，那么人们的注意力就会集中到高一层次的需要上去。

激励措施：增加工资，改善劳动条件，给予更多的业余时间和工间休息，提高福利待遇。

（2）安全的需要。

每个人均希望安全，不仅希望人身安全，而且也希望避免疾病、失业和其他各种危险。这些需要是通过企业采用安全的设备、医疗保险和退休福利等措施来满足的。

激励措施：强调规章制度、职业保障、福利待遇，并保护员工不致失业，提供医疗保险、失业保险和退休福利、避免员工收到双重的指令而混乱。

（3）友爱和归属的需要。

人人都希望得到相互的关心和照顾。感情上的需要比生理上的需要来的细致，它和一个人的生理特性、经历、教育、宗教信仰都有关系。人们愿意与其他人进行社会交往，这种交往通常通过交谈和建立友谊来达到。职工们在一起谈话，形成各种群体。人们一般都喜欢与别人为伍，渴望能够得到支持和友爱，并有所归属，得到承认；同时，又给予别人以友爱。因此，工作单位和地点就不仅仅是一个工作场所的问题，而且也为人们进行社交活动、建立友谊和归属提供了机会。

激励措施：提供同事间社交往来的机会，支持与赞许员工寻找及建立和谐温馨的人际关系，开展有组织的体育比赛和集体聚会。

（4）尊重的需要。

人人都希望自己有稳定的社会地位，每个人都有自尊和被人尊重的需要。人们都必须感到他们自己是很重要的，要求个人的能力和成就得到社会的承认，这样当他们工作时才会增加自己的信心。尊重的需要又可分为内部尊重和外部尊重。内部尊重是指一个人希望在各种不同情境中有实力、能胜任、充满信心、能独立自主。总之，内部尊重就是人的自尊。外部尊重是指一个人希望有地位、有威信，受到别人的尊重、信赖和高度评价。在工作上满足尊重的需要的方法很多，主要有提高对其工作的认识，提高其在同事中的社会地位，以及提升其职位等。马斯洛认为，尊重需要得到满足，能使人对自己充满信心，对社会满腔热情，体验到自己活着的用处价值。

激励措施：公开奖励和表扬，强调工作任务的艰巨性以及成功所需要的高超技巧，颁发荣誉奖章、在公司刊物发表文章表扬、优秀员工光荣榜。

（5）自我实现的需要。

自我实现的需要是最高层次的需要，是指实现个人理想、抱负，发挥个人的能力到最大程度，达到自我实现境界的人，接受自己也接受他人，解决问题能力增强，自觉性提高，善于独立处事，要求不受打扰地独处，完成与自己的能力相称的一切事情的需要。也就是说，人必须干称职的工作，这样才会使他们感到最大的快乐。但所有的需要均得到满足时，自我实现的需要就变得突出起来（有时也可以用自我满足、自我发展、创造性等词来代替自我实现的提法）。当人们的需要进入到这个层次时，都希望用他们全部的内在潜力来满足他们这种自我实现的需要，但遗憾的是，这种需要的实现要比任何其他需要的实现难得多，因为要满足这种需要还要采用许多其他不同的方法。马斯洛提出，为满足自我实现需要所采取的途径是因人而异的。自我实现的需要是努力实现自己的潜力，使自己越来越成为自己所期望的人物。

激励措施：设计工作时运用复杂情况的适应策略，给有特长的人委派特别任务，在设计工作和执行计划时为下级留有余地。

2. 马斯洛"需要层次理论"的基本内容

马斯洛"需要层次理论"的基本内容可概括为：

（1）人的各种需要按其重要程度和产生的先后顺序依次为生理需要、安全需要、友爱和归属的需要、受人尊重的需要、求知的需要、求美的需要和自我实现的需要。

（2）一个人首先产生的是最低层次的需要，当这一需要基本满足后，才依次要求高层次需要。在多种需要未获满足前，首先满足迫切需要；该需要满足后，后面的需要才显示出其激励作用。

（3）在同一个人身上，这几种需要可能同时存在，但由于其心理发展程度不同，占主导地位的需要也就不同。

（4）人的需要带有发展的、动态的性质。

（5）管理人员必须根据不同人的不同需要，研究调动积极性问题，开展具体管理活动。

3. 马斯洛"需要层次理论"在管理上的作用

既然五个或七个层次的需要客观存在，管理者的任务就在于找出相应的激励因素、采取相应的组织措施来满足不同层次的需要，以引导和控制人的行为，实现组织目标。

（1）满足人的不同需要。

在组织内建立多种多样满足员工不同需要的方法。针对不同层次的需要都要有具体应对措施。比如为了满足职工的生理需要，就应采取适当增加薪水、改善劳动条件、创办各种福利事业等组织措施，以保证职工的基本生活条件，使他们的吃、穿、住和婚姻等问题得到基本解决。又比如，当自我实现需要占统治地位时，人们最富创造性与建设性的技巧就会融汇到他们的工作中去。为了满足这种需要，管理者就应该认识到，无论哪种工作都会有着允许进行创新的领域，每个人都应具有创造性。从而通过充分发挥人们的能力、技术和潜力，允许他们发展和使用具有创造性或革新精神的方法，以便为个人成长、成就和提升提供保证。

（2）满足不同人的需要。

上述需要层序图仅是一般人的需要，但在实际工作中有些人可能对尊敬的需要比对求知的需要更为重要一些；有些人对某些心理需要也许要求多些，金钱仅仅是激励他们的一种东西而已。美国管理学者霍奇茨指出，在对美国人进行的调查研究结果表明：约占人口20%的人基本上处于生理和安全的需要层次；只有不到1%的人处于尊重以上的层次；而大约80%的人保留在友爱和归属的需要层次上。

马斯洛的研究成果对企业主管人员来说是很重要的。因为它表明当某一层次的需要基本上得到满足时，激励作用就不能再保持下去，为了进一步激励某个人，就必须转移到满足其另一个层次的需要。

（二）双因素理论

双因素理论也称激励-保健因素理论，是美国心理学家赫兹伯格于1959年提出来的。赫兹伯格在企业调查中发现，受访人员举出的不满的项目，大都同他们的工作环境有关，而感到满意的因素，则一般都与工作本身有关。据此，他提出了双因素理论。

1. 基本内容

赫兹伯格通过在匹兹堡地区11个工商业机构对200多位工程师、会计师调查征询，提出两大类影响人的工作积极性的因素：

（1）保健因素。

这属于和工作环境或条件相关的因素。包括：公司管理政策与制度、监督系统、工作条件、人际关系、薪金、福利待遇、职务地位、工作安全等因素。当人们得不到这些方面的满足时，会产生不满，从而影响工作；但当人们得到这些方面的满足时，只是消除了不满，却不会调动人们的工作积极性，即不起明显的激励作用。因此，他将这类因素称为保健因素。

（2）激励因素。

这属于和工作本身相关的因素，包括：工作成就感、工作挑战性、工作中得到的认可和赞美、工作的发展前途、个人成才与晋升的机会等。当人们得不到这些方面的满足时，工作缺乏积极性，但不会产生明显的不满情绪；当人们得到这些方面的满足时，会对工作产生浓厚的兴趣，产生很大的工作积极性，起到明显的激励作用。因此，他将这类因素称为激励因素。

2. 对管理实践的启示

（1）善于区分管理实践中存在的两类因素，对于保健因素（如工作条件、住房、福利等）要给予基本的满足，以消除下级的不满。

（2）要抓住激励因素，进行有针对性的激励。根据赫兹伯格的理论，对职工最有效的激励就是让职工对所从事的工作本身满意。管理者应动用各种管理手段进行工作设计，例如，调整工作的分工、宣传工作的意义、增加工作的挑战性、实行工作内容丰富化等来增加员工对工作的兴趣，千方百计地使员工满意自己的工作，从而收到有效激励地效果。

（3）正确识别与挑选激励因素。能够对职工积极性产生重要影响重要的激励因素在管理实践中不是绝对的。它受社会、阶层及个人的经济状况、社会身份、文化层次、价值观念、个性、心理等诸多因素的影响。因此，在不同国家、不同地区、不同时期、不同阶层、不同组织乃至每个人，最敏感的激励因素是各不相同的，有时差别还很大。因此，必须在分析上述因素的基础上，灵活地加以确定。例如，工资在发达国家的一些企业员工中不构成激励因素，而我国许多企业应该中仍是一个重要的激励因素。

（三）期望理论

期望理论最早是由美国心理学家弗鲁姆在 1964 年出版的《工作与激发》一书中首先提出来的。这一理论通过人们的努力行为与预期奖酬之间的因果关系来研究激励的过程。

期望理论是以三个因素反映需要与目标之间的关系的，认为员工的行为是建立在一定期望基础上的。期望理论认为，人们对某项工作积极性的高低，取决于他对这种工作能满足其需要的程度及实现可能性大小的评价。例如，以为员工认为某项工作目标的实现，将会给他带来巨大的利益（如巨额奖金、荣誉称号、获得提升等），而且只要通过努力，达到目标的可能性也很大时，他就会以极高的积极性努力完成这一工作。反之，若对达到目标不感兴趣，或者虽感兴趣，但根本没有希望达到目标，那么他就不会有努力做好这项工作的积极性。

激励水平取决于期望值与效价的乘积，其公式是：

$$激发力量 = 效价 * 期望值$$

激发力量，指受激动机的强度，即激励作用的大小。它表示人们为达到目的而努力的程度。

效价，指目标对于满足个人需要的价值，即某一个人对于某一结果偏爱的强度。

期望值，指采取某种行动实现目标可能性的大小，即实现目标的概率。

由上式可见，激励作用的大小，与效价、期望值成正比，即效价、期望值越高，激励作用越大；反之，则越小。而如其中一项为零，激发力量也自然为零。

（四）公平理论

公平理论又称社会比较理论，是美国心理学家亚当斯于 1965 年提出来的。这一理论重点研究个人作出的贡献与所得报酬之间关系的比较对激励的影响。

1. 公平理论的基本观点

公平理论是当一个人做出了成绩并取得了报酬以后,他不仅关心自己所得报酬的绝对量,而且关心自己所得报酬的相对量。因此, 他要进行种种比较来确定自己所获报酬是否合理,比较的结果将直接影响今后工作的积极性。

(1) 一种比较是横向比较,即他要将自己获得的"报偿"(包括金钱、工作安排以及获得的赏识等) 与自己的"投入"(包括教育程度、所作努力、用于工作的时间、精力和其他无形损耗等) 的比值与组织内其他人作社会比较, 只有相等时他才认为公平, 如下式所示。

$$Op/Ip = Oc/Ic$$

其中　Op —— 自己对所获报酬的感觉;

Oc —— 自己对他人所获报酬的感觉;

Ip —— 自己对个人所作投入的感觉;

Ic —— 自己对他人所作投入的感觉。

当上式为不等式时, 可能出现以下两种情况:

① $Op/Ip < Oc/Ic$。

在这种情况下, 他可能要求增加自己的收入或减小自己今后的努力程度, 以便使左方增大, 趋于相等; 第二种办法是他可能要求组织减少比较对象的收入或者让其今后增大努力程度以便使右方减小, 趋于相等。此外, 他还可能另外找人作为比较对象, 以便达到心理上的平衡。

② $Op/Ip > Oc/Ic$。

在这种情况下, 他可能要求减少自己的报酬或在开始时自动多做些工作, 但久而久之,他会重新估计自己的技术和工作情况, 终于觉得他确实应当得到那么高的待遇, 于是产量便又会回到过去的水平了。

(2) 除了横向比较之外, 人们也经常做纵向比较, 即把自己目前投入的努力与目前所获得报偿的比值, 同自己过去投入的努力与过去所获报偿的比值进行比较, 只有相等时他才认为公平。如下式所示:

$$Op/Ip = Oh/Ih$$

其中　Op —— 自己对现在所获报酬的感觉;

Oh —— 自己对过去所获报酬的感觉;

Ip —— 自己对个人现在投入的感觉;

Ih —— 自己对个人过去投入的感觉。

当上式为不等式时, 也可能出现以下两种情况:

① $Op/Ip < Oh/Ih$。

当出现这种情况时, 人也会有不公平的感觉, 这可能导致工作积极性。

② $Op/Ip > Oh/Ih$。

当出现这种情况时, 人不会因此产生不公平的感觉, 但也不会觉得自己多拿了报酬, 从而主动多做些工作。

调查和试验的结果表明, 不公平感的产生, 绝大多数是由于经过比较, 认为自己目前的报酬过低而产生的，但在少数情况下，也会由于经过比较认为自己的报酬过高而产生。

2. 公平理论给我们的启示

首先影响激励效果的不仅有报酬的绝对值，还有报酬的相对值。

其次，激励时应力求公平，使等式在客观上成立，尽管有主观判断的误差，也不致造成严重的不公平感。

再次，在激励过程中应注意对被激励者公平心理的引导，使其树立正确的公平观，一是要认识到绝对的公平是不存在的；二是不要盲目攀比；三是不要按酬付劳，按酬付劳是在公平问题上造成恶性循环的主要杀手。

【案例 1】

铁路部门"以人为本"强力推进企业民主管理

为推进规范化建设、构建和谐劳动关系，实现企业和职工的和谐发展，近年来，铁路部门通过"以人为本"的管理理念，充分做好厂务公开民主管理工作。

据了解，铁路部门将路局、站段、车间等各级厂务公开民主管理，作为企业内部协调劳动关系、加强和创新企业管理的重要抓手，进一步完善职工诉求表达机制、职工权益保障机制，着力解决好广大职工最关心最直接最现实的问题，尽全力解决职工在生产和生活中较为关心的热点难点问题，进一步实现企业与职工的和谐发展。

他们不仅在企业内部深入开展"公开解难题、民主促发展"主题活动，还通过铁路各级工会组织主动作为，加强创新发展安全管理、运输组织、科学技术、民生建设等工作，并以局域网、宣传栏等形式，逐个公开解决职工在生产和生活中的难题，以各种方式去鼓励广大职工积极投身劳动竞赛、技术创新、课题攻关、合理化建议等活动，进一步为铁路运输的安全生产和企业民主管理出谋献策。

同时，他们在确保铁路运输安全稳定的前提下，突出抓好职工代表队伍建设，建立健全有效的制度体系，建立完善职工代表竞选、培训、述职制度，以及工会联系职工代表制度和职工代表巡视、提案、质询、民主恳谈会制度，确保职工代表能够在安全生产和企业管理中发挥重要作用。

不仅如此，铁路部门还持续加大各级事务管理公开力度，近年来，由维护职工劳动保障权益向保障职工民主政治权利、精神文化需求等方面不断延伸，切实保障广大职工的参与权、表达权、监督权，进而赢得了铁路职工和广大民众的一致好评。（来源：中华铁道网）

【案例 2】

库特的经营观：大家的事大家办

泰国曼谷东方饭店于 1984 年 9 月，第四次赢得了"世界最佳饭店"的殊荣。饭店总经理库特·瓦赫特法伊特尔被员工亲切地称为"库特先生"。

库特先生手下的部门经理和负责人，不论男女，个个都很精干，人人都能独当一面，这正是总经理能得心应手地管理饭店的一个重要因素。有人曾问库特先生，东方饭店成功的秘诀何在？他毫不犹豫地回答："大家办饭店。"的确如库特所说，他像管理大家庭那样来经营东方饭店。他虽然当了数十年的总经理，是统管饭店一切的最高负责人，但却不摆架子，对一般员工也是和蔼可亲。哪个员工有了困难或疑问，都可以直接找他面谈。他在泰国很有声望，曾被泰国女秘书联合会数度评为"本年度最佳经理"。

大家的事情大家办，首先体现在每天早晨工作的安排上。上午 8 点半，库特主持召开总经理和 10 名部门经理参加的例会。每周举行一次周会，30 名来自客房、餐厅、科室、园艺等部门的负责人参加，会上大家一律讲英语。各种会议都目的明确，简短有效。库特布置工作言简意赅，对存在的问题讲得客观准确，同时讲明责任、限期解决的时间和要求，会后严格检查执行情况。

其次，为了联络员工，办好饭店，库特经常为员工以及他们的家属举办各种活动，如生日舞会、运动会、佛教仪式等。这些活动无形中缩小了部门之间、上下级之间的距离，这对于提高员工的积极性、融洽相互之间的关系、改进饭店的工作起到了推动作用。正如饭店的一个部门经理所说的那样："要谈东方饭店成功'秘诀'，不能不说从看门人到出纳员，全体员工都有一种办好饭店的荣誉感。他们都希望让每一个顾客感到满足，下次再来。"

由于劳动力充裕，干部工资低廉也是该饭店的一大特点。与曼谷同类饭店相比，东方饭店的高级职员包括经理们的收入并不算高，但一般员工的收入却是曼谷各家饭店中最高的，每月平均收入超过 350 美元，比大学讲师还高，对泰国人来讲很有吸引力。凡是遇到工资和职位的事情都可以在饭店内部的"劳资关系委员会"得到解决。该委员会有部门经理和选举出来的员工代表组成。库特虽是该委员会的倡导者之一，却不直接"插手"它的工作。

员工们除了较丰厚的工资之外，还享有下列福利待遇：免费就餐、年终"红包"、紧急贷款、医疗费用、年度休假、职业保险金等。尤其是最后一条，对于员工来说无疑是一种促使他们积极为饭店效力的重要的有效措施。库特考虑到饭店员工中很多为女性，因此十分注重妇女，该饭店的 14 名部门负责人中，女性占了一半。用各部门经理组成的"常委会"里，妇女占多数，而且全都是泰国人。

这就是库特的用人之道！（来源：哈佛管理全集）

【案例 3】

沃特森：广开言路，激发热情

1984 年美国 10 家最佳企业中，IBM 得分最高，获得第一名，为世人瞩目。IBM 的整个历史就是一条坚定群众路线的历史。公司创始人，被誉为"企业管理天才"的沃特森，在传奇式人物 J·帕特森的指导下施展自己的开明观点，步步紧随帕特森的路子。他说："几乎每一种宣传鼓动都是为了激发热情……当初我们强调人与人的关系并不是出于利他主义，而是出于一个简单的信念：相信只要我们相信群众，并帮助他们自己尊重自己，公司就会赚大钱。"沃特森曾做过推销员，他清楚地知道，企业的出路在于市场，而要在市场中取胜，则必须依靠熟悉市场、驾驭市场的人。沃特森为了培训一支精干的推销员队伍，亲自选人，亲自向他们传授推销艺术，使他们掌握产品知识，然后派往全国各地。经过培训的推销员不仅了解市场，而且具有演员才能和宗教般的狂热感。IBM 有一套独特的推销手法：长长的队伍走上街头，推销员在前开路，吹吹打打大显身手，操作人员紧跟后面，进行实际表演，极富感染力。

沃特森注重发掘人的潜力并调动他们的创造精神及献身精神，想方设法刺激员工为公司出谋划策并卖力干活。为了稳定人心，他大胆采用了终身雇佣制，使员工有明显优于其他大公司的工资收入，还经常为员工提供丰厚的福利服务。为了保护员工的工作热情，增强员工对公司的亲近感和信任感，他广开言路，倾听各种意见和主张。还规定公司内任何人在感到自己受压制、打击或冤屈时，可以上告。他亲自接见告状人，对有理者给予支持。他鼓励员工们在工作中不怕失误和风险，为了公司敢于去承担似乎不可能完成的任务，敢去干一般人似乎无法办到的事。美国《幸福》杂志这样描写沃特森："他的一半时间花在银行上，一天工作16小时，几乎每晚都在这个或那个雇员俱乐部中出席各种集会和庆祝仪式。……他同员工们谈得津津有味，但不是作为一个心怀叵测的上司，而是作为一个相识已久的挚友。"

沃特森于1956年去世后，小沃特森继任董事长兼总裁，到1979年辞职。现任董事长约翰·奥培尔继承了沃特森的用人之道，他说："公司是人办的，公司成功的秘诀是人，幸运的是IBM拥有一批努力工作，又能在工作中互相支持的人。"他也常引用沃特森的话："你可以接收我的工厂，烧掉我的厂房，然而只要留下这些人，我就可以重新建起IBM。"

让我们记住IBM公司的一位经理的这样一段言简意赅的话："你可以做错很多事，但还会获得新的机会。但是，倘若你在人的管理上哪怕弄出一点点差错的话，那就全完了，也就是说，在对人的管理上，管理者不是英雄就是狗熊。"（来源：哈佛管理全集）

复习思考题

1. 行为科学的研究对象包括哪些？
2. 霍桑试验的主要内容是什么？
3. 什么是激励？激励有什么作用？
4. 马斯洛的"需要层次论"中将人的需要分为哪些层次？"需要层次论"的基本内容是什么？
5. 如何理解双因素理论中的两大类因素？
6. 如何理解期望理论？
7. 公平理论的基本观点是什么？
8. 通过学习行为科学，谈谈你的学习收获与体会。

参考文献

[1]　张广敬，李超. 管理学基础[M]. 北京：北京理工大学出版社，2017.

[2]　李选芒，陈昊平. 管理学基础[M]. 北京：北京理工大学出版社，2016.

[3]　肖洋. 管理学基础[M]. 长沙：中南大学出版社，2016.

[4]　牛艳莉. 管理学基础[M]. 重庆：重庆大学出版社，2015.

[5]　曾庆双，郎润华，唐亮. 管理学基础[M]. 重庆：重庆大学出版社，2014.

[6]　谭蓓. 管理学基础[M]. 重庆：重庆大学出版社，2014.

[7]　吴晓微，王学俊. 管理学基础[M]. 北京：北京理工大学出版社，2014.

[8]　都国雄，金榜. 管理学基础（第二版）[M]. 南京：东南大学出版社，2012.

[9]　高立军. 管理学基础[M]. 天津：天津大学出版社，2012.

[10]　王欣欣，杨静. 管理学原理[M]. 北京：北京交通大学出版社，2012.

[11]　崔莎娜. 基于交易成本理论的铁路企业组织模式分析[D]. 北京：北京交通大学，2017.

[12]　魏玉光. 铁路安全风险管理普及读本[M]. 北京：中国铁道出版社，2012.

[13]　铁道部安监司. 铁路交通事故案例[M]. 北京：中国铁道出版社，2012.

[14]　刘钧. 风险管理概论[M]. 北京：清华大学出版社，2008.

[15]　贾利民，等. 现代铁路应急管理[M]. 北京：科学出版社，2011.

[16]　刘茂. 事故风险分析理论与方法[M]. 北京：北京大学出版社，2011.

[17]　何学秋. 安全系统工程（上、下册）[M]. 徐州：中国矿业大学出版社，2008.

[18]　曹静波. 风险管理在铁路劳动安全管理中的应用研究[D]. 成都：西南交通大学，2013.

[19]　秦伟杰. 高速铁路行车调度系统安全风险分析[D]. 成都：西南交通大学，2016.

[20]　贾程皓. 基于风险管理理论的高铁行调系统风险识别与分析研究[D]. 北京：北京交通大学，2016.

[21]　闫江林. 铁路车务站段安全生产风险管理的研究与应用[D]. 兰州：兰州交通大学，2016.

[22]　黄妙红. 管理学基础[M]. 南宁；广西人民出版社，2008.

[23]　张小红. 管理学基础[M]. 北京：经济科学出版社，2009.

[24]　耿俊丽. 管理学基础[M]. 兰州：兰州大学出版社，2010.

[25]　周三多. 管理学原理与方法[M]. 上海：复旦大学出版社，2004.

[26]　斯蒂芬，P. 罗宾斯. 管理学[M]. 9 版. 北京：中国人民大学出版社，2008.

[27]　景泽京. 王凯. 管理学[M]. 北京：清华大学出版社，2010.

[28]　王社民. 管理基础与实务[M]. 北京：北京理工大学出版社，2009.

[29]　李太学. 浅谈铁路运输企业成本控制中的问题及改进策略[J]. 中国对外贸易，2011（4）.

[30]　肖刚，夏连虎，余磊. 财务管理[M].. 长春：东北师范大学出版社，2012.

[31]　贾国军. 财务管理学[M]. 北京：人民大学出版社，2014.

[32]　蒋葵. 公司财务[M]. 西南交通大学出版社，2009.

[33]　张哲. 浅谈铁路财务管理的问题、现状及对策[J]. 中国外资月刊，2012.

[34] 铁道部安监司. 关于推行铁路安全风险管理的指导意见. 北京，2012.

[35] 中国管理咨询网. http：//www.china-min.com.

[36] 中国管理联盟网. http：//www.cnmanage.com.

[37] 中国管理传播网. http：//www.manage.com.

[38] 中国企划网. http：//www.cnqihua.com.